布拉格
欧洲的十字路口

[英]德里克·塞耶 著
金天 译

PRAGUE
Crossroads of Europe

上海文艺出版社
Shanghai Literature & Art Publishing House

目录

003　序

昔日布拉格

003　我见一城俊伟

011　普舍美斯王朝

027　查理四世的黄金时代

041　反对一切！

055　金杯毒酒

077　白山之后

099　为了祖国，为了艺术

119　我们说斯拉夫语

145　十字路口

161　阴云笼罩

175　来自东方的共产主义

191　重回欧洲

今日布拉格

197　布拉格咖啡馆

211　啤酒实乃琼浆玉液！

221　立体主义者的塑造梦

231　当之无愧现代风

241　旧貌新颜查理镇

253　小河内

263　跳舞的房子

275　附录

315　译后记

319　大事年表

325　索引

自石头林山瞭望塔看小城区及布拉格城堡之红顶。

序

> 倘若在圣维特①的石墙②惊见自己的画像
> 恐怕那一日你哀恸欲死,仿佛
> 才从墓穴走出来的拉撒路③,畏光
> 犹太区的钟一圈圈倒着走
> 你这一生也慢慢倒着退
> 日暮时分你登上城堡区,正闻
> 酒馆传来波西米亚民谣声
> ——纪尧姆·阿波利奈尔《地带》(1913)

[15]④

  1990 年 3 月,我初次踏足布拉格。倒不能一言以蔽之,说我对这座城市一见钟情,但那场为期十天的旅程确在我心底埋下了种子,继而萌发出一段此生不渝的爱恋。彼时的布拉格处在满怀希望也充斥恐慌的动荡岁月。自九世纪以来,由如梦似幻的教堂与宫殿组成的布拉格城堡坐落于巍巍群山之上,俯视着整座布拉格城,这

---

① 全称"圣维特、圣瓦茨拉夫和圣亚德伯主教座堂",位于布拉格城堡内,是哥特式建筑的精彩范例,也是捷克最大、最重要的教堂。
② 圣维特的石墙上嵌有玛瑙和孔雀石。此处"石墙的画像"多指圣维特南门(又称金门)墙上的马赛克画《最后的审判》,取材于《圣经·启示录》,描绘末日时耶稣再临、审判世间善恶的情形。
③ 耶稣的门徒与好友。据《圣经·约翰福音》十一章记载:拉撒路病死后葬在洞穴中,四天后耶稣吩咐他从坟墓出来,他便从死里复活了。
④ 书中边码为原书页码,但因中文阅读排版习惯将原书中的插页页码作了调整。同时为考虑方便读者使用索引检索,边码跟着插页文字内容一同调整。故有些边码顺序会出现"错序"现象。——编注

童话仙境般的建筑群正是捷克统治者（不论是从前的波西米亚王公还是日后的捷克斯洛伐克总统）的大本营。而夜幕之下，瓦茨拉夫广场①上的汹涌人潮堪称"奇迹年"②（annus mirabilis）最具冲击力的画面。部分西方观察员于是认为：历经革命、群情激昂的捷克斯洛伐克走到了"历史的尽头"。他们不无乐观地总结道："西方的自由民主制是全人类执政的终极模式。"相形之下，布拉格人要清醒得多。过去的经验教训早已告诫他们：历史不总是沿直线前进的，有时还会走入恶性循环。

"公民论坛"承诺要带领捷克斯洛伐克"重回欧洲"。1991年12月，我先捷克斯洛伐克一步，在加拿大社科文研究院的资助下"重

自斯美塔那河堤远眺小城区和城堡区，旧城区。

① 布拉格的主要广场，是新城区的商业和文化中心，也是示威、庆典和其他公共集会的传统地点。
② 指1989年东欧剧变时期。

回布拉格",花一年半的时间潜心学习捷克语。我终日与历史档案为伍,也全然为这座城市的风貌所折服。在上世纪九十年代的布拉格,会说英语的人尚且寥寥,更罕有游客。方才"改天换日"的布拉格正移风易俗、前途未卜。我于那一年半中见证了捷克斯洛伐克的解体和随之而来两个独立共和国的诞生。我也见证了首家麦当劳落户布拉格的盛况——万余市民在沃迪奇卡街①(Vodičkova)上争相排队,亟待品尝这西方资本主义上佳写照的滋味。继 1991 年之后,我又多次前往布拉格,每一次都倍感惊奇:这座城市的变化当真天翻地覆、日新月异。

公民论坛的选举口号("重回欧洲")果然得以全面贯彻。如今的捷克共和国是北约及欧盟全额交纳会费的成员国,在阿富汗、伊拉克和科索沃皆有驻军。如今的捷克人可以在欧洲自由穿行、异地定居,和半个世纪以来被挡在欧洲大门外的情形已不可同日而语。但与此同时,前政府的倒台造成了捷克国内长期的经济动荡、社会错位、政治腐败。大选前,人所期盼的"第三条道路"——在资本主义和共产主义之外另走出一条道来的美好理想终归于破灭。在日益衰颓的国力面前,瓦茨拉夫·哈维尔推崇的人生信条("活在真实中")让位于瓦茨拉夫·克劳斯主张的经济复苏。异见人士纷纷偃旗息鼓,四十年铁幕②格局的后遗症——譬如种族歧视和排外主义却渐有抬头之势。尽管《纽约时报》盛赞布拉格为"(上世纪)九十年代之左岸",导致大批不明就里、热衷新左派运动的美国年轻人漂洋过海来到此地,但尚且蹒跚学步的捷克共和国"盛名之

---

① 以捷克斯洛伐克共和国时期的政治家约翰·沃迪奇卡(1893—1961)命名。
② 特指冷战时期(1947—1991)欧洲的分裂格局。铁幕以东的国家(包括捷克斯洛伐克在内的东欧)以共产主义为意识形态,铁幕以西的国家(西欧)则以资本主义为意识形态。期间,英美法等组成的北大西洋公约组织(简称"北约")和以苏联为首缔结的华沙条约组织(简称"华约")的对峙也是基于相同的缘由。

下，其实难副"，不免有几分贝卢斯科尼[①]式的狼狈。2013年6月，捷克曝出近年来最大的丑闻：警方在搜查政府办公厅和部分官员的私人别墅后，缴获了巨额现金和大量黄金。涉案的捷克总理彼得·内恰斯被迫于四天后辞职。内恰斯的幕僚长兼情妇雅娜·纳耶娃[②]同样被控贪污滥权——此人竟动用特勤人员监视与内恰斯长期分居的元配拉德卡。

[17] 丑闻固然为人所不齿，却未能动摇布拉格身为欧洲第五大旅游城市的地位，仅次于伦敦、巴黎、伊斯坦布尔和罗马。但布拉格到底和另外四座城市不同：虽也曾为繁盛帝国的枢纽，布拉格历来活在他国的铁蹄之下。纵有神圣罗马帝国[③]的查理四世（1346—1378）及鲁道夫二世（1576—1611）[④]定都布拉格，独属帝都的荣耀亦不过昙花一现。1419年，即查理四世死后第四十一年，布拉格发生了第一起抛窗事件。不满宗教迫害的波西米亚信徒将当时的布拉格市长及议员自新市政厅的窗户扔了出去，点燃了暴力对抗神圣罗马帝国的导火索（即胡斯战争）。1618年，即鲁道夫二世死后第六年，布拉格发生了第二起抛窗事件。新教徒不堪变本加厉的迫害，又一次揭竿而起。他们冲进布拉格城堡，将两名帝国大臣和书记官丢出窗外，就此引发规模庞大的三十年战争，整个欧洲大陆随即陷入混战。既有人民起义，神圣罗马帝国自要镇压，经白山一役，用两年时间荡平了波西米亚，从此以后，波西米亚国且不复存，徒留

---

① 意大利政治人物、企业家，数度出任总理，是非多，知名度高，长期处于风口浪尖。
② 后成为内恰斯的第二任妻子。
③ 因联姻关系，波西米亚国王由（哈布斯堡家族）神圣罗马帝国皇帝兼任。
④ 紧缀两位皇帝称号后的数字并非他们的生卒年，而是其统治捷克前身——波西米亚王国的时长，下文同。

虚名在（为神圣罗马帝国完全吞并，仅于哈布斯堡[①]王朝的君主头衔中可见）。在接下来的三个世纪里，波西米亚的废都布拉格沦为了奥地利帝国（后组建奥匈帝国）的荒僻行省，远不及临近的维也纳和布达佩斯活色生香、光彩照人。1787 年，沃夫冈·阿马德乌斯·莫扎特的杰作《唐璜》（*Don Giovanni*）选在布拉格的城邦剧院首演，堪称这座城市三百年来鲜有的光辉事迹，直叫布拉格的旅游指南大肆宣扬至今。

1918 年一战结束后，奥匈帝国解体，浴血重生的捷克斯洛伐克暂获独立，布拉格再次成为其首都。谁料 1938 年 9 月 30 日签署的《慕尼黑协定》充分暴露了"西方盟友"的真实嘴脸，英、法两国果断出卖捷克斯洛伐克的利益，同意"转让"三分之一的捷克斯洛伐克领土并人口给纳粹德国。六个月后，走投无路的捷克斯洛伐克被迫割让领土，其除苏台德地区[②]以外的"波西米亚和摩拉维亚[③]保护国"自顾不暇，作为傀儡政权纳入了希特勒"第三帝国"（*Drittes Reich*）[④]的版图。1945 年，布拉格终为苏联红军解放，虽发生了神秘的第三起抛窗事件——捷克斯洛伐克外交部长约翰·马萨里克陈尸于切宁宫窗下，死因不明，但推翻资产阶级政权一事已属板上钉钉。三年后的二月份，捷克斯洛伐克共产党（简称"捷共"）果然迎来了"二月革命"的胜利。无奈好景不长，命途多舛的捷克斯洛伐克再遭盟友背叛。1968 年 8 月，曾救民于水火的苏联军队大举入

---

① 欧洲历史上地位最显赫、统治地域最广的王室，其家族成员任神圣罗马帝国皇帝。
② 特指邻近德国、由捷克斯洛伐克境内说德语的居民所居住的地区。一战前，苏台德地区属奥匈帝国统治下的波西米亚和摩拉维亚。一战后，苏台德地区随同波西米亚和摩拉维亚划归新国家捷克斯洛伐克。
③ 其名称源自流经捷克的摩拉瓦河（多瑙河支流）。
④ 又称"纳粹德国"，继承自中世纪的神圣罗马帝国（第一帝国，962—1806）与近代的德意志帝国（第二帝国，1871—1918）。

侵布拉格，无情扼杀了捷共第一书记亚历山大·杜布切克企图建立"带有人性面孔的社会主义"的梦想——二战后的捷克斯洛伐克沦为了莫斯科远在欧洲腹地的据点。呜呼哀哉！他国百姓历数君主更迭，而布拉格人历数抛窗事件，实不足为怪也。这一次次抛窗事件就是一个个标点符号，将布拉格的历史一一断开，呈现得极具讽刺意味，且常漫无目的、互不连贯、缺乏意义。

话虽如此，布拉格的魅力能让人轻易忘却它并不光彩的过去。其地理位置得天独厚，伏尔塔瓦河[①]群山环抱，自盆地看去，建于共产时期、容一半人口居住的高楼恰好被挡在了山外，也令围城之

查理街，旧城区。

[①] 其名称源自古日耳曼语，意为"狂野的河水"（wilt ahwa），事实上伏尔塔瓦河确实多发洪灾。

中（城堡区、高堡及维特山①）摄人心魄的美景一览无遗。布拉格城堡、石头林山、夏日平原、皇家禁猎区的如画园林；小城区略显陡峭的鹅卵石路和红砖屋顶；芳草萋萋的堤岸、伏尔塔瓦河上的小岛、宏伟的大桥；旧城区建于中世纪的小巷和广场……无不美得让人屏息。借用欧洲专业会议组织者联盟的话说：兼有"罗马式圆形大厅、哥特式大教堂与塔楼、文艺复兴时期的贵族宅邸和宫殿、犹太会堂、巴洛克教堂和修道院、立体主义风格、新艺术风格以及切合二十一世纪的现代建筑"的布拉格——诚然是欧洲最秀美的都城。此言不虚，1990年初见布拉格，我便心驰神往，至今亦然。在我看来，市中心的查理街②（Karlova）是条幽静的小巷，散布着古董商店和二手书店（而非四处张贴猫头鹰餐厅③广告、满是俗气纪念品商店的寻常景区），要将它想象成昔日连通旧城区和查理大桥的皇家大道④可能有点费力；然而曾经陈旧的市民会馆、破败的帝国咖啡馆以及象征现代布拉格、在1974年的大火中几被摧毁的贸易博览会馆如今均整修一新，焕发出勃勃的生机，同样远超我的想象。

  太过美丽的布拉格常引忧思。且不论那些巴洛克风格的宫殿与教堂，单是查理大桥上令人啧啧称奇的三十余尊雕像便寄托了对"大黑暗时期"（十九世纪捷克民族主义人士语）的哀悼。惨烈的白山战役过后，神圣罗马帝国为以儆效尤，在旧城广场上公开处决了二十七名新教领袖，宣示了"大黑暗时期"的到来。而更黑暗的时期还在后头，为此，历朝历代的诗人眼见老犹太公墓那倾颓的石

---

① 得名自该地领主"山上的维特"（Vitek）。
② 本书对地（路）名的翻译多取其意而舍其音。
③ 以性感的女服务员为特色招徕顾客的连锁快餐厅。
④ 现为聂鲁达街（Nerudova），以捷克小说家、记者约翰·聂鲁达（1834—1891）命名。

[19] 碑，每尝喟叹；布拉格原本为数可观的犹太裔居民经 1945 年的纳粹大屠杀，很快所剩无几，欧洲最大的犹太人群体自此消散。犹太人如是，德意志人亦如是。需知布拉格的文化设施（譬如城邦剧院和国家博物馆）多由说德语的波西米亚人一手建造，从中世纪起，他们就是这座城市不可或缺的一份子。可是对纳粹恨之入骨、不除不快的捷克斯洛伐克人在战后报复性地驱逐了境内所有的德意志人——除却老旧石碑上的墓刻，再也难寻德意志人停留布拉格长达几个世纪的影踪。

屋顶

在捷克语里，布拉格意为"门槛"（praha）。这着实是个贴切的名字：数百年来，布拉格常立门槛之上，欧洲大陆的各方思潮乃至多国军队在此汇集、交锋，这既是布拉格的幸运，也是它的不幸。从十五至十七世纪惨无人道的宗教战争，到令二十世纪的欧洲分崩离析的民主制、法西斯与共产主义之争，布拉格向来是战斗的要塞、旋涡的中心。它不仅塑造了现代欧洲史,也成就了现代世界史。这样的布拉格又何须"重回欧洲",它始终都在欧洲,不曾稍移。它所在的并非冷战时期划定的所谓东欧,而是维也纳以西、和柏林近乎同一经度、欧洲大陆那激烈跳动着的心脏地带。布拉格的种种过往不啻欧洲千年史的一帧缩影,这使得它的文化百花园群芳吐艳(其丰富多彩的建筑艺术便是明证),而"恶之花"[①](les fleurs du mal)亦在肥沃土壤的滋养下朵朵绽放,从雅罗斯拉夫·哈谢克到弗朗茨·卡夫卡,从米兰·昆德拉到博胡米尔·赫拉巴尔……布拉格的作家在捕捉超现实主义方面独具慧眼,让人叹为观止。

对满心好奇的游客而言,布拉格有着远比盒装巧克力、卡夫卡主题的文化衫以及廉价啤酒更了不得的特产。捷克超现实主义诗人彼得·卡尔曾在流亡巴黎时这样写道:既充满矛盾又显得异常和谐的布拉格消弭了"今昔之别,雅俗之分",可见"精巧的巴洛克拱顶与辽阔的欧亚大草原并存的画面,真仿佛偏安一隅、设在巴黎或慕尼黑郊外的劳改所接待室"。距我初探布拉格至今,近三十载矣,而布拉格之情状仍时时出乎我意料。战间期[②]的伟大捷克斯洛伐克作家卡雷尔·恰佩克称布拉格为"欧洲灵性与知性的十字路口"。区区不才,愿为心中的布拉格提笔成文、略作导览。

---

① 借名自法国诗人夏尔·波德莱尔(1821—1867)的诗集,通常指对象征手法的运用及"恶中窥美"的创作原则。
② 指一战结束到二战爆发的中间时期。

昔日布拉格

01

老犹太公墓，老犹太区。

第一章

我见一城俊伟

我们的童话常以"很久很久以前"开头。捷克的童话略有不同,它的开头是:"从前啊,事情或许如此,又或许不是。"("Bylo, nebylo.")这是应当标注在所有捷克传说前的"阅读须知"。而最古老的捷克传说始于1120年,正如圣维特主教科斯马斯在《捷克编年史》中所述。此后,无论是咏祷司铎[①]达利米尔(于1310年写下第一部捷克语韵文体史诗《达利米尔纪事》),还是"民族之父"弗朗齐谢克·帕拉茨基(于1836—1867年间出版权威性五卷本《捷克之波西米亚和摩拉维亚民族史》)……科斯马斯主教的记录由哪里发端,史学家笔下的捷克大事年表便从哪里起步。老科斯马斯描绘的捷克传奇早已同布拉格的传说融为一体,哪怕主人公可能是虚构的也无妨。何况布拉格波澜壮阔的传说,又岂止一段捷克民族史呢?

"从前啊,事情或许如此,又或许不是。"科斯马斯如此写道。在经历了漫长的旷野漂流之后,第一批布拉格人来到了瑞普山(Řip)——如今的布拉格以北五十公里处。他们的首领波希米举目

---

① 由主教担当的神职荣衔,负责举行教区内较隆重的礼仪。

远眺,掷地有声地说:"从今往后,这里便是我们的家园……这片丰饶的土地还不曾向谁臣服,飞禽有之,走兽亦有之,奶与蜜尽皆流淌。"波希米的族人于是称这片土地为"波希米亚",以纪念族长厥功至伟。长久以来,布拉格人为要用何种语言命名城中百物,始终争执不下。而科斯马斯的编年史竟用拉丁语写成,且他并未采纳"波希米亚"一词,反把波希米族首领及他们脚下的土地唤作"捷克",堪称讽刺。需知"捷克"乃是风马牛不相及的波伊人起的地名,这一凯尔特人的分支千年前就在此定居。公元前一世纪时,日耳曼人亦迁徙至此,赶走了波伊人。波希米族人(西斯拉夫人)是六世纪上半叶才姗姗来迟的。或许冥冥中自有天意,再次把捷克称为波西米亚(音近字不同)的,倒是古罗马的地理学家——他们将波伊人的部落名("波伊")缀以日耳曼人表示"家园"的词根("西米"),重组了一个"波西米亚"。同所有"应许之地"一样,波西米亚在波希米族人到来之时,自然"不是荒无人烟"的。考古发现表明:早在新石器时代(公元前五千年),布拉格盆地就有农耕活动。现今布拉格市郊的窑炉坊(Bubeneč)、勇士坊(Dejvice)和少女谷(Divoká Šárka)都是这一带已知最古老的人类定居点。

起源说之后,科斯马斯以丰富的想象力为我们勾勒了一幅田园牧歌式的画面。他说古老而原始的波希米族人"实行群婚制,好似他们放牧的牛羊一般辗转于多个爱人之间"。族长波希米("捷克")过世后,新当选的族长叫克罗克,此人"富埒王侯,审慎严明"。尽管"并无男嗣",但上天赐给克罗克三位千金,"个个智慧超拔,巾帼不让须眉",尤其是小女儿莉布丝,"多有女性之娇媚而兼男性之果勇,远见卓识,此诚不可与争锋!"莉布丝因能预测未来,"铁口直断,克罗克既死,(莉布丝)得族人推举,遂为首领。"终成波西米亚首个王朝——普舍美斯的鼻祖。而彼时的科斯马斯因虔诚的基督教信仰,既欲表对王室的拳拳之忠,又难苟同异教徒公

约瑟夫·瓦茨拉夫·梅塞贝克作品(1897):
莉布丝和普舍美斯,高堡。

主的"放浪形骸"。据他所言,莉布丝每尝自睡榻下达懿旨,"绣衾斜倚,单手支颔,柔若无骨,似才生产的妇人……荡检逾闲,不成体统。"

对公主不满的可远不止科斯马斯。有兄弟二人因财产分割一事上告莉布丝,却压根不服女族长的裁决,要求另选一名男性来统管部落。莉布丝准许了。翌日,她命仆从跟着她的马走,说他们自会在远郊找到一个耕地的农夫,名叫普舍美斯,那人就是她未来的丈夫、波希米族的新首领。科斯马斯暗自推测:莉布丝的马之所以能毫不费力地找到远郊,或因农夫普舍美斯早已是莉布丝的情人。一朝鱼跃龙门的普舍美斯果然"御下从严,以律法为绳捆缚野性难驯的波希米族人，令其敢不听命、俯首称臣。波希米族人求得新君，反受其制"。就在这"盛治伊始，咸与维新"的时刻，莉布丝也道出了那则名扬四海的预言：

> 我见一城俊伟，赫赫声名，闻达诸天，森林环绕，（伏尔塔瓦河）细流涓涓。北有低畦，谓之护城河。南有高山，占地广袤，嶙峋多石，谓之石头林山——临河一面蜿蜒而下，山体斗折蛇行，似海豚正待入水。卅步开外即有村庄，一人立于屋前，俯身刻凿门槛。嗟夫！平民如是，君王亦如是：欲过门槛者，必自卑躬。故此城谓之布拉格，盖取其"门槛"之意也。

美国历史学家丽莎·沃尔弗顿将这段预言译为"我见一城堡俊伟……"，为佐证科斯马斯所述"正是布拉格城堡——波西米亚王公和圣维特主教座堂的所在地"。但捷克人耳熟能详的版本依然是"我见一城俊伟，赫赫声名，闻达诸天……"一字不差记录下这番话的则是阿洛伊斯·伊拉塞克，其所著《古老的捷克传说》自1896年问世后再版无数，令莉布丝的预言成了布拉格史的启蒙篇，在捷克妇孺皆知。

此外，伊拉塞克还在书中记载：莉布丝说预言时身在高堡，其父克罗克是最初下令兴建堡垒之人。高堡位于伏尔塔瓦河右岸、布拉格城堡山的上游。布拉格老市政厅里尚有一幅马赛克拼贴画（1904），描绘的正是莉布丝公主自"巍峨高堡"远眺伏尔塔瓦河、预言布拉格盛世江山的情景。这幅画的原作者是伊拉塞克的挚友、爱国主义画家尼古拉斯·阿列什。可无论是伊拉塞克、科斯马斯抑或达利米尔，若一口咬定莉布丝诉说预言之地就在高堡，难免牵强附会。据传莉布丝死后，其卫队长普拉斯妲发动了血腥对抗男权的"少女战争"——高堡作为"少女军团"的防御工事，彼时堪堪破土动工。而考古发现以及现有史料皆表明：一度充当军事要塞的高堡于十世纪末方才修缮完毕，较之莉布丝"预言"建造的布拉格城堡还晚了整整一百年。话虽如此，待伊拉塞克写下《古老的捷克传说》之时，八百年倏忽而过，高堡早已变为了"记忆之场"（lieu de mémoire）。这是法国历史学家皮埃尔·诺拉的理论，对此他解释道："因为'记忆之境'（milieux de mémoire）——真实的历史环境已不复存，重建起来的不过似是而非的'记忆之场'。"历史长河中曾真实发生的，以及后人绘声绘色讲述的，可能完全是两码事。所以捷克人才要提醒我们：从前啊，事情或许如此，又或许不是。

[26]

02

阿丰斯·穆夏作品：描摹圣瓦茨拉夫及诸圣人的彩绘玻璃细节。

第二章

普舍美斯王朝

莉布丝公主和农夫普舍美斯的故事许是传说，科斯马斯将布拉格之建成同普舍美斯王朝及波西米亚王国的崛起联系到一起，却无可厚非。西方史料表明：七世纪上半叶，法兰克[①]商贾萨莫曾是斯拉夫众部落的首领，波希米亚人亦承认其地位，自806年起，每年向萨莫缴纳贡金。到845年，十四位波希米族酋长远赴东法兰克王国（神圣罗马帝国之前身）的首都雷根斯堡[②]，皈依了基督教。据科斯马斯所言，普舍美斯王朝已知的第一任公爵（kníže）博日沃伊（872—883; 885—889）"后由大摩拉维亚的圣美多德主教施洗"。科斯马斯提及的"大摩拉维亚"乃史载最早的西斯拉夫公国，其疆域在斯瓦托普鲁克公爵执政时臻于全盛，几乎囊括摩拉维亚全境以及西斯洛伐克。为和信仰天主教的东法兰克王国[③]抗衡，斯瓦托普鲁克的侄子、随后继位的罗斯季斯拉夫（846—870）于862年修书一

---

① 意为"自由人"，属日耳曼族，有别于日后的法兰西人。
② 意为"雷根河（多瑙河支流）边的堡垒"，为召开帝国议会的所在地（重要的自由城市），因此被视为首都。
③ 彼时东法兰克的执政者为加洛林王朝的阿尔努夫（850—899）。

封,请求拜占庭皇帝米海尔三世派遣东正教[①]传教士前来大摩拉维亚,以期"教化民众"。修士美多德与西里尔接此重任,于次年抵达了大摩拉维亚。他们虽非斯拉夫人,却会说斯拉夫方言,且擅用大白话阐释经文。西里尔还自创了一套格拉哥里字母,二人协力,首度将希腊语《圣经》译成了斯拉夫语。基于他们的特殊贡献,教皇约翰八世于880年擢升美多德为大摩拉维亚总主教。普舍美斯王朝的博日沃伊公爵及妻卢德米拉极有可能是在此后(约883年)"由圣美多德主教施洗"的。然而普舍美斯王朝与东正教的交集殊为短暂,在东西教会大分裂[②]后便宣告结束。美多德于885年去世,新教皇史蒂芬五世严禁一切形式的斯拉夫语(东正教)礼拜,尚且仰人鼻息的普舍美斯王朝见风使舵,在895年果断倒向了以东法兰克王国为代表的天主教阵营。906年,因未能抵挡马札尔侵略者(匈牙利人)的铁蹄,大摩拉维亚就此亡国。

普舍美斯王朝的春天却刚刚到来。第一任公爵博日沃伊兴修了布拉格城堡,并在880年前后建起附属的圣母玛利亚教堂。博日沃伊之子弗拉季斯拉夫(915—921)又于城堡内新添圣乔治宗座圣殿,后在973年改为本笃会托钵修会(其罗马式外观是1142年后方才修葺的)。该托钵修会的首任院长嬷嬷乃博日沃伊之孙——"残暴者"波列斯拉夫(935—972)的女儿姆拉达。这位"残暴者"尚有一兄,便是圣诞颂歌《明君瓦茨拉夫》的主人公——虔诚的嫡长子瓦茨拉夫(921—935[③])。继承爵位后,瓦茨拉夫兴修了最初的圣维特主教座堂(圆形大厅),后于1067年拆除,重建成了罗马风格。据

[①] 与天主教及新教并列为基督教三大教派,信徒主要分布在巴尔干半岛和东欧。
[②] 1054年,基督教会分裂为以君士坦丁堡为首的东正教及以罗马为首的天主教两大宗。
[③] 据科斯马斯记载,瓦茨拉夫于929年遇刺身亡,然而当代权威认定其遇害年份为935年。

传神圣罗马皇帝海因里希一世曾赠予瓦茨拉夫一样圣物：圣维特主教的手臂遗骨，瓦茨拉夫这才定意建堂，以兹供奉。可惜不出几年，瓦茨拉夫自己也化作了一堆白骨。他在前往老波列斯拉夫①堂参加弥撒的途中，为蓄谋已久的弟弟（与教堂同名的）波列斯拉夫派人所杀。教廷随即为瓦茨拉夫行了宣福礼②，追封其为圣瓦茨拉夫——波西米亚的守护圣者。将瓦茨拉夫养育成人、早年亦被害身亡的先祖母卢德米拉（第一任公爵博日沃伊之妻）同样被封为了圣徒。

圣乔治宗座圣殿内部，布拉格城堡，城堡区。

卢德米拉的遗体安葬在圣乔治宗座圣殿，瓦茨拉夫的遗体则"秘密"（据科斯马斯称）从老波列斯拉夫堂迁至圣维特主教座堂。如此一来，倘若发生瓦茨拉夫死里复活的奇迹，也得归功于圣维特主教的庇护，而非瓦茨拉夫本人的大能了。

弑兄篡位的波列斯拉夫自有心腹党羽代为管辖百姓，他便集中精力，将普舍美斯王朝的疆域一路扩张至摩拉维亚、上西里西亚③

---

① 与新波列斯拉夫相对，为中波西米亚一城镇名。"波列斯拉夫"意为"伟大的荣耀"。
② 宣布死者已升天堂的天主教仪式。
③ 中欧一历史地域，得名自境内的斯莱扎山与斯莱扎河，意为"湿地"。大部分属波兰，其南部与波希米亚和摩拉维亚接壤。

十三世纪曾为梁木坊修道院所有的《魔鬼圣经》之魔鬼插图，梁木坊，布拉格六区。

及克拉科夫[①]。因已故的瓦茨拉夫和卢德米拉笃信天主，从而奠定了早期普舍美斯王朝的教区地位。973年时，罗马教廷拔擢布拉格为主教区，指派萨克森（德意志）人提特马为首任主教。接续提特马的主教名为沃耶帖赫（即"华伦斯坦"），其所属斯拉夫部落乃唯一对普舍美斯王朝一统波西米亚构成威胁者。沃耶帖赫本人忠勇直言，反对一夫多妻制，反对夫妇离异，也反对奴隶贸易，可谓布拉格贵族的眼中钉、肉中刺。他于988年离开布拉格，前往罗马，四年后受波列斯拉夫二世（972—999）召见，重回故里。翌年，沃耶帖赫在布拉格的梁木坊（Břevnov）建起了波西米亚的第一所修道院。

召见沃耶帖赫的波列斯拉夫二世继承了父亲的残暴，于995年发动对沃耶帖赫族人的屠杀。沃耶帖赫再次逃离布拉格，往东普

---

① 波兰旧都，得名自"（酋长）克拉科之镇"，"克拉科"意为"法杖"或"圣栎"，曾位于摩拉维亚辖境。

鲁士[①]传教，两年后被杀。彼时的波兰公爵"勇敢者"波列斯瓦夫赎回了沃耶帖赫的尸首，将其葬于波兰首都鹰巢城（Gniezno）。沃耶帖赫在999年被封为圣徒——史称圣亚德伯。第二年，神圣罗马皇帝奥托三世前往参拜沃耶帖赫墓，册封"勇敢者"波兰公爵为王，又擢鹰巢城为总主教区，沃耶帖赫也因此被尊为波兰的守护圣者。岂料1039年，普舍美斯王朝的布热季斯拉夫公爵（1034—1055）举兵波兰，强将沃耶帖赫的遗骸掳回了布拉格，至少科斯马斯在书中如此写道。而波兰人拒不认栽，坚称布热季斯拉夫挖错了坟，说那副遗骨根本不是沃耶帖赫的。总之，沃耶帖赫自此有了两座坟茔，一座在波兰的鹰巢城，一座在布拉格的圣维特主教座堂。1997年，为纪念"捷克首成欧洲真正要塞"，教皇约翰保罗二世循例参拜沃耶帖赫墓——圆滑的教皇大人自然两座墓都去了。

"挖错坟"的布热季斯拉夫之子弗拉季斯拉夫（1061—1092）是首任获王室头衔（非世袭）的波西米亚公爵（由神圣罗马皇帝海因里希四世于1085年册封）。获封后的弗拉季斯拉夫将普舍美斯王朝的行宫自布拉格城堡迁到了高堡（约1070年）。他本已和弟弟耶罗米尔——彼时的布拉格主教罅隙颇深，为进一步约束耶罗米尔的权力，弗拉季斯拉夫在摩拉维亚的尤里乌斯山（Olomóc）另辟了主教区，将耶罗米尔"下放"到了那里。此外，弗拉季斯拉夫还建起新教堂，订立新制度，规定高堡教会一律不受布拉格主教区的管辖，直接听令于罗马教廷。在弗拉季斯拉夫所建的教堂当中，最知名的应是圣彼得与圣保罗宗座圣殿（多位普舍美斯王朝的公爵均葬于此），约始建于1070年；后得查理四世令，将其罗马式外观易为哥特式，又在1720年代由乔瓦尼·桑蒂尼改造成巴洛克式，最终于1885年经约瑟夫·莫克设计，变为如今这般复古的新哥特式风

[①] 今多属波兰。

格。莫克在圣彼得与圣保罗之上加盖了双塔（高五十八米），使之醒目异常，几里开外依然清晰可见。尽管高堡不及伊拉塞克笔下"莉布丝的预言"所说那样历史悠久，却拥有布拉格现存最古老的建筑——圣马丁圆形教堂。那还是弗拉季斯拉夫在世时修建的，距今已近千年。

而近千年以前，十二世纪时，波西米亚的人口进一步增长，渐有更多土地得到开垦。虽时有祝融之灾、洪涝频发，亦有连年战祸、王室操戈，布拉格的规模仍显著扩大。1135年，索别斯拉夫一世（1125—1140）在布拉格城堡内建宫殿、立城墙，其继任者弗拉迪斯拉夫二世（1140—1172）乃第二位获王室头衔的波西米亚

布拉格现存最古老的建筑：圣马丁圆形教堂，高堡。

公爵（由神圣罗马皇帝腓特烈一世于 1158 年册封）。除将行宫自高堡迁回布拉格城堡外，弗拉迪斯拉夫另在石头林山筑起御林宫（Strahov）修道院，容留德意志石场镇（Steinfeld）的修士入住。弗拉迪斯拉夫与德意志人过从甚密[①]，就连妻子也是德意志人（图灵根的朱迪斯王后）。这里还有个小故事：1169 年，马耳他骑士团[②]建起小城区最古老的教堂——锁链下方之圣母堂。圣母堂前是座供人摆渡的红砂岩桥，桥下竖有二十根立柱，桥上两侧盖有塔楼，并加之以锁链（锁链下方之圣母堂因此得名）。而布拉格人咸谓此 1172 年完工的红砂岩桥为"朱迪斯"[③]。与王后同名的朱迪斯桥恪尽职守，直至 1342 年被冰冷的洪水彻底冲垮。

洪水也是科斯马斯常提及的话题，他对 1118 年布拉格大洪灾的描述侧面印证了彼时伏尔塔瓦河右岸之人口已相当稠密一事。科斯马斯另在书中提到：1105 年时，日后成为旧城广场的区域已有每周六固定开放的集市。到十二世纪下半叶，旧城广场集市以东辟出一块名为泰恩（Týnský dvůr）[④]的"飞地"，以供外国商贾短时居留、接受开箱验货并支付关税。1135 年，罗马式的泰恩前之圣母玛利亚教堂拔地而起，后为哥特式的泰恩堂所取代。至 1230 年，伏尔塔瓦河右岸已有二十二处教堂；左岸则有八处，不包括城堡区及其修道院附属的教堂在内。布拉格商贾云集、人流如织，考古学家在今日旧城区的烤面包街（Celetná）、圣乔治街（Jilská）、胡斯街（Husova）等地发现近七十座罗马式石屋，多为复式结构，掩于哥

[①] 弗拉迪斯拉夫二世积极响应第二次十字军东征，神圣罗马皇帝腓特烈一世为答谢弗拉迪斯拉夫出兵相助德意志十字军，遂封其为波希米亚国王。此后，弗拉迪斯拉夫二世多次协助腓特烈一世，共同出兵。
[②] 全名"耶路撒冷、罗得岛和马耳他圣约翰主权军事医院骑士团"，前身为成立于第一次十字军东征后的军事组织"医院骑士团"，为三大骑士团之一。
[③] 因王后朱迪斯是建桥的发起人之一。在此之前，布拉格仅有木桥而无石桥。
[④] 后衍生为"海关"之意。

特式的外墙之下。目前学界普遍认可的统计数据将十三世纪伊始布拉格旧城区的人口数定格在了三千五百左右。

自建城以来，犹太人和德意志人便源源不断涌入布拉格。据科斯马斯称："家累千金的犹太人"多居于城堡区及高堡的城墙之下（1091）。1096 年，第一次十字军东征带来了第一次犹太人大屠杀的恶果。史载最早的布拉格犹太会堂（1124）位于小城区的跑马道（Újezd），被 1142 年的大火付之一炬，犹太人于是造了木结构的老犹太会堂（Altschul），又在 1389 年第二次犹太人大屠杀[1]中被焚毁。即便如此，犹太人也没有离开，他们在旧城广场集市以北（即日后的犹太隔都[2]）定居下来。与此同时，德意志商人及匠人选在旧城区以东的河床街（Na Poříčí）和圣彼得教堂（约始建于 1150 年）附近安家落户。尤为亲民的索别斯拉夫二世（1173—1178）延长了十一世纪末颁给德意志移民的特许令（privilegium），准他们在波西米亚境内享有自由与安全。史料还显示：到十二世纪末，布拉格另有意大利人在此定居，其社区欣欣向荣。

普舍美斯王朝却片刻不得闲，正忙于应付"权力的游戏"——先王弗拉迪斯拉夫二世死后，"农民亲王"索别斯拉夫二世又被罢黜，爵位几经更替，终于落入奥托卡一世的手中。奥托卡在 1192—1193 年间任普舍美斯王朝的波西米亚公爵，至 1198 年，由神圣罗马皇帝腓特烈二世册封，获王室头衔。不单如此，腓特烈二世又于 1212 年颁下西西里《金玺诏书》，宣布波西米亚公爵的头衔可从此世袭。自奥托卡一世开始，波西米亚成了真正意义上的王国，其国王也终于位极神圣罗马帝国的七大选帝侯[3]之列。除王位

---

[1] 即复活节大屠杀。
[2] 指犹太人群聚生活的区域（ghetto）。
[3] 指有当选为罗马人民的国王和神圣罗马帝国皇帝之权利的诸侯。

可世袭外,《金玺诏书》还赋予了波西米亚国王任命主教(包括布拉格及尤里乌斯山的主教在内)的权力。于是在接下来的八十个春秋里,奥托卡一世、其子瓦茨拉夫一世(1230—1253)、其孙奥托卡二世(1253—1278)不断巩固着波西米亚的王权。而有了名副其实的王廷和与之互惠共生的教会,农民、资产阶级商人和匠人愈发受到吸引,前来"王城"布拉格欲闯出一片天地。这些新移民多是德意志人,照瓦茨拉夫一世的特许令,若他们在布拉格住满三年,则其居所将转为私产,且可免缴契税。奥托卡二世同父亲一脉相承,在1274年确立了德意志移民的合法身份。布拉格及周边城镇——例如自1260年代起发现有丰富银矿的僧袍山(Kutná Hora)因而孕育了富有的德意志商贾和资产阶级,这些人即将在布拉格的政史上发挥重要的作用。

为打造布拉格的历史城区,瓦茨拉夫一世同样做出了不懈的努力。他在旧城区建起防御工事,包括长达一点七公里的城墙和沿新月地带——覆盖今日布拉格的国民大道(Národní)、十月二十八日街①(28. října)、护城河街(Na Příkopě)以及革命大道(Revoluční)——开凿的护城河。德意志人密布的河床街尚在城墙之外,城墙圈起的一千四百平方公里土地在动工之初(1231),居民不足半数,这一情形不久便发生了转变,城墙之内很快人丁兴旺起来。1232—1233年间,瓦茨拉夫一世又下令修建附属方济会托钵修会的圣雅各伯圣殿,其妹艾格尼丝则主持兴修了典雅的方济会托钵修会及小修道院(即圣艾格尼丝修道院)。同样秀丽、以哥特式简洁之美著称的还有于1260年修建完毕的老新犹太会堂②(Altneuschul),乃今日欧洲仍堪使用的最古老的犹太会堂。

[35]

---

① 纪念捷克斯洛伐克于1918年10月28日独立。
② 有别于最早的老犹太会堂。

哥特式石钟楼（右），金斯基宫（左），旧城广场。

圣雅各伯圣殿落成当年，瓦茨拉夫一世在旧城广场以南建起了圣加仑（即圣哈维尔）教堂。此后短短两年间，石质的哥特式房屋在附近（今布拉格煤炭市场与烤面包街之间）等闲可见。有资料表明，这些房屋皆堪称"富丽堂皇"。

[38]

诚如上文所说，布拉格的新移民多为南德意志人，其次便是犹太人。除1287年组建起议会的旧城区外，小城区也是热门的移民定居点。奥托卡二世同他的父亲一样宽容，于1254年3月29日颁布特许令，准犹太人在布拉格享有财产权，可进行典当，亦可设独立审判庭。三年后，奥托卡二世又将居于城墙之下的犹太人安置到近郊，以便接纳更多从德意志北部来的新移民。德意志人大摇大摆地进城，自然触动了波西米亚贵族的神经。史官达利米尔于十四世纪之初作《达利米尔纪事》时，曾借科斯马斯塑造的莉布丝公主之口道："吾辈若为外族统御，吾民岂能善罢甘休！"史学家弗朗齐谢克·布拉茨基①则在 1340 年代写下过这样的话，说波西米亚贵族曾向新国王——卢森堡的约翰一世（1311—1346）抱怨道："外族去而复返，不曾称臣纳贡，反在您的王国巧取豪夺、积不义之财。"（《查理四世时期之编年史》）

仍堪使用的欧洲最古老的犹太会堂：老新犹太会堂，老犹太区。

这些颇具煽动性的言论不免助长王国内部的反德情绪。因着一桩桩政治联姻和军事结盟，"铁金国王"②奥托卡二世已将波西米

---

① 有别于十九世纪的捷克史学家弗朗齐谢克·帕拉茨基（1798—1876）。
② 据说奥托卡二世拥有当时中欧最强大的铁骑兵团，几乎每战必胜，且因其领土广阔、财源富足而对部属赏赐丰厚，故得此名。

亚的版图向南拓展，先后吞并了奥地利（1251）、"青河公国"施蒂里亚（1260）、"岩石公国"卡林西亚（1269）、"丘陵公国"卡尼鄂拉（1269）直至亚得里亚海岸的所有地区，一时风头无量，堪称中欧最具权势的君主。然而花无百日红，勃勃野心与瞩目成就令奥托卡腹背受敌，至1276年已然四面楚歌——外有哈布斯堡王朝的鲁道夫一世、罗马教廷和匈牙利虎视眈眈，内有唯恐国王集权的波西米亚贵族举兵造反。未待奥托卡平息后院之火，已有哈布斯堡王朝强敌压阵，除却波西米亚和摩拉维亚以外的普舍美斯王朝领土全部沦丧。奥托卡试图武装收复失地，却在1278年的摩拉维亚平原战役中不幸身亡。鲁道夫一世当即占领了摩拉维亚。奥托卡死后，其子瓦茨拉夫二世（1278—1305）尚且年幼，由表兄——同为选帝侯的勃兰登堡藩伯①奥托五世摄政。居心叵测的奥托将小太子带回了勃兰登堡，遂放任部下在波西米亚烧杀抢掠。王国内的贵族见状，纷纷仿效，竟将波西米亚的王室领地洗劫一空。这一系列事件后来启发了贝德里赫·斯美塔那创作出歌剧《波西米亚的勃兰登堡人》（1862—1863）。1283年，现实中的勃兰登堡人奥托五世准太子瓦茨拉夫二世（时年十二岁）返回布拉格。同年，鲁道夫一世撤出摩拉维亚。波西米亚王国慢慢恢复了生机，尽管1303年一场不明原因又似不祥之兆的大火吞噬了布拉格城堡内的行宫。两年后，瓦茨拉夫二世驾崩，其子瓦茨拉夫三世（1305—1306）继位，但未及一年就在尤里乌斯山惨遭暗杀。享年一十有六的瓦茨拉夫三世并无后嗣，统治波西米亚逾四百年的普舍美斯王朝一脉自此断绝。

---

① 顾名思义，指边区的最高长官、拥兵自重的诸侯。

波西米亚的圣艾格尼丝传说

1230年代初，普舍美斯王朝的艾格尼丝公主（奥托卡一世的幺女）协同哥哥瓦茨拉夫一世在布拉格兴修了方济会托钵修会和小修道院。1233年，嘉勒修女会（来自意大利阿西西的五位修女及七名波西米亚贵族之女）入住小修道院。翌年，艾格尼丝亲自出任小修道院的院长嬷嬷。

这间后来被称为"圣艾格尼丝"（klášter sv. Anežky České）的小

[36]

圣艾格尼丝修道院之圣母堂，旧城区。

修道院坐落于旧城区的弗朗齐谢克街（Na Františku）深处，低调素静，是今日布拉格国家美术馆的展区之一。其永久性展品包括中世纪波西米亚及中欧的艺术杰作，譬如创作于溪水镇（Michle）的圣母子木雕、高滩镇（Vyšší Brod）及耕土镇（Třeboň）修道院的祭坛画、宫廷画师泰奥多里和老卢卡斯·克拉纳赫的肖像画等。圣艾格尼丝修道院历来是波西米亚最古老且美丽的哥特式建筑之一，并在1960年代得到了妥善修复。

和享有盛名的小修道院不同，艾格尼丝公主于1874年才获行宣福礼，又于1989年11月12日由教皇约翰保罗二世封为圣徒。五天后，意欲推翻共产主义政权的丝绒革命就在捷克斯洛伐克爆发了。部分教徒深信这应验了十五世纪的教士长、沃土镇①的帕波谢克（Papoušek of Litoměřic）的预言。帕波谢克曾说：艾格尼丝一日未蒙封圣徒，则波西米亚一日不得昌盛。

1989年11月25日，红衣主教弗朗齐谢克·托马谢克在于圣维特主教座堂举行的弥撒仪式上纪念艾格尼丝蒙封。这场弥撒是捷克斯洛伐克首获现场直播的圣事。当晚，逾七十五万民众汇集夏日平原，继续抗议捷克斯洛伐克共产党的集权统治。翌日，以瓦茨拉夫·哈维尔为代表的公民论坛启动与政府的第一轮谈判，且最终实现政权的和平转移，组建了自1948年以来的第一届多党民主制政府。不日，哈维尔当选捷克斯洛伐克总统。

---

① 得名自西斯拉夫一部落（Lutomericii）。

03

老市政厅（左），泰恩堂（中），旧城广场。

第三章

查理四世的黄金时代

　　瓦茨拉夫三世饮恨而终，后继无人。为争夺悬空的波西米亚王位，卡林西亚的亨利六世（1306; 1307—1310）与哈布斯堡的鲁道夫一世（1306—1307）兵戎相见。鲁道夫大获全胜，却于隔年溘然长逝。亨利自以为笑到了最后，不料1310年，伴随泰恩前之圣母玛利亚教堂的阵阵钟声，布拉格城门大敞，卢森堡的约翰一世率军而来，将亨利赶下了还未坐热的王位。约翰一世得以承戴王冠，布拉格的资产阶级委实功不可没。正是他们竭力促成了约翰一世与瓦茨拉夫三世之妹伊丽莎白公主的婚事，曲线救国，替约翰一世争取到了王位。一如波西米亚贵族从前的作为，在普舍美斯王朝苟延残喘的最后三十年，这些精明的资产阶级商人便充分利用执政者之疲软和时局之动荡，加紧扩张自己的权益。1287年时，他们曾得瓦茨拉夫二世首肯，组建旧城议会。1299年，商人们又向瓦茨拉夫进言，求建市政厅。如今先王已逝，懂得投桃报李的约翰一世自然允了他们的请求。旧城区自1310年（约翰一世称王）后始有记录辖区内之条令、物价及大事件的地方志，便为此故。城堡区、新城区和小城区见状，竞相仿效，此乃后话。1338年，约翰一世准旧城议会买下旧城广场的一处哥特式建筑，用以建造王国内的第一座市政厅，其六十六米的高塔始建于 1364 年。1410 年 10 月，旧城区地方志中首度提及了"（老）市政厅外墙著名的天文钟"。

十四世纪伊始，旧城区已有两处一年一度开放的集市，小城区亦有一处。旧城广场和圣加仑教堂外另有每周营业的菜市和分门别类出售小商品的店家。多条街道——譬如卡普勒街①（Kaprová）铺设了石砖。旧城议会注重市容卫生，由此可见一斑，不单禁止市民向街道和护城河倾倒污水及生活垃圾，且于 1340 年出台了环卫细则。随着城市规模的不断扩大，手工业者对经济发展的贡献益发凸显，他们也主张在城市建设的过程中拥有发言权。有鉴于此，旧城议会在 1318 年批准成立了裁缝公会，后又陆续核准了金匠工会（1324）、马具制造商工会（1328）、服装设计师工会（1337）、屠夫工会（1339）、磨坊主工会（1340）等等的诞生。而布拉格最底层的百姓（仆役、重体力劳动者、乞丐、妓女等）虽同样人数众多，却无人代为请命。至十四世纪末，这些常年备受欺压又易于操控的"村野匹夫"汇聚成一股洪流，发起了暴乱。②

然而眼下的布拉格尚且歌舞升平，和达利米尔假借莉布丝公主之口发出的警告正相反，中世纪波西米亚的黄金时代恰恰是在异族王的统治下到来的。对布拉格人来说，卢森堡的约翰一世之子查理四世（1346—1378）自然"非我族类"。尽管爱国志士辩称查理四世生于布拉格，又得教名③"瓦茨拉夫"，且有一半普舍美斯王朝后裔的血统（来自其母伊丽莎白公主），可他到底是个如假包换的"外国人"——查理四世十七岁才回"故乡"摩拉维亚继承爵位，此前的十一年都在法兰西和意大利度过，对波西米亚的记忆早已模糊。正因如此，他在自传中写道：初回波西米亚时，他见整个王国"竟如

---

① 以十六世纪时的布拉格市长——鲤鱼镇（Kaprštejn）的帕维尔·卡普勒命名。
② 此处应指 1389 年 4 月 18 日发生在（布拉格）隔都的第二次犹太人大屠杀。
③ 基督教用语，指婴儿出生或受洗时所获得的名字。

第三章｜查理四世的黄金时代

此破败，王室领地之上，无有一处宅邸不被典当"；布拉格城堡也"荒废了，只余残垣断壁，自前朝（奥托卡二世）以来就沦为了废墟"时，不免大吃一惊。但 1334 年的春天已经来到，惊愕过后的查理决心"而今迈步从头越"。他在城堡区大兴土木，务求造出"雕梁画栋的新宫殿"。至 1340 年代末，查理已设法赎回了王室领地上的多数宅邸。

注定要成就雄图霸业的查理四世在法兰西长大，曾师从于教皇克莱门特六世。1344 年，克莱门特六世准了查理的请求，擢布拉格为总主教区。约翰一世、仍是王储的查理和弟弟亨德里克以及布拉格总主教、白马城的阿尔诺什（Arnošt of Pardubice）欢聚一处，为新圣维特主教座堂奠基，以示庆贺。在城堡区乃至整个布拉格都蔚为壮观的新圣维特"古为今用"，就建于四百年前圣瓦茨拉夫打造圆形大厅的原址之上，其巧夺天工的外观是阿拉斯[①]人马蒂亚斯和德意志建筑师彼得·巴勒的杰作。新圣维特的重中之重乃圣瓦茨拉夫礼拜堂，查理四世后于 1367 年亲临，为礼拜堂祝圣[②]。克莱门特六世既为帝师，对查理多有偏爱，又于 1346 年 7 月推举其为"罗马人民的国王"（亦即德意志皇帝）。若不出意外，查理距当选神圣罗马皇帝仅一步之遥了。同年 8 月，约翰一世在对抗英格兰军的克雷西[③]（Crécy-en-Ponthieu）会战中阵亡，查理继位，兼任波西米亚国王。两年后，他宣布父亲生前打下的江山——"沼泽公国"上劳西茨（1319—1329）、桤木镇[④]（1332）以及大部分西里西亚（1335）亦为"波西米亚王冠领土"。查理乘胜追击，不久后吞并了

---

① 为法国北部城市，源自高卢时期一部落名（Atrébates），意为"居住者"。
② 此处指将教堂献上给天主的隆重礼仪。
③ 地属法国北部，源自高卢部落名（Caletum），意为"海峡"。
④ 即"海布"（Cheb），德语称"埃格"（Eger），与捷克的查理温泉镇（Karlovy Vary）接壤。

西里西亚全境、下劳西茨（1370）和勃兰登堡（1373），令波西米亚的疆域和前朝奥托卡二世时期的一样广大。波西米亚王国对勃兰登堡的统治维持了近一个世纪，对劳西茨和西里西亚的统辖则更久，达三、四个世纪。1355年，查理四世毫无悬念地成了神圣罗马帝国的皇帝。

即便如此，有着一半普舍美斯王朝血统的查理始终将波西米亚的王权牢牢握在掌心。他借一切机会提醒波西米亚人民：于情于理，他都该是他们的君王。为此，查理精心筹划了1347年9月2日的（波西米亚国王）加冕大典。与其说他恢复了前朝的旧制，不如说他发明了自己的新法。

"加冕前夕，庆典即将开始。先仪仗巡游至高堡，再于圣维特晚祷。"查理的指令十分明确。彼时的高堡已有两个世纪不曾作为皇家行宫了。查理于1348—1350年下令修复高堡，翻新荒废多时的宫殿，重建圣彼得与圣保罗宗座圣殿（1369）。登基当年，查理还兴修了以马忤斯修道院，自归顺神圣罗马帝国的克罗地亚请来本笃会修士入住。他建以马忤斯的初衷是为让说斯拉夫语的波西米亚信徒能在自己的土地上、用自己的语言进行敬拜，这本是从九世纪以来就不被罗马教廷允许的。以马忤斯修道院至今仍在，尽管曾于1945年2月为美军的炮火误伤，损毁严重。后来的修复工作包括为其加盖水泥屋顶，并增添极具现代主义风格的双尖塔（1967）等。多亏弗朗齐谢克·马里亚·切尔尼的妙手，让以马忤斯得以旧貌换新颜，若查理四世泉下有知，想必会大感欣慰。异族王查理愿承前启后，望波西米亚名垂千秋，故而亲手设计了圣瓦茨拉夫王冠。该王冠以前朝诸君之冠为原型，依照查理的遗愿，自此为历任波西米亚君王在登基大典时佩戴。

而在查理生前，属于波西米亚的巅峰时代已然到来。为让布拉格成为合格的帝都，查理四世获教皇允准，于1348年4月7日开办了中欧最古老的大学——如今的布拉格查理大学。近四十年后，查理之子瓦茨拉夫四世向大学捐赠了"查理学院"，乃校区现存最为古老的建筑，其外观经雅罗斯拉夫·弗拉格纳于1946—1968年间细心打磨，修旧如旧。在宣布大学成立前一周，查理四世还为新城区举行了奠基仪式。全长三点五公里、占地三千六百平方公里的新城墙与护城河于1348—1350年间竣工。新城区的所有街道则围绕三个主要广场：牛市场（即查理广场）、马市场（即瓦茨拉夫广场）以及干草市场（Senovážné）向外有规律地扩张。

［44］

［45］

弗朗齐谢克·弗莱德里希（摄于1876）：查理广场。

因着新城区的崛起，河床街的老德意志定居点终于被划到了城墙以内。伏尔塔瓦河右岸、今日帕拉茨基桥以南的岩下坊（Podskalí）同样如此。彼时那里已颇为繁荣，不仅矗立着四座教堂，且有一个漂流木市场（Výtoň）。许多个世纪以后，岩下坊每周六开放的河滨农夫集市（Náplavka）还成了布拉格的文艺青年和各地游客钟爱的场所。

除却集市，查理四世也在新城区兴建了教堂，包括附属迦密会修道院的圣母雪地殿（1347）、附属本笃会修道院的圣安博堂（1355），以及附属思定会托钵修会的圣凯瑟琳教堂（1367）。1350年，为纪念查理大帝[①]的丰功伟业，查理四世亲为与之同名的查理

安德里亚斯·格罗尔（摄于1856）：从查理大桥眺望小城区。前景可见恩斯特·哈内尔作品（1848）：查理四世雕像。

[①] 德意志神圣罗马帝国的奠基人（742—814），被后世尊为"欧洲之父"。

教堂垒下基石，并邀思定会的法兰西修士入住，主持日常事务。

修士主持教务，查理则主持国法。在布拉格，不论新城还是旧区，他皆许给其中的百姓以同等权利，且承诺在新城区安家的住户：若能于十八个月内完成房屋的施工，则未来十二年都可免缴地产税。为进一步带动新城区的活力，查理四世将旧城区圣加仑教堂前的木制品作坊迁到了新城区的牛市场，又对易产生噪音和异味的商家重新进行了安置。他鼓励在新城区进行粮食、家畜和活禽买卖（每周三次），开放煤炭交易（每年三次）。他曾试图将新、旧城区的议会合并为一个，不过在十年的尝试后终究放弃了。同年（1367），新市政厅亦投入了建设，其塔楼于1452—1456年间完工，比旧城区的晚了一百年。若说旧城区为富有的德意志商贾所主导，而新城区集中了波西米亚众多的手艺人，未免过于武断，但新、旧城区之间确有种族和社会阶层的显著差异。即便布拉格已知最早的城市宪章（1370）是颁给新城区的，其对象也非平头百姓，而是资产阶级。

1948年捷克斯洛伐克共产党掌权后，资产阶级的日子自然不好过起来。布拉格有一地区，旧称"皇家葡萄园"（Královské Vinohrady），共产党上台后，立即去掉了"皇家"这一前缀。而葡萄园之所以得名，盖因当年的查理四世曾下令漫山遍植葡萄藤之故。1360—1361年乃是荒年，查理四世又命在石头林山修筑"饥饿墙"，且特意雇用颗粒无收的穷人，使其做工得以糊口。蜿蜒于石头林山之间的饥饿墙将小城区的地界向南延伸至今日布拉格的欢笑坊（Smíchov），并和城堡区内的浴火坊（Pohořelec）、新界（Nový Svět）以及御林宫修道院四周的防御工事相连。城堡区作为独立的社区，其地位已在查理四世时期得到了认可，后于1598年获颁宪章，1756年始享有和布拉格其余地区同等的权利。

不过但凡说起查理四世，人们首先想到的还是那座与他同名的

河滨农夫集市，拉辛河堤，新城区。

周六早晨的河滨农夫集市。

大桥。尽管 1870 年以前,布拉格人都只简略地称之为"石桥",大桥本身亦直到十五世纪伊始方才竣工,查理四世却早在 1357 年 7 月 9 日就为大桥进行了奠基。令查理大桥闻名遐迩的三十余尊雕像则是许久以后竖立起来的。大桥在 1432、1784 和 1890 年多次遭洪水破坏,其立柱被冲走,桥拱也发生过坍塌。

洪水素来无情,波西米亚却侥幸逃过了 1348—1349 年间于南欧和西欧爆发、继而在五年内席卷欧洲大陆的黑死病。但大瘟疫到底在 1380 年造访了布拉格,"千塔之城"这一回没能走运,成千上万的市民因此丧生。据十九世纪布拉格的史学家瓦茨拉夫·弗拉迪沃伊·托梅克估算:至十四世纪末,布拉格的人口数约为十万——而今的一众学者皆以为这一数值有夸大之嫌。据现存的教区记录推断,当时布拉格的总人口数应在四万上下。但有一点毋庸置疑,即查理四世统治下的布拉格堪当中欧最大且最先进城市的美名,亦是

傍晚时分"酒馆汉堡"外的酒友,查理广场。

欧洲大陆政治、宗教和文化的中心。十四世纪的最后二十五年,对泰恩前之圣母玛利亚教堂的改建已然开始,自此,它那高耸入云的哥特式双塔便在旧城广场一端致敬查理四世和他所开启的黄金时代。无怪乎当年送葬的民众尊查理为"国父"(Pater Patriae),他当此殊荣,实无愧也。

天文钟

[48] 很久很久以前,阿洛伊斯·伊拉塞克在《古老的捷克传说》中这样写道:

"资产阶级商人、手艺人、穿斗篷的学生、老少妇人……站在老市政厅的南墙外,踮起了脚尖,伸长了脖子,定睛细瞧那标有二十四小时的天文表盘。巨大的表盘镶金嵌银,圆圈叠着圆圈,画有数字和各样奇异的符号。人们自然也端详天文表盘底下圆圆的日历表盘,端详上面的十二星座图和表盘左右枝繁叶茂的藤蔓雕塑。不过他们最感兴趣的还属藤蔓上的木雕人像,譬如那可怖的死神、奇装异服的土耳其人,以及握紧了钱袋的吝啬鬼。"

直到今日——每一日、每一个时辰,好奇的游客仍和当年的布拉格市民一样,翘首仰望着天文钟。整点时,钟声响了。"看哪!"伊拉塞克接着写道:

"天文表盘上的两扇窗户打开了,代表十二使徒的小人自左向右依次出现在窗口。最后出现的则是耶稣基督,

天文钟，老市政厅。

他举手为众人祝福。围观群众要么脱帽致敬，要么在胸前划十，要么指着藤蔓上的木雕人像，说但见死神瞠目结舌，吝啬鬼则抖如筛糠，土耳其人连连摇头，似乎难信寿数将尽，正恳求死神莫要摇响丧铃……然而随着小窗上方的金鸡开始报晓，人群顿扫哀戚，复又兴高采烈起来。"

1410 年，布拉格的地方志中便出现了对天文钟的记载。但包括死神、土耳其人和吝啬鬼等在内的木雕是 1629 年（抑或 1659 年）才添加的。十二使徒像则更晚，要到 1791 年才首次公开露面。昂首打鸣的金鸡是在 1865—1866 年的维修期间衍生出的创意。最初制作天文钟日历表盘的是捷克画家约瑟夫·马内斯（1865），他以波西米亚乡村生活的各类场景来表示一年的十二个月份。同年,"印象派之父"爱德华·马奈展出了极具争议的作品《奥林匹亚》。和抵挡住了尖锐批评的《奥林匹亚》不同,马内斯的日历表盘却经不起布拉格显著温差的考验,于1882年寿终正寝,为一复制品所取代。1945年布拉格(反法西斯)起义期间,天文钟遭严重破坏,不得已再度进行了大修。因此在布拉格,时钟也好,时间也罢,究竟什么算过去,什么是现在,无人分辨得清。"从前啊,事情或许如此,又或许不是。"

04

安德里亚斯·格罗尔（摄于1856）：自小城桥塔楼
俯瞰查理大桥及旧城区。

第四章

反对一切！[1]

"凡事亨通的布拉格大祸临头了。"拉比[2]阿维格多·卡拉在挽歌《一切苦难》的开篇这样写道，"犹太历5149年的亚比月，逾越节的最后一天，当享甜美恩典的筵席之上，（犹太）隔都鲜血尽染。"照基督教年历，这一天恰是复活节（即公元1389年4月18日），盲从的布拉格百姓为犹太人"亵渎圣体"[3]的谣言所惑，竟"自四面八方涌入"犹太隔都，焚毁老犹太会堂，大肆破坏老犹太公墓，"砸碎墓石，挖出骸骨"。至第三天，已有三千犹太人惨遭屠戮，后亦葬入老犹太公墓。阿维格多·卡拉大难不死，他的父亲却不幸葬身火海。卡拉于1439年去世，在老犹太公墓现存完好的墓碑当中，他的墓是年代最为久远的。1787年，神圣罗马皇帝约瑟夫二世下令闭锁墓园。约瑟夫定然不会料到，这反令公墓成为后世的颓废派、表现主义者和超现实主义者钟爱的凭吊之地，乃至今日到布拉格一游者，公墓亦在其必看景点之列。如画美景与错杂墓碑掩盖

---

[1] 得名自阿洛伊斯·伊拉塞克描写胡斯战争的同名小说。
[2] 犹太人的特殊阶层，主要为有学问的智者，是犹太教仪式的主持，社会地位尊崇。
[3] 从罗马教廷指责犹太人是"杀基督者"衍生出的莫须有罪名。

了丑陋的现实——即无论生死,布拉格的犹太人都曾被困隔都,不得稍移。他们在公墓的棺椁因此重叠交错,其下墓穴据说达十二层之多。

那是布拉格历史上一段尤为血腥的时期,无辜百姓鲜血流尽,发起暴动者却自诩"以上帝之名,兴正义之师"。查理四世之子瓦茨拉夫四世(1378—1419)亦在此列。他于1383年将行宫迁至旧城区的国王殿(即今日市民会馆的所在地)。毗邻国王殿而建的火药塔(1475)则取代了十三世纪的山门,后由约瑟夫·莫克仿彼得·巴勒为旧城桥塔所做的设计,在1878—1886年间以"更纯粹的"哥特风进行了改建。

[52]

火药塔岿然不动,瓦茨拉夫四世开创的却远非太平盛世,其执政期内冲突不断,和罗马教廷几乎水火不容。他与"势不两立"的布拉格总主教扬斯汀(Jan of Jenštejn)[①]的恩怨还殃及了池鱼。1393年,瓦茨拉夫下令(且据说亲自动手)将扬斯汀倚重的副主教内波穆克(Jan of Pomuk)[②]毒打至死。内波穆克的尸首则让人从查理大桥扔进了伏尔塔瓦河,后被寻回。史料表明,内波穆克遇害的另一原因是拒向国王瓦茨拉夫吐露王后忏悔的内容——虽据后世考证,王后的告解神父与内波穆克同名,却另有其人,瓦茨拉夫弄混了两人的身份。且不论真相如何,(名义上)为告解者严守秘密的内波穆克于1729年被封为圣徒,且教廷宣称当派人掘开内波穆克的棺木时,见其遗体上唯舌头依然完好无损。内波穆克的青铜像是第一尊竖立在查理大桥上的雕像(由约翰·布洛科夫于1683年创作)。自1771年起,布拉格每年还设立节日以纪念内波穆克。

---

① 意为"岩石镇的约翰"。之所以说此二人"势不两立"是因为瓦茨拉夫四世支持法国的阿维尼翁教廷,而扬斯汀则效忠对立的罗马教廷。
② 意为"棉花镇的约翰"。

第四章 | 反对一切！

可翻手为云、覆手为雨的罗马教廷于查理四世在位时便有陶朱之富，而布拉格神职人员的数量亦名列欧洲前茅，仅次于巴黎、梵蒂冈和阿维尼翁。同所有中世纪教会一样，"白沙在涅，与之俱黑"的布拉格教会也滋生了腐败。查理四世驾崩当年，天主教会发生大分裂，导致四十年里梵蒂冈与阿维尼翁各立教皇的尴尬情形，教廷滥权乃至拥兵自重，益发堪忧。查理在世时，奥地利宗教改革家、维纳斯山的康拉德（Konrad of Waldhäuser）曾受邀来访（1363），直言不讳地指出布拉格教会存在买卖圣职、圣物欺诈、（圣加仑及泰恩堂）高价出售墓穴等乱象。而当时最知名的波西米亚传教士、鱼塘镇的约翰·米里齐（Jan Milíč of Kroměříž）独树一帜，坚持在圣凯瑟琳教堂①用斯拉夫语讲道，在旧城广场的圣尼古拉教堂②用拉丁语讲道，在泰恩堂则用德语讲道。"藐视教廷、大逆不道"的米里齐因此两度被控为异端，却初衷不改，甚至于1372年在布拉格的巴托罗缪③街（Bartolomějská）特为妓女开设了避难所，并建抹大拉的玛利亚教堂。教会作家、约翰镇的马太（Matěj of Janov）深受米里齐的影响，痛斥教廷偏离真道、神化圣徒。此外，马太还主张平信徒应和司铎一样，可在受圣餐礼时饼酒同领④（sub utraque specie）。

抗争道阻且长。1394年，波西米亚富商约翰·克里兹与神圣罗马帝国大臣、河城（Mülheim an der Ruhr）的约翰内斯在布拉格旧城中心——说斯拉夫语之人的聚集地（即今日的伯利恒广场）建起一座新教堂。尽管总主教扬斯汀于三年前便为伯利恒教堂奠下了

---

① 原罗马式教堂，于1371年蒙祝圣。
② 并非今日的巴洛克式建筑，而是其哥特式前身，地方志于1273年首度提及。
③ 又译"巴多罗买"，耶稣十二门徒之一。
④ 天主教相信无酵饼（圣体）和葡萄酒（圣血）在司铎祝圣后化为基督的体血，以往只有主礼的司铎才可在弥撒中领圣血，平民则没有这个资格。

基石，教堂本身却不属教区，亦不得为信徒施圣餐礼。伯利恒教堂最大的使命乃是用斯拉夫语传讲天国的福音，也因此同捷克历史上最赫赫有名的宗教改革家——约翰·胡斯联系在了一起。胡斯的主张与马太的如出一辙，既承英国护教士约翰·威克里夫的衣钵，针砭时弊，抨击教廷腐化、教皇集权之种种不堪，从不留情。胡斯自1398年起任教于查理大学，同年被按立为牧师，遂在大学附近的伯利恒教堂讲道（1402）。翌年，查理大学校长、保皇派约翰·休伯纳（德意志人）严禁在校内传播、翻译或教授威克里夫的任何神学理论。接替扬斯汀出任布拉格总主教、原籍兔堡山（Hazmburk）的兹比涅克·扎伊茨惟命是从，于1408年重申了休伯纳的禁令。积怨难平的瓦茨拉夫四世眼见罗马教廷"魔高一丈"，干脆颁下《僧

[56]

雨天的火药塔，烤面包街，旧城区。

拉迪斯拉夫·沙洛文作品（1915）：胡斯纪念碑，旧城广场。

袍山诏书》（1409），将大学的管理权移交给了波西米亚人，由胡斯出任校长。数千德意志师生为表抗议，或辞职或退学，旋即离开了布拉格。1410年，扎伊茨得令焚烧威克里夫的著作，并驱逐了不顾形势危急仍热心传道的胡斯。两年后，因胡斯"变本加厉"，控告教廷以敛财为目的贩售赎罪券，对立教皇约翰二十三世威胁要下达针对布拉格的"禁行圣事"处罚。唯恐既得利益受损的德意志权贵迁怒伯利恒教堂，袭击了那里的普通信众，胡斯则连夜逃往了王国南部。

1414年，康斯坦茨大公会议控胡斯为异端，召其受审。瓦茨拉夫四世的异母兄弟——罗马人民的国王西吉斯蒙德乃会议发起人，且予胡斯以安全通行令。然而胡斯抵达康斯坦茨不出三周即遭诱捕，后被监禁，但始终拒绝认罪。大公会议判胡斯"其心可诛"，于 1415 年 7 月 6 日将他烧死在了火刑柱上。

波西米亚贵族闻风而动，于同年 9 月 2 日聚集布拉格城堡，称企图终结教会分裂的大公会议竟对"良善、正直、敬虔的"胡斯加以迫害，"实乃对波西米亚王国的莫大羞辱"。旧城、新城及小城区的代表于两周后再度集会，以胡斯之名举事。大公会议镇压无果，于 1415 年 11 月下达禁令，命布拉格停止一切圣事。愤怒的百姓非但不理，且开始抢占教区土地、打砸修道院、驱逐保皇派。1416 年 9 月，查理大学为胡斯发起无罪辩护，大公会议即命其停课整顿。大学无视敕令，反在 1417 年 3 月公开为信众施饼酒同领的圣餐礼。盛满葡萄酒的圣餐杯于是成了胡斯精神的象征，将胡斯的一众追随者——相对保守的稳健派和更为狂热的激进派紧紧联合了起来。

1419 年 2 月，眼见局势失控的瓦茨拉夫四世为稳定民心，竭力斡旋，既蒙教廷解除禁令，便命胡斯党人将抢占来的教区土地"物归原主"。在和各城区领袖紧急商讨过后，瓦茨拉夫亦"酌情"允许胡斯党人保留包括圣母雪地殿在内的三座教堂为私产。可是听闻新城议会遭教廷洗牌、多名同伴亦锒铛入狱的胡斯党人毫不买账，又暴力夺取了圣尼古拉教堂，且公开为市民施饼酒同领的圣餐礼。紧张的气氛一触即发。1419 年 7 月 30 日，受激进派领袖柴利夫斯基的鼓动，人群在圣母雪地殿的圣餐礼结束后即上街游行，要求释放被逮捕的胡斯党人。突然有人自新市政厅的窗口朝示威群众丢掷石块，被激怒的民众于是冲进新市政厅，将多位议员自二楼的窗户扔向底下手持长矛的抗议者，致其当场死亡。这场后来被称为布拉格第一次抛窗事件的暴动打响了胡斯战争的第一炮。用弗朗齐谢克·帕拉茨基的话来说，是"小国寡民……敢于并肩对抗一统基督教世界的滔天强权"（《捷克简史》）。两天后，新城区第一次选举产生了自己的议会（而非由国王或教廷任命），全体成员皆属胡斯党。瓦茨拉夫四世日夜战兢，半个月后（8月16日）突发心脏病，不治身亡。三天之内，布拉格的修道院、教堂、妓院、犹太隔都、德意志权贵的房舍……皆遭抢掠。富裕的德意志天主教徒在或受胡斯党接管、或离开布拉格的两难中，有七百余人选择了后者。

[58]

瓦茨拉夫四世死后，其王位由弟弟西吉斯蒙德继承（1419—1437）。"初生牛犊不怕虎"的西吉斯蒙德拒绝和谈，在获教皇马丁五世的支持后于西里西亚集结军队，欲伺机发动对胡斯党人的圣战。1419年11月，保皇派已先和胡斯党人发生了交锋，一周的战斗几乎将小城区夷为平地。幸存下来的建筑——包括御林宫修道院、锁链下方之圣母堂以及圣尼古拉教堂等在内也都为加强防御之故，于1420年5月被清空、烧毁了。以马忾斯修道院和高堡之间的新城区遭受了同样悲惨的命运，圣凯瑟琳教堂及岩下坊的圣约翰和圣安东尼教堂亦被火舌吞没。胡斯党人相聚布拉格城堡，怒斥与教廷沆瀣一气的西吉斯蒙德乃"传承波西米亚王国及斯拉夫语之大敌"。同年夏天，胡斯党人发表《布拉格四章》，喊话罗马教廷，要求允许信众饼酒同领、在王国内享传道之自由、神职人员须"活出主耶稣基督的样式，成为我们中间的榜样"。《四章》的响应者很快出现了。布拉格满目疮痍之时，一支胡斯党农民军自波西米亚南部的安营镇（Tábor）悄然抵达，领军者乃野兔镇（Trocnov）的约翰·杰式卡——捷克有史以来最出色的军队指挥官。这支农民军大力支持《四章》，否认除《圣经》以外所有的教会权威，拒绝除洗礼和圣餐礼（且只用斯拉夫语进行）以外所有的圣体圣事，积极主张社会平权。

6月末，尚且踌躇满志的西吉斯蒙德带着十万精兵赶到，占领了城堡区，并对新、旧城区发起围攻。出人意表的事随即发生了——7月14日，杰式卡率领的农民军竟在维特山（彼时的布拉格东郊，位于今查理镇与杰式卡镇之间）大败圣战军。西吉斯蒙德悻悻退回城堡区，两周后匆忙加冕，不日便前往僧袍山，预备另做谋划。新、旧城区初尝甜头，决定联合议会，宣布没收逃离布拉格之人的所有财产。8月，农民军与其胡斯党同盟洗劫了旧城区的圣克莱门特修道院和新城区的圣安博堂。另有民众闯入国王坊（Zbraslav）的熙笃会修道院（普舍美斯王朝的瓦茨拉夫二世、瓦茨拉夫三世、伊丽莎白公主及新逝的瓦茨拉夫四世皆葬于此），他们掘出先王瓦茨拉夫四世的遗体，将其扔在圣坛之上，用啤酒浇透，连同修道院一起付之一炬。不过"造反派"也并非总能得逞——旧城区的屠夫挥舞着尖刀利斧，阻遏了暴民欲掳掠方济会托钵修会及圣雅各伯圣殿的企图。然而农民军毕竟势如破竹，他们于9月底围困了高堡。10月1日，背水一战的西吉斯蒙德再次惨败。人群如潮水般涌入"巍峨高堡"，七十二小时内，教堂遭蓄意破坏，宫中财物尽被抢劫，防御墙为人推倒。

[59]

在接下来的十年中，"独眼"杰式卡（1424年卒）和其继任者——"嘴上无毛"的普洛科普四次击退圣战军。据说在1431年8月14日的天仓（Domažlice）战役中，普洛科普的手下唱起了战歌《起来！上帝之勇士》，声彻云霄，圣战军闻歌丢盔弃甲、不战而逃。胡斯党人固然骁勇异常，无仗可打时却忙着内讧。稳健派和激进派互不相让，为谁掌布拉格联合议会的大权暗中较劲。稳健派的支持者多来自旧城区及查理大学，而以柴利夫斯基为首的激进派一向扎根新城区。1422年3月9日，稳健派将柴利夫斯基及其九名同党诱骗至老市政厅，一并斩杀。此后尽管骚乱不断，查理大学图书馆遭劫，新城议会为激进派左右，布拉格仍迅速回到了稳健派的掌控之下，直至胡斯战争结束。1960年，老市政厅外立起一尊柴利夫斯基的胸像，颇具共产主义特色的铭牌解释说：柴利夫斯基是因为"阻碍了资本主义的发展道路"而壮烈牺牲的。

柴利夫斯基已逝，1433年，由普洛科普为代表的激进派和以约翰·罗基卡纳为首的稳健派前往瑞士巴塞尔,出席大公会议。会议决定:止息干戈的和谈须以《布拉格四章》设附加(限制)条款为前提。激进派拒绝妥协,不愿和谈功败垂成的稳健派于是联合教廷军,于1434年5月30日在布拉格以东约四十公里处的七椴镇(Lipany)痛下杀手,重创激进派。普洛科普血洒当场。

[60]

卢耶克·玛罗德所作透视画细节(1898):《七椴镇战役》,布拉格展览馆,后生坊。

激进派在七椴镇的惨败为和谈铺平了道路。稳健派与教廷言归于好,订立《巴塞尔契约》(于1436年7月获波西米亚王国首肯,又于1437年1月在巴塞尔大公会议上通过):承认西吉斯蒙德为波西米亚的合法君主,布拉格各城区在保有自治权的情况下向其缴纳贡金(1420—34);另由稳健派首领罗基卡纳出任布拉格总主教(尽管其任命从未得到教廷方面的确认),王国内之贵族则可保留从教会没收的全部财产。据《巴塞尔契约》看,波西米亚教会似已重回罗马教廷的怀抱,而教廷也"格外开恩",特许波西米亚信众饼酒同领。七椴镇战役的阴影正在远去，虽然同胞相残的悲剧还远未结束。1898年，捷克画家卢耶克·玛罗德为布拉格"建筑与工程展"作巨型透视画《七椴镇战役》，这幅意外走红的作品后陈列于布拉格展览馆，至今仍在。

伯利恒教堂

[54] 富传奇色彩的伯利恒教堂是捷克民族史上的"记忆之场"。不过参观者今日看到的并非当年胡斯热心传道又痛陈教会积弊的场所。耶稣会曾于1661年买下伯利恒教堂作天主教礼拜之用，后于1786年将其拆除。现在的这幢建筑是复制品——为巩固政权，克莱门特·哥特瓦尔德领导的捷克斯洛伐克共产党一边大肆迫害教

伯利恒教堂，伯利恒广场，旧城区。

会,一边批准建造新堂。要重建伯利恒教堂,虽可充分利用它已和周围建筑融为一体的三面外墙,却仍需丰富的想象力和善感的爱国心方能成事。捷克斯洛伐克建筑师、完美修复查理学院的雅罗斯拉夫·弗拉格纳是1920年代"纯粹四人"(捷克立体主义艺术家)的一员,他从现代主义大师勒·柯布西耶的作品中汲取灵感,令教堂的重建工作得以圆满完成。

新造起来的伯利恒教堂内有这样一块铭牌,上刻:

> 约翰·胡斯大人
> 在狱中苦受折磨、等候发落,
> 仍不忘于1415年6月10日
> 劝勉忠诚的波西米亚国民——
> 务要善待伯利恒教堂。
> 为不负重托,
> 吾等于1948—1954年间
> 服膺"民治、民有、民享"之精神,
> 重建了这一捷克人民
> 抵御强权的摇篮。

胡斯真正想劝勉全体捷克人(尤其是全体布拉格人)的,乃是"求我主恩待,伯利恒教堂得传福音一日,便要恒爱它一日"。他若在天有灵,恐怕要大失所望了。重建后的伯利恒教堂直到1989年捷共倒台后才向公众开放,却从未用作传道,而是作为演出、毕业典礼或婚庆的场地租赁给了音乐会主办方、学校以及一对对新人。

布拉格已知最早的风景画，哈特曼·谢德尔作品（1493）：自高堡所见布拉格城堡、小城区、部分查理大桥及新城区。

第五章

金杯毒酒[1]

西吉斯蒙德膝下只得一女，王位便由女婿——哈布斯堡的阿尔布雷希特二世（1437—1439）继承。此人乃圣战军老将，却非帝王之材，执政极短，徒有虚名，战死沙场后竟无人袭冶承弓——彼时的波西米亚王权已成金杯毒酒，纵是野心家也唯恐引火烧身。王位既再度悬空（1439—1453），则稳健派与教廷军为谁执牛耳寸厘必争。最终，稳健派的东部领袖——来自滩下镇（Poděbrady）的乔治力压群雄、拔得头筹。1448年9月，乔治进驻布拉格，总主教罗基卡纳身为稳健派元老，结束十年流放，重回故地。1452年4月，波西米亚王国推举乔治为总督。在击溃激进派残部与教廷军联盟[2]后，鉴于阿尔布雷希特的遗腹子拉斯洛五世（1453—1457）年幼，便由乔治摄政。拉斯洛未及成年，于十七岁夭折。1458年3月2日，乔治在布拉格老市政厅加冕为王。

后世谓之乔治"胡斯党人的王"，他也是称王波西米亚的最后一个捷克人。其统治（1458—1471）为王国带来了久违的安定，布

---

[1] 形容貌似诱人实则有害的东西，语出自莎士比亚。
[2] 又称喜鹊镇（Strakonice）同盟。

拉格的经济亦得以复苏。乔治准许四区（旧城区、新城区、小城区及城堡区）保留战时①获利，并一笔勾销了各区的债务。1458年，位于旧城广场西侧的老市政厅开始扩建。安有天文钟的南墙之上陆续添加了晚期哥特式的门窗，半个多世纪后新增的大厅建有早期文艺复兴式凸窗，其上则刻有城徽与"王城布拉格"（Praga Caput Regni）的字样。旧城广场另一头的泰恩堂也发生了变化，其高耸的山墙于1462年修缮完毕，饰以国王乔治的雕像和象征胡斯党人的镀金圣杯，分外耀眼。比山墙更高的南北双塔（北塔建于1463—1465年，南塔建于1506—1511年）令泰恩堂益发显得恢弘壮伟，俨然成了布拉格最具特色的地标性建筑。

可是好景不长，和平年代戛然而止了。1462年，教皇庇护二世②单方面宣布《巴塞尔契约》无效，并禁绝波西米亚的信徒饼酒同领。胡斯党人再度被打上了"异教徒"的烙印。查理大学即刻做出回应，要求来访者对圣杯起誓，非稳健派不得入内（此规定一直持续到了1620年）。1466年，新任教皇保罗二世同样毫不留情，对"胡斯党人的王"乔治先施绝罚③，后行废黜。乔治的女婿——曾被扣为人质的匈牙利国王马加什一世④见状，趁乱登场，联合教廷军于1468年占领了摩拉维亚。翌年5月，教廷军在尤里乌斯山推选马加什一世为王。长期唯教廷马首是瞻、胡斯战争期间亦不改立场的劳西茨和西里西亚纷纷响应，拥戴"新王"马加什。独支波西米亚半壁江山的乔治力有不逮，于1471年去世，十五岁的乌拉斯

---

① 指胡斯战争。
② 本名埃内亚·西尔维乌斯·皮科洛米尼（1405—1464），是文艺复兴时期著名的学者、诗人，也是唯一留下自传的教皇。
③ 因其家族纹章上的乌鸦图案而被称为"乌鸦"（Corvinus）马加什。
④ 教会重大制裁的一种形式，即将某人从团契中开除。按天主教神学的说法，受此处分者生前无人往来，死后不能升天。

洛二世（1471—1516）[1]接过了权杖。乌拉斯洛是早夭的拉斯洛五世的外甥，马加什对这"黄口小儿"自不买账，几番交阵下来却难分伯仲。两人同意各退一步，在有生之年割据而治：乌拉斯洛掌管波西米亚，马加什坐拥摩拉维亚、劳西茨和西里西亚。

与"胡斯党人的王"乔治不同，乌拉斯洛急于改善同教廷的关系，为此重组了新、旧城议会（1476）。由国王任命的保皇派议员正预谋杀害稳健派头目的流言于是不胫而走，引发了1483年9月24日的布拉格叛乱。多名保皇派议员遇害，另有九人于一周后被处决。新城、旧城与小城区的市政厅为民众占领，城堡和高堡随即沦陷，天主教修道院及犹太隔都再遭劫掠。因瘟疫爆发，乌拉斯洛已于三个月前暂离布拉格避难。而在他看来，叛乱显然比瘟疫更可怕，令他在一年多的时间里不敢重回布拉格。有家归不得因此被迫让步的乌拉斯洛于1485年签署了《僧袍山和约》，确立《巴塞尔契约》为王国的基本律法；约占波西米亚七成人口的稳健派和剩余的保皇派享有同等权益。稳健派随即设"总部"于泰恩堂，保皇派则常驻圣维特主教座堂。

叛乱虽已平息，乌拉斯洛仍惊魂未定，出于对自身安全的考虑，他在签署《和约》后将行宫从国王殿迁回了布拉格城堡。自此，布拉格城堡作为波西米亚统治者及日后总统府的所在地，再也未曾改变。乌拉斯洛的这一决定带给了因战乱而停止发展的城堡区以新生。1484年秋，加强防御工事及翻修皇宫的浩大工程拉开了序幕，直至十六世纪初才宣告结束。由贝尼迪克·列特设计的弗拉季斯拉夫大厅于1502年完工。这间晚期哥特式大厅位于旧皇宫内，长六十二米，是全欧洲最大的国会厅。

---

[1] 又称（波兰）雅盖隆王朝的弗拉迪斯拉夫四世，为波兰国王卡齐米日四世与哈布斯堡的伊丽莎白（拉斯洛五世之姐）的长子。

因胡斯战争而中断的圣维特的扩建也得以继续。1509年，座堂中殿及第二塔楼陆续动工，谁料经费不足，两年后竟又搁置下来。如此，徒有"雄伟的哥特式躯干"的圣维特至十九世纪末方才修建完毕，前后历经六个世纪，可谓穷年累月、千回百折了。

动荡的布拉格始终让乌拉斯洛心神不宁。1490年加冕为匈牙利国王后，乌拉斯洛前往布达（今布达佩斯以西），再未返回。其子拉约什二世（1516—1526）[①]继承波西米亚及匈牙利王位时年方十岁，且亦常住匈牙利。波西米亚的实权因而落在了自诩代表领主、骑士及各城区平民的贵族手中，贵庶之争接踵而至。在共同的利益面前，新、旧城区决心一致对外，于1518年再次联合议会，抵御

埃吉丢斯·萨德勒尔绘制（1607）：弗拉季斯拉夫大厅，布拉格城堡，城堡区。

---

① 又称（波兰）雅盖隆王朝的路德维克一世。

权贵的压榨。1520—1526 年间，新市政厅得以翻修扩建，在遭受 1557 年的大火后又进一步重建，其今日的外观由卡米尔·希尔伯特与安东尼·维赫在 1905 年打造完成。和新市政厅的翻修工作同时进行的还有石板会堂（Pinkasova）的建设（1519—1535），保存完好的石板会堂亦是布拉格的标志性建筑之一。

不过这一切，拉约什二世都看不到了。1526 年，（土耳其）奥斯曼帝国的苏莱曼一世挥兵匈牙利，拉约什在摩哈赤①平原率军对战，不敌，逃跑时自马背跌落，溺水而亡。拉约什的妹夫——哈布斯堡的奥地利大公斐迪南一世（约 1526—1564）接替拉约什为王。尽管摩哈赤一战后，匈牙利的多数领土都为奥斯曼帝国侵占（直至 1699 年），斐迪南仍得以一统奥地利、波西米亚及匈牙利的剩余领地，就此开启了哈布斯堡家族称霸欧洲的时代。斐迪南之兄查理五世乃神圣罗马皇帝（自 1438 年起，这一头衔就为哈布斯堡家族世袭），兼任西班牙国王、意大利（西西里和那不勒斯）国王及低地诸国（荷兰、比利时、卢森堡）的君主。奥斯曼帝国对中欧的威胁既如影随形（经 1683 年的维也纳战役才得以解除），而哈布斯堡家族又如此显赫，波西米亚贵族自然要费心拉拢。但他们也很谨慎，拒绝让娶了拉约什之妹安娜公主的斐迪南继承波西米亚的王位，除非他答应移哈布斯堡王廷至布拉格，且承诺履行《巴塞尔契约》的条款。

1527 年 2 月，保皇派斐迪南于圣维特主教座堂登基为王。不久（《僧袍山和约》签订约五十年后），以革新天主教会为己任的路德宗便大行其道，在劳西茨、西里西亚、摩拉维亚和宗教改革之热土——波西米亚拥有了大批说德语的追随者，这也让十六世纪下半叶至十七世纪"波西米亚王冠领土"上的宗教冲突和从前大为不同：

---

① 意为"苔藓"（mocháč）。

它不再只是捷克人民"反对一切"的单打独斗。因路德宗的主张广受传扬之故,波西米亚的稳健派也一分为二。旧稳健派与教廷军联手,得斐迪南授意,曾于1527年12月4日在火药塔外的刑场烧死了包括河床镇(Poříčí)的玛尔塔(女)在内的三名"异教徒"。而新稳健派与合一弟兄会统一战线,加入了正酝酿抗争的新教徒的阵营。合一弟兄会的前身乃胡斯党的激进派残部,受支持路德宗的加尔文宗影响甚深。尽管"胡斯党人的王"乔治及乌拉斯洛在世时都下达过对弟兄会的禁令(闭其教会、封其言论),弟兄会依然不断壮大、势不可挡。

新教徒的势力之所以能迅速扩张,印刷术的普及功不可没。布拉格的第一台印刷机于1487年问世。至十五世纪末,全城已有三家印刷社投入运行。1500年以前,布拉格已发行有刊物四十四种,其中三十九种为斯拉夫语刊物,其余五种则为拉丁语刊物。中欧最早的希伯来语书籍于1512年在布拉格出版。1488年,第一本斯拉夫语《圣经》(印刷版)在布拉格诞生。十六世纪时,书籍贸易已然空前繁荣,不同版本的"波西米亚史记"你方唱罢我登场,譬如教皇庇护二世写于1454年、坚决反对胡斯党人的《捷克编年史》(1510年于布拉格出版)和刺堡镇(Šprinsberk)的稳健派作家马丁·库特所著、坚决拥护胡斯党人的《捷克建国史》(1539年印制)。《波西米亚编年史》则问世于1541年,其作者是荔河镇(Libočaný)的瓦茨拉夫·哈耶克,该书获斐迪南颁发的王室特许证,因此风靡全国。1547年,阿文提诺山①(Aventino)的乔治·梅兰特创立了波西米亚的第一家本土出版社,其最有名的出版物包括《梅兰特圣经》(1549)、天文学家塔迪亚斯的论文《彗星》(于1580年出现于布拉格上空)、伊拉斯谟的讽刺作品《愚人颂》(由小汉斯·霍尔拜因

---

① 为古罗马七丘之一,据传得名自大力神赫拉克勒斯的儿子阿文提努斯(Aventinus)。

绘"死亡之舞"插图)以及约翰·胡斯的著作合集。

书籍贸易促进了地区往来,反之亦然。斐迪南即位伊始,布拉格与维也纳两地便开通了邮政,意味着波西米亚与哈布斯堡家族的关系益发紧密。新君斐迪南惟愿中欧大一统,其集权之意图很快昭然若揭。斐迪南罢免了一人独大的布拉格市长帕塞克,任命新议员,取缔新、旧城区联合议会,禁止非法集会,通过设立直接听令王廷的行政机构(位于维也纳)来进一步约束议会,也削弱了波西米亚贵族的权力。斐迪南还大力支持兄长查理五世,欲派兵共同压制路德宗领袖(支持新教的德意志诸侯),一时民怨沸腾。新、旧城区于1547年2月9日公然集会,拒不响应斐迪南的出兵号令。一周后,布拉格附近城镇及皈依新教的贵族亦加入进来,于3月18至21日齐聚查理大学,预备发动起义,主张恢复各城古已有之的自治权。一个月后,查理五世的军队在磨坊山(Mühlberg)[①]击败路德宗领袖,教廷军自7月起占领了布拉格城堡及小城区。七日后,新、旧城区宣布投降,起义以失败告终。

眼见民众"不服管教",斐迪南怒不可遏,于同年夏天在弗拉季斯拉夫大厅主持了至少四起庭审,判决十人死刑(尽管只有四起最终得到执行)。8月末,斐迪南晓谕全国:召开议会及任命官员的权力从此独属波西米亚国王,且他有权在生前为指定的继承人加冕。许多"大逆不道"的布拉格市民公开受到鞭刑,被没收财产后遭驱逐出境。新、旧城区一律解除军备,并面临巨额罚款。斐迪南收回了前朝一切特许令,解散各公会,取消各城区议员的市长选举资格、命朝臣对其严加监管,并于布拉格城堡内新设了上诉法院。虽在其执政后期放宽了部分禁令,让百姓得以略喘一口气,但

[68]

---

① 为施马卡登战争中具决定性的战役。施马卡登(Schmalkaldischer)得名自德意志新教诸侯组成的军事防御联盟,意为"窄河",位于今德国中部图林根镇。

斐迪南统治下的王城布拉格再也无法享有从前的高度自治，也不再具备广泛的政治影响力。雪上加霜的是，1550—1551 年的冬天及此后的 1554、1562、1564 和 1568 年，布拉格受大瘟疫侵袭，民不聊生①。

铁血手腕的斐迪南对新教徒欲除之而后快。他大肆迫害路德宗和弟兄会的成员，三次（1554、1559、1568）重申乌拉斯洛二世对弟兄会的禁令。部分信徒因而逃往摩拉维亚，在那里译出了不亚于《英王钦定版圣经》的波西米亚《国王圣经》（1579—1594），堪称近代捷克文学史上最杰出的作品。1556 年，斐迪南邀波西米亚耶稣会入住旧城区圣克莱门特教堂附属的修道院。耶稣会建修道院为克莱门特学院，并于 1562 年起获准颁发学位。1616 年，神圣罗马皇帝马蒂亚斯二世封克莱门特学院为皇家特许学校，人称"稳健派之天下"的查理学院自此有了劲敌。1561 年，为虎添翼的斐迪南还恢复了此前已悬空一百四十年的布拉格总主教席位。

但即便手段狠辣，斐迪南的心底仍保留了一丝柔情。1538 年 4 月，他下令在布拉格城堡的御花园为妻子安娜建造夏宫。又称"美景宫"（Belvedere）的安娜女王夏宫由乔瓦尼·斯帕齐奥设计，另由宫廷建筑师波尼法·沃姆督造（1557—1563），是文艺复兴时期兼具华丽意大利风格和北方②哥特式元素的杰作。可惜安娜在夏宫竣工前就去世了，彼时斐迪南业已离开布拉格，回维也纳度过了人生中的最后二十年，留次子斐迪南二世任波西米亚总督，监理国事，也监管王室的一切兴修工程。

许是天意，1541 年 6 月 2 日，伏尔塔瓦河左岸发生火灾，大火吞没了城堡及小城区的一百九十七幢房屋，令整个地区的重建势

---

① 1568 年的瘟疫造成布拉格近四千人丧生。
② 泛指曾为欧洲文化中心的意大利以北地区（多指瑞士、比利时、荷兰等）。

在必行。城中贵族买下烧毁后的地块，建起文艺复兴风格的台榭楼阁，从此改变了城区左岸的风貌。城堡区的部分建筑在大火中受损，波尼法·沃姆挑起重担，负责重建工作。他为旧皇宫的国事厅新添了圆形拱顶（1559—1563），和意大利建筑师尤里克·奥斯塔利联手打造了皇宫球馆（1567—1569），又与德意志建筑师汉斯·泰洛合作筑起了圣维特主教座堂的唱经楼（1557—1561）和南塔（1560—1563）。1545—1574 年，玫瑰堡宫（Rosenborg）在城堡内平地而起，后由国王鲁道夫二世出资买下（1600），并最终改建成了特蕾莎①贵族女子学院（1754—1755）。除此以外，不远处的城堡广场上可见由洛布科维奇家族的约翰·波佩尔城伯②下令修建的

施瓦岑贝格宫，城堡广场，城堡区。

---

① 指玛利亚·特蕾莎（1717—1780），哈布斯堡王朝史上唯一的女性统治者，神圣罗马帝国皇后。
② 指经由皇帝册封的自治领领主、管理者或军事长官。

施瓦岑贝格宫[①]（1555—1576）和由马丁尼兹家族全力督造的马丁尼兹宫（1583—1598），此二者的墙面釉雕[②]均采用极为典型的文艺复兴时期的装饰艺术手法。

而布拉格的复兴还在拐角，尚未来到。斐迪南二世因与庶民通婚，后代并无继承权，所以其兄——神圣罗马皇帝马克西米利安二世（1564—1576）坐上了波西米亚的王位。马克西米利安是整个哈布斯堡王朝唯一同情新教的皇帝，且据说是"深藏不露"的路德宗信徒；但若寄希望于他来振兴新教，显然太过天真。1575年春，经长时间磋商，路德宗、新稳健派与合一弟兄会缔订了《波西米亚信条》（Confessio Bohemica），欲在全国大力推行新教。同年5月18日，《信条》呈上给马克西米利安过目。耶稣会和旧稳健派自然竭力反对，但马克西米利安摆出条件：若波西米亚愿奉其长子鲁道夫二世为王，他便承认《信条》合法。四个月后，鲁道夫二世在圣维特主教座堂加冕，马克西米利安却食言而肥，禁止将《信条》公之于众，也禁绝弟兄会的一切活动。出尔反尔的马克西米利安于翌年去世，其葬礼一度中断了三小时，因坊间传言布拉格的新教徒即将遭到屠杀，正如四年前的圣巴托罗缪日（1572年8月24日）当天，数以千计的法国新教徒（胡格诺派）为受教廷唆使的暴民杀害一样。布拉格人为此失魂丧胆，阖城离乱。

从父亲手中接过权杖的鲁道夫二世（1576—1611）为稳民心，是继查理四世后第二位定都布拉格的神圣罗马皇帝。他于1583年10月16日正式将王廷从维也纳移至城堡区。据保守估计，1547至1599年间，布拉格的人口数至少翻了一番，达五万多人。除帝国

[①] 1719年后被赠予施瓦岑贝格家族，故此得名。
[②] 一种墙面装饰技术，在涂上不同颜色后将石膏的表层刮掉，使下面石膏层的一部分暴露出来，通过颜色对比从而产生图像。

官员和朝臣外，鲁道夫御下的布拉格吸引了来自欧洲大陆（尤其是德意志、"比荷卢"低地诸国及意大利）的炼金①师、艺术家、科学家、学者、作家、音乐家、建筑师、手工艺人和商贾（更不用说江湖骗子、小偷和妓女了）。至1590年，已有八十名意大利商人、店主和代理商定居布拉格（多在小城区）。这些富裕的意大利外商筹建了圣母升天教堂的椭圆礼拜堂（附属克莱门特学院，建于1590—1600年），又在小城区造医院（1601），并于1617—1619年重建了晚期手法主义②风格的小城市政厅。

[71]

或因三教九流、龙蛇混杂之故，这一时期的布拉格流传着怪力乱神的故事，经后世的本土作家用捷克语和德语添油加醋，将之描绘得愈发扑朔迷离。比如古斯塔夫·梅林克的小说《魁魅》（1914）讲述的就是这样一个"都市怪谈"：说从前的布拉格有个拉比，名叫犹大·勒夫·本－比撒列，他用黏土制作出人偶，灌注以巫术，使其能自由行动。某个月黑风高夜，人偶竟逃脱看管，在犹太隔都四下作乱。《魁魅》里又说："勒夫蒙皇帝召见，于宫中施展招魂术，令先人之魂魄得以显形。"阿洛伊斯·伊拉塞克亦在《古老的捷克传说》中提及过此事。可据现存的两份史料看，知名的《塔木德》③学者、大拉比犹大·勒夫·本－比撒列确于1592年2月入宫面圣，却和招魂毫不相干；与勒夫同时代之人也从未留下有关"魁魅"的任何记载。在作品中为勒夫"正名"的其中一人便是大卫·甘斯，

---

① 中世纪通过化学方法试图将基本金属转变为黄金、制造万灵药及长生不老药的哲学理论。

② 又作风格主义、矫饰主义、形式主义，指1525—1580年间偏离文艺复兴设计和谐之美的一种倾向。从设计角度看，可能源于年轻艺术家采取别样方式、企图超越前人大家的尝试。从社会角度看，则与当时（反）宗教改革运动等大环境引起人们心理状态的变化相关。

③ 犹太教中地位仅次于《塔纳赫》（正统希伯来《圣经》）的宗教文献，源于公元前二世纪至公元五世纪间，记录了犹太教的律法、条例和传统。

亨德里克·埃克特(约摄于1898):老新犹太会堂和犹太市政厅,拉比街(现梅塞尔街),老犹太区。照片中的其余多数建筑皆在1903—1905年的隔都大清洗中被拆毁。

其所著编年史《大卫的子孙》(1592)应是第一部由犹太人自己写成的非宗教类文学作品。

十七世纪之交是布拉格的犹太文化相对繁荣的时期。斐迪南一世曾两度(1541、1557)试图驱逐王国内的犹太人,但因后者对波西米亚的经济发展委实太过重要,导致两次驱逐都不了了之。斐迪南之子马克西米利安二世不做无用功,于1567年准犹太人长期居留,斐迪南之孙鲁道夫二世及弟弟马蒂亚斯则两次(1577、1611)延长了这一特许令。所以十七世纪伊始的布拉格拥有了欧洲最大的犹太人群体。而皇帝们之所以愿意接纳犹太人——譬如犹太富商莫迪凯·梅塞尔,自然是有私心的:腰缠万贯的梅塞尔为鲁道夫二世与奥斯曼帝国无休无止的征战[1]提供了大量资金。梅塞尔出生于布拉格的犹太隔都(1528),1576年当选为老犹太区议员,后任市长及波西米亚财政大臣。鲁道夫二世给予了梅塞尔无上的特权,承诺他可自由处置私产。但皇帝本人的保证并不管用,梅塞尔尸骨未寒(1601),王国官员就没收了其所有个人资

---

[1] 史称"十三年战争"。

财。亏得梅塞尔生前已出资修建了高大会堂（1568）、梅塞尔会堂（1590—1592），扩建了老犹太公墓（1598），并为隔都的街道铺上了石砖。他同时是犹太市政厅的建设者和出资人（由潘纳修·罗德设计，1568年始建）。市政厅外墙上那面"倒着走的钟"①自问世以来便令文人墨客驻足凝望、如痴如醉。1763年，约瑟夫·施莱辛格重建了犹太市政厅，在原本文艺复兴风格的建筑上增添了洛可可式的外立面。

对文艺复兴风格尤其偏爱、痴迷占星与炼金术的鲁道夫二世定然赞成后人称布拉格城堡的黄金巷（Zlatá ulička）为"炼金师巷"，但这条小巷其实与炼金师无关，就像查理广场上的浮士德②屋和浮士德无关一样。黄金巷始建于1597年，最初是为容留鲁道夫御用、

"倒着走的钟"，犹太市政厅，梅塞尔街，老犹太区。

---

① 钟上的希伯来数字按逆时针排列，因犹太人使用的希伯来文是自右向左阅读的。
② 指炼金师向魔鬼出卖灵魂以换取知识和青春的古老传说。

保卫城堡大门的二十四名弓箭手,后来也容留过金匠及其他手工艺人;但从无史料表明炼金师住过小巷两旁低矮的房屋,它唯一出名的住户应是弗朗茨·卡夫卡——这位多用德语写作的犹太裔小说家曾于 1916—1917 年间暂居过黄金巷二十二号的金茅阁。至于查理广场上的浮士德屋之所以会和"魔法"扯上关系,大约是因为英裔爱尔兰炼金师爱德华·凯利曾买下过它的缘故。为王城布拉格所吸引的凯利是个到处招摇撞骗的神棍,他长年戴一项四方帽,好掩盖在英格兰时因诈骗而被罚割去双耳的事。鲁道夫二世却为凯利的花言巧语所惑,以为他真有惊世之能,遂封其为爵士。然而纸终究包不住火,东窗事发后的凯利被下了大牢,两次越狱不成,服毒自尽了。鲁道夫迅速没收了凯利的财产,哪管他的家人一贫如洗、度日维艰。

[76]　除江湖术士外,欧洲的杰出人才亦纷至沓来,令布拉格成了名噪一时的学术中心,且尤以天文学见长——焦尔达诺·布鲁诺、第谷·布拉赫、曾为第谷助手的约翰内斯·开普勒及发现彗星的塔迪亚斯都为编制《鲁道夫星历表》做出了不凡的贡献。(第谷因在小城区的筵席上膀胱破裂而亡,后葬于泰恩堂。)与此同时,布拉格的医学也蓬勃发展起来。1600 年 6 月,波西米亚的解剖学家约翰·叶森纽斯在查理大学进行了第一次公开尸检(所用遗体取自旧城区刑场)。而在艺术方面,斐迪南一世时期的米兰宫廷画家朱塞佩·阿尔钦博托凭记忆作出《维尔廷努斯》(1591),借用蔬果将鲁道夫二世描绘成了罗马四季之神,堪称绝妙。鲁道夫另将大有名望、践行北方哥特式风格的德意志、瑞士、比利时与荷兰画家请来布拉格。巴托罗缪·斯普朗格、德克-奎德·范·拉佛斯坦、汉斯·冯·亚琛、大约瑟夫·海因茨尤擅人物(基于古希腊罗马神话的裸体画像),大得鲁道夫之欢心。罗兰·萨委瑞、汉斯·霍夫曼、约赫斯·霍夫纳格尔、皮耶特·史蒂文斯则工于风景,和雕刻师埃吉丢

黄金巷（"炼金师巷"），布拉格城堡，城堡区。

斯·萨德勒、雕塑家阿德里安·弗里斯同为王廷效力。鲁道夫宠幸设计师，对石匠和金匠也青眼有加。比利时人弗米尔受鲁道夫所托，制作了璀璨夺目的新王冠，后成为奥地利帝国（神圣罗马帝国之延续）的象征。

酷爱艺术珍品的鲁道夫收藏之丰，冠绝欧洲。除丢勒、老彼得·勃鲁盖尔、拉斐尔、提香、米开朗基罗、委罗内塞、科雷吉欧、丁托列托和达·芬奇等一代巨匠的画作外，尚有各类自然标本、钱币、古籍、手稿、科学仪器和时钟等等。鲁道夫于1594年自梁木坊修道院"借阅"了波西米亚的《魔鬼圣经》（*Codex Gigas*），却再未归还。制作于1224至1230年间的《魔鬼圣经》包含"新约"和"旧约"经文、一世纪犹太史学家约瑟夫斯所著《犹太古史》

和《犹太战史》、塞维利亚①总主教依西多编写的拉丁语百科全书《词源》、中世纪药学教科书《医学论》以及科斯马斯的《捷克编年史》。整部《魔鬼圣经》共计用羊皮纸三百一十张，重达七十五公斤，是现存最大的中世纪手抄本，令鲁道夫的"珍奇屋"（Kunst- und Wunderkammer）馆藏益发举世无伦。涵盖自然、人文与科学各领域的珍奇屋既是包罗万象、可洞观造物奥秘的世界缩影，也是鲁道夫睥睨众史、志高气盈的荣誉勋章。权威的波西米亚学者、意大利人安吉洛·马里亚·里佩利诺因此评论道："这些出处不同、风格迥异的藏品济济一堂，正如鲁道夫治下的布拉格，实乃美妙的民族文化大熔炉。"（《神奇的布拉格》）

鲁道夫数量惊人的藏品在布拉格城堡再掀大兴土木的热潮。意大利建筑师尤里克·奥斯塔利、乔凡尼·戈尔乔力、安东尼奥·瓦伦蒂、奥拉齐奥·丰塔纳和马里亚·费里皮强强联手，得鲁道夫令，扩建了城堡南翼可俯瞰布拉格的皇宫，并于其下兴修了天堂花园。丰塔纳在隔开第二和第三中庭的主翼之上加盖了两层楼（1600—1602），以便收纳鲁道夫珍奇屋的各色藏品。主翼底楼作为鲁道夫的私人马厩（1577—1578），极尽奢华，以百米长廊同城堡的新北翼相连。北翼一层是原先的皇家马厩，二层设鲁道夫画廊（1589—1596），后又建起用于举办国宴的西班牙厅（1602—1606），这一区域在今日的布拉格被统称为"城堡画廊"。不过若徒有静物而无活物，则鲁道夫意欲勾勒的"世界图绘"②（Orbis Pictus）就不算完整。他因此在御花园修葺了可为墙壁加热的温室，挖了鱼池，筑了鸟舍，还开辟了豢养珍禽异兽的狮园。

猛兽固然威风，却不及小小的伊丽莎白来得受宠。伊丽莎

---

① 西班牙南部城市，在古腓尼基语中意为"平坦的土地"。
② 语出自捷克教育家夸美纽斯（1592—1670）的同名著作。

威廉斯伯格手绘简章（1610）：自布拉格城堡可见的部分城堡区和小城区。

白·珍妮·韦斯顿是"没耳朵"神棍爱德华·凯利的继女。1583年，才满周岁的伊丽莎白让凯利带到了波西米亚，一度是鲁道夫王廷的座上宾。1606年，布拉格出版了伊丽莎白用拉丁语写就的《花信词》（Parthenica），可谓文辞典雅、星句月章。在其中一首献给鲁道夫的颂歌里，伊丽莎白如实拓印了鲁道夫的勃勃野心和远愁近虑：

> 愿恺撒之帝国[①] 缪斯善舞[②]；
> 愿恺撒之王廷永世其芳。
> 愿土耳其军折戟沉沙，暴君苏丹与名俱亡！
> 愿黎民从此俯伏敬拜：吾王万岁，定国安邦。
> 愿沃壤千里，膏场绣浍；愿瘟疫速退，布帆无恙，
> 愿大兴文教，广纳贤士，纵有艰危，敢傲雪凌霜。

---

① 指神圣罗马帝国。
② 指艺术兴盛。

[79] 瘟疫的阴影和来自奥斯曼帝国的威胁一样挥之难去。1582年爆发的鼠疫夺走了波西米亚三万人的性命，并在1585、1598和1599年卷土重来。等灾难过去，出于劫后余生的喜悦，鲁道夫自费在御林宫修道院的土地上修建了圣洛克①教堂（1599）。布拉格的王廷或许金碧辉煌，布拉格却藏污纳垢、危机四伏，鲁道夫对此心知肚明。他于1601年发檄文怒斥布拉格节节攀升的犯罪率，并于旧城广场、牛市场及小城广场设立绞架，扬言要"杀一儆百"（pour encourager les autres）。然而就像他三年前颁下诏书，令布拉格的街道必须保持清洁一样，好言相劝也好，危言恫吓也罢，鲁道夫的救命全无果效，俱是徒劳。

星星夏宫

[73] 文艺复兴时期的另一标志性建筑——星星夏宫坐落在布拉格西郊的白山之上，位于曾经的皇家禁猎区以内。奥地利大公斐迪南二世谨遵父命，由宫廷建筑师波尼法·沃姆监督（1555—1556），全力建造星星夏宫。设计师马里亚·奥斯塔利与乔凡尼·卢切塞根据斐迪南的指示，不断调整施工方案。1557年，斐迪南娶菲丽皮娜·维尔瑟——富裕的犹太银行家之女为妻。既是贵庶通婚，则这段婚姻并未公诸于世，二人的后代也无王位继承权。而由斐迪南悉心打造的星星夏宫呈六芒星形（犹太人之象征），或许并非巧合。

星星夏宫是捷克民族史上的又一"记忆之场"。1620年11月8日，夏宫之外的白山上，神圣罗马皇帝费迪南二世（无子嗣的马蒂亚斯的继任者）率天主教同盟军击败仓皇出逃的波西米亚国王腓特烈五世，就此终结了波西米亚的独立地位，使其彻底沦为神圣罗马

---

① 天主教认为洛克是受疾病和瘟疫所困之信徒的主保圣人。

奥地利大公斐迪南兴建的星星夏宫，皇家禁猎区，白山坊。

帝国的附庸。在画家尼古拉斯·阿列什作于1907年的《白山》中，可见远方星星夏宫那不容错辨的轮廓，而画面正中的死神正披风猎猎、向晚独骑。

表现星星夏宫的艺术作品自然非此一家。超现实主义的奠基人、法国作家安德烈·布勒东于1935年到访布拉格，无意中寻获一张印有星星夏宫的明信片。那状如六芒星的独特外型令布勒东痴迷不已，尽管对这栋建筑在捷克历史上的重要地位所知不多，布勒东依旧在诗集《狂爱》(*L'Amour fou*)里提到了星星夏宫，并写下诗句道："深渊侧兮石堆砌，星宫开兮始成金。"

不知布勒东当年游历布拉格时，是否乘坐过二十二路电车，自添枝坊（Vršovice）和皇家葡萄园一路向下，穿过查理广场，途经民族剧院，驶上捷克军团桥，通过小城区，开往城堡山，最后来到终点站——星星夏宫。

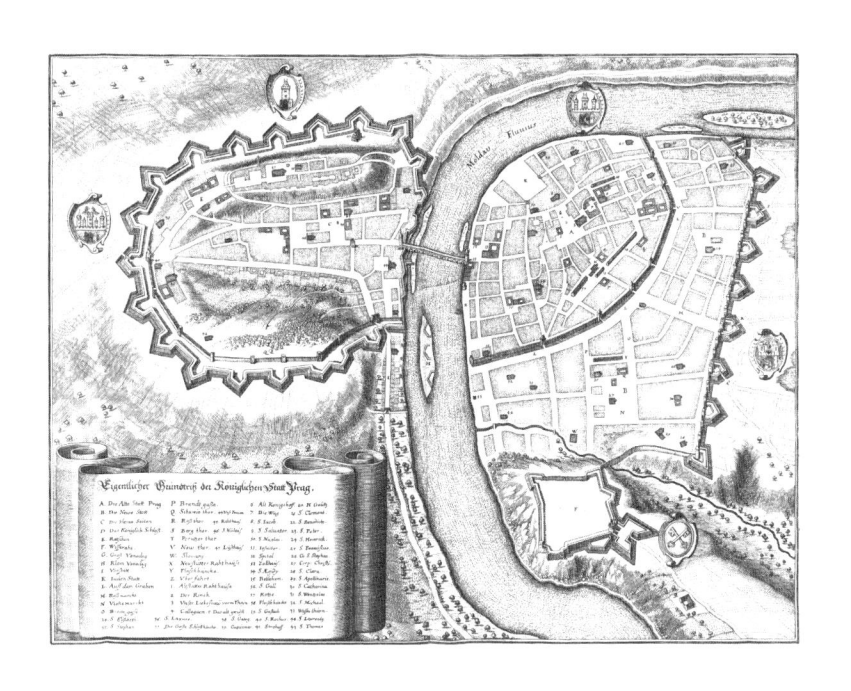

马提奥斯·梅里安绘制(1650):布拉格地图。

第六章

白山之后[①]

有着独立钟楼的圣彼得教堂早在鲁道夫二世颁下宗教宽容敕令（1609年7月9日）前就建起来了。钟楼的铭牌上这样写道："1598年由河床街之平民出资筹建，以供后世景仰。"但若非鲁道夫的宗教宽容敕令，则旧城区的另两座教堂不可能和谐并存：一为救恩街（Salvátorská）上哥特式的神圣救主堂（由路德宗信徒建于1611—1614年），一为仁慈街（U milosrdných）上文艺复兴式的圣西蒙和圣犹大教堂（由合一弟兄会建于1610—1620年）。也正因为宗教宽容敕令，设计师乔凡尼·马里亚·费里皮方能在小城区的迦密会街（Karmelitská）建起胜利圣母玛利亚教堂（1611—1613）。教堂本身采用早期巴洛克风格，蒙祝圣后入内礼拜的首批信众乃追随路德宗的德意志人。1622年，因改朝换代、教随国立之故，赤足迦密会接管了胜利圣母玛利亚教堂，添以崭新的外立面，并兴修内殿以供司铎居住（1636—1644）；后在堂中供奉布拉格耶稣圣婴像（Bambino di Praga），一时声名大噪。据说这尊十六世纪的雕像曾

[①] 借用"崖山之后无中华"的说法，可谓之"白山之后无波西米亚"，其王国不存、文明衰败由此开始。

为圣女大德兰①所有,而大德兰所属"背离真道"的天主教②自然难得路德宗的认同,此乃后话。鲁道夫执政时期,其宽容敕令予《波西米亚信条》之一切适用对象以宗教自由,也给了波西米亚权贵重掌"向来为稳健派一手遮天的查理大学"之机。波西米亚因此成了欧洲首个提倡宗教自由的国家,虽然这所谓"自由"只针对基督教而言,且不过是黄粱一梦。

鲁道夫允许宗教自由,仅仅是权宜之计。1599 年 8 月,罗马教廷大使斐理伯·斯平内利劝鲁道夫替换内阁的所有新教徒成员。鲁道夫依言照做,又任命波西米亚大贵族——洛布科维奇家的兹德涅克·华伦斯坦·波佩尔为首席大臣。好战的兹德涅克是天主教教廷军将领,其妻波吕克塞娜便是将布拉格耶稣圣婴像捐给胜利圣母玛利亚教堂之人。正其时也,向来寡言又痴迷艺术的鲁道夫抑郁症发作(1599—1600),性情愈加孤僻,且与一贯主和的弟弟马蒂亚斯就奥斯曼战争问题发生了激烈争执。马蒂亚斯企图夺权,鲁道夫为争取来自新教徒的武装支持,遂决心颁布宗教宽容敕令。这场兄弟阋墙因 1601 年签订的《仁爱镇和约》(Peace of Libeň)得以暂缓,鲁道夫迫于压力,交出匈牙利、奥地利及摩拉维亚领土予马蒂亚斯,大权旁落,自然心有不甘。为扳回一城,他竟唆使二十三岁的侄子——三河城(Passau)主教、巴伐利亚③的利奥波德大公入侵波西米亚。1611 年,利奥波德率军占领了小城区,却在向新、旧城区进发时遭到了市民的顽强抵抗。马蒂亚斯随后挥兵赶到,利奥波

---

① 有别于圣女小德兰(Thérèse de Lisieux);又称亚维拉省(Ávila)的德兰(1515—1582),是十六世纪的西班牙迦密会修女、神秘主义者、反宗教改革作家、天主教圣人。
② 尤指经大德兰整肃的赤足迦密会,须严守包括苦行、缄默不语、与世隔绝等在内的会规。
③ 得名自约公元前 700 年移居波西米亚的波伊人(Baiuvarii)。

德见势不妙，迅速打道回府了。鲁道夫经此一事，明为禅位，实则被废，让马蒂亚斯软禁在了布拉格城堡，不久郁郁而终。马蒂亚斯（1611—1619）获波西米亚权贵的鼎力支持，于同年 5 月 23 日继位，并很快将王廷自布拉格迁回了维也纳。

五年后，哈布斯堡家族选费迪南二世（施蒂里亚大公）为无嗣的马蒂亚斯的继任人。费迪南是狂热的天主教徒，已将施蒂里亚的新教徒驱逐殆尽。哈布斯堡家族的这一选择对权贵十有八九为新教徒的波西米亚而言，不啻于噩耗。尽管如此，因费迪南承诺延续鲁道夫的宗教宽容敕令，波西米亚仍接受他做了新王。1617 年 6 月，费迪南在圣维特主教座堂加冕。谁料翌年开春，他便下令拆除附属本笃会修道院及为布拉格总主教区所有的两座新教礼拜堂。民众为此示威游行，依然在位的马蒂亚斯非但拒听百姓的诉求，且禁止一切抗议活动。新教徒无视禁令，聚集查理学院共商对策。1618 年 5 月 23 日，新教徒代表率先冲进布拉格城堡，占领了旧皇宫拉约什侧翼的弗拉季斯拉夫大厅。一番激烈的肢体冲突后，两名帝国大臣及一名书记官被愤怒的新教徒扔出了窗外。究竟是因为圣母玛利亚保佑（天主教徒称）还是因为窗下正好有堆肥（新教徒称）暂且不议，但三名受害人自二十米高空坠落，皆奇迹般地得以幸存。这便是布拉格的第二起抛窗事件，其所引发的连锁反应同第一起事件有着惊人的相似——那就是战乱。

[86]

马蒂亚斯于 1619 年 3 月 24 日驾崩。波西米亚不堪费迪南（1619；1620—1637）的暴政，联合王冠领土诸侯聚集布拉格，于 1619 年 7 月 24 日至 8 月 31 日召开紧急大会。会上通过了祝圣鲁道夫的宗教宽容敕令的章程，并建波西米亚新教同盟，主张自行选举君王。奥地利公国的新教诸侯于 8 月 16 日加入同盟。三日后，大会正式宣布罢黜费迪南。8 月 26 日，大会推举信奉新教的莱茵

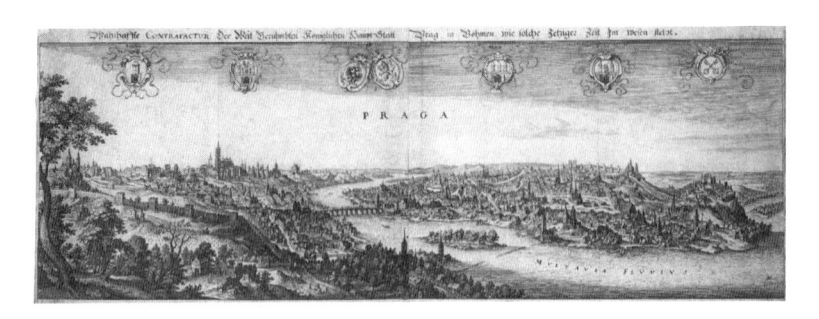

马提奥斯·梅里安绘制（1635）：登欢笑坊山观布拉格。

宫伯[①]（神圣罗马帝国七大选帝侯之一）——德意志人腓特烈五世（1619—1620）为波西米亚国王。腓特烈与妻子伊丽莎白（英王詹姆斯一世之女）于 10 月 31 日抵达布拉格，四天后登基，其统治却如昙花一现，只维持了一年零四天。1620 年 11 月 8 日，波西米亚新教同盟（波西米亚、摩拉维亚、奥地利、匈牙利、德意志）在白山对战费迪南率领的天主教联军（巴伐利亚、西班牙、比利时、德意志、法兰西、意大利），战况惨烈，血雨腥风，新教同盟很快一败涂地。即便同盟军中亦可见德意志将领，且交战双方多由雇佣兵[②]组成，白山战役依然是捷克民族史上最为黑暗的一天。

眼看新教同盟转瞬即败，腓特烈与伊丽莎白速速踏上了逃亡的旅程。而教廷联军则不费一兵一卒拿下了城堡区和小城区。新、旧城区随即投降，奥地利大公马克西米利安三世（鲁道夫三弟）趁火打劫，放任部下将布拉格掳掠一空。大获全胜的费迪南命"萤石公国"列支敦士登的卡尔一世亲王（天主教徒兼教廷军一员）追缉新

---

① 得名自古罗马的帕拉蒂尼山（Palatinus），意为"天宫"，后演变为莱茵河流域的行宫（Pfalz）授予宫伯（Pfalzgraf）。因神圣罗马帝国没有固定的首都，负责驻守和管理君主（在帝国境内）行宫的领主就是宫伯。
② 指以金钱为目的而参战的特殊兵种，是为了利益而参与武装冲突的团体和个人。

第六章 | 白山之后

教同盟的首领。1621年6月21日，二十七名新教领袖在旧城广场被当众处决。

虽然在捷克人民的记忆中，牺牲的新教领袖皆是非富即贵的波西米亚人（贵族、资产阶级、学者、商人），但包括首先问斩的约阿希姆·安德烈亚斯·施力克伯爵在内，这二十七名殉道士中不乏德意志人。负责行刑的是刽子手约翰·米德拉什，他对赫然在列的"从犯"——波西米亚的解剖学家叶森纽斯尤其残酷。1617年重返布拉格的叶森纽斯曾出任查理大学的校长一职，并在新教同盟举事期间任波西米亚的外交官，这一"政治错误"直接把他送上了断头台。在费迪南的授意下，米德拉什割下叶森纽斯的舌头，钉在断头台上，旋即将叶森纽斯斩首并加以分尸。直到1631年，十二名"叛军"的首级（另外十五人则被处以绞刑）皆悬挂于旧城桥塔之上示众，待相对同情新教的萨克森人占领布拉格时，这些殉道士才得以

出处不详的单面传单（1621）：1621年6月21日，旧城广场上的行刑场面。

[88] 安葬泰恩堂。而彼时的泰恩堂已难觅稳健派全盛时期的痕迹：1623年1月17日晚，其山墙之上国王乔治的雕像及镀金圣杯被悄然移除。同年，曾经的稳健派元老——布拉格总主教罗基卡纳的骸骨被人掘出，在旧城广场施以了火焚。

费迪南对新教徒的迫害却才刚刚开始。1620年11月，他宣布取缔宗教宽容敕令，且据说为了泄愤，甚至用剪刀将鲁道夫亲笔的文书一裁为二。翌年，费迪南驱逐了波西米亚境内所有非天主教信仰的神职人员，并禁绝百姓饼酒同领。尽管有1622年的大赦，布拉格的多数新教徒仍遭罚款或被没收财产。1624年，费迪南定天主教为波西米亚唯一合法的宗教。三年后，他给了城中权贵这样的选择：要么皈依天主教，要么自我流放。约有五分之一的贵族及四分之一的资产阶级选择了后者，六百二十个新教徒家庭就此挥

瓦茨拉夫·霍拉绘制（1650）：自石头林山观布拉格。

别布拉格。离开之人包括《捷克志》[①]的作者、史学家帕维尔·斯特兰斯基以及合一弟兄会的最后一任主教、西方人道主义教育家约翰·阿摩司·夸美纽斯,其所著《世界图绘》为史上第一本配有插图的儿童百科读物。

新教式微后,费迪南立即重修了《宪章》(1627),宣布一切波西米亚王冠领土乃哈布斯堡家族的永久领地,并可世袭。新《宪章》巩固了费迪南的政权(自1624年起迁王廷至维也纳),也进一步约束了波西米亚王国内各领主的权力。从前的新教同盟再无立法权,须由天主教圣职会统领,布拉格各城区代表则被完全架空。德语开始和捷克语平起平坐,成了波西米亚的官方语言。而在布拉格,强硬推行天主教的费迪南将圣加仑教堂赐予了天主教道明会(1625),将城堡区的圣本笃教堂赐予了巴尔纳伯[②]会(1626),将旧城区的圣

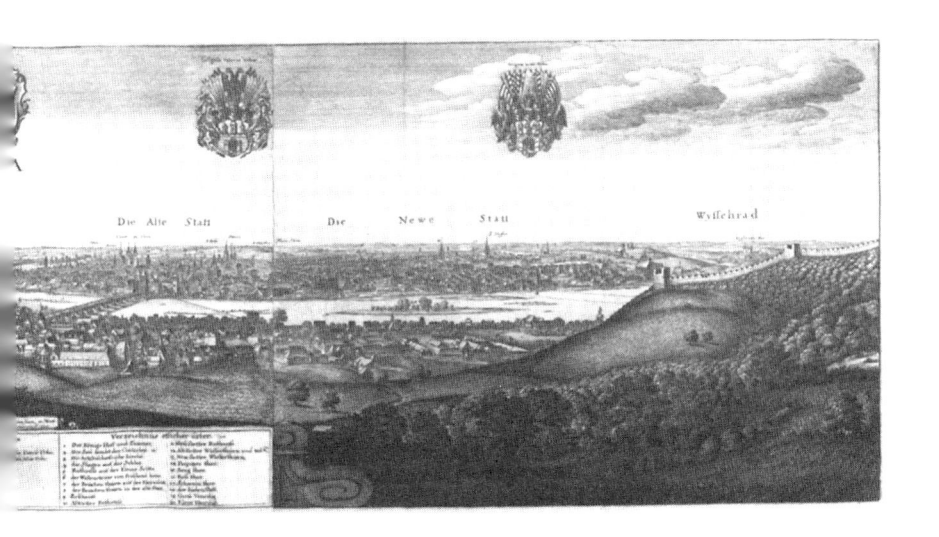

---

① 后于荷兰运河城(Leiden)出版。
② 即巴拿巴,是《圣经·新约》中记载的早期犹太人基督徒。

米迦勒教堂赐予了圣母忠仆会（1627），又将以马忤斯修道院全权交给了锯齿山①（Montserrat）修道院的修士（1636）。1620 年秋，费迪南令绝对效忠教皇、誓要降服"异端"的耶稣会接管查理大学。1653 年，耶稣会合并查理大学与克莱门特学院，成立查理 – 费迪南大学，其笃信天主教的校长同时监管波西米亚的所有学校，并直到 1780 年代都在欧洲实行严苛的审查制度。耶稣会成员安东尼·科尼亚什还编纂了《波西米亚禁书目录》（*Index Bohemicorum librorum prohibitorum*），洋洋自得地宣称曾亲自烧毁了超过三万册"有害于天主教徒之信仰和道德的危险书籍"，此诚可悲可叹也！

1620 年以后，费迪南在新《宪章》里表露的野心逐一达成——波西米亚王冠领土渐为哈布斯堡家族掌权的奥地利帝国所吞并。萨克森征服了劳西茨（1635），普鲁士兼并了绝大部分西里西亚（1740），摩拉维亚及西里西亚的财政则与波西米亚的分开，由维也纳分别派人监管。1749 年，有"奥地利国母"之称的神圣罗马女皇玛利亚·特蕾莎（1740—1780）将波西米亚和奥地利的王廷合而为一，统称为"内政及财政部"。两年后，特蕾莎把其中由波西米亚提名的官员全部替换成了维也纳的大臣。1775 年，奥地利和波西米亚共组关税同盟，波西米亚遭奥地利帝国进一步同化，不单政治上如此，文化上亦然，导致特蕾莎的长子——神圣罗马皇帝约瑟夫二世（1765—1790②）一度拒绝加冕为波西米亚国王。约瑟夫轻蔑地称波西米亚权贵为"妄图唱响阳春白雪的下里巴人"。虽然和普舍美斯王朝时期民族主义人士的预言相反，1620 年以后，捷克语远未衰亡，仍有百万"下里巴人"日常使用，但其地位确实江河日下，

---

① 得位于西班牙巴塞罗那附近的山峰，上有历史悠久的修道院。
② 约瑟夫二世在 1765 年即位为神圣罗马帝国皇帝，但在其母玛利亚·特蕾莎于 1780 年去世以前，两人始终维持共治局面。

且为上流社会、政客文豪所鄙弃。到特蕾莎在波西米亚大兴办学之风时（1774），说德语、教德语已是大势所趋。六年后，约瑟夫二世将德语是否流利定为布拉格（拉丁语）高中的准入门槛。1784年，查理-费迪南大学更进一步，易拉丁语课程为全德语课程。在当时的布拉格，语言所区分的并非民族，而是阶层。1770年的一项民意调查显示：捷克本土姓氏"只存在于社会最底层的百姓当中"。

语言凋敝而人丁单薄，不啻恶性循环。由新教同盟与（天主教）教廷联军之对抗引发的三十年混战（1618—1648）使整个欧洲大陆生灵涂炭，波西米亚自不例外，人口数从战前的一百七十万降至战后的九十五万。布拉格的人口数则由战前的五万锐减至战后的二万六千，到1705年才重新突破四万。而1713—1714年的末次大瘟疫又让布拉格终于兴盛起来的人口减少了三分之一。直至十八世纪末，布拉格的商业与制造业均停滞不前，农业出口也未能恢复战前的规模。数之不尽的罚款、充公以及驱逐令深刻改变了波西米亚资源分配的情状。1550年时，波西米亚的骑士拥有比领主更多的土地，但一个世纪后，情势发生了逆转——领主拥有王国六成的土地，骑士仅有一成，而资产阶级贡献的税收只占王国税收的百分之十三。强征或没收来的财产（土地）多赠予了保皇派，或以极低廉的价格出售，造成了一门心思发战争财的"社会新贵"飞黄腾达的乱象。就拿阿尔布雷希特·华伦斯坦举例来说——此人原是波西米亚的破落贵族，1606年脱离弟兄会，自称皈依了天主教，后于1617年进入费迪南的王廷，因善于钻营投机，竟官至教廷军大元帅。华伦斯坦于1623—1630年间请来设计师安德里亚·斯佩扎，在小城区的城墙下为自己建起了华伦斯坦宫①。该宫殿占地甚广（推倒了原先土地上的二十六座房屋、六个花园和两家砖厂），外墙森

---

① 自2001年起为捷克共和国参议院所在地。

严，内里古雅，有五进中庭兼园林与回廊。1631年，萨克森人占领布拉格，此后华伦斯坦遇刺（1634），其华伦斯坦宫自然落入了萨克森人之手。尝到甜头的萨克森人于是加快了征地的步伐，一时间，土地征收在布拉格习以成风。哈布斯堡的贵族闻讯，纷纷自维也纳前来，欲将波西米亚打造成他们心仪的样式，布拉格的所谓"异族风情"由此而来。至1630年代，在所有被征用的土地之上，外来者已居半数。到十七世纪中叶，波西米亚之高门大户者，土生土长的仅十中有三。富甲一方的捷克权贵实为"泛奥地利贵族"，于海外置业的同时又在波西米亚安家。

　　权势滔天的哈布斯堡家族不单在布拉格兴修私邸，且围绕城堡及高堡筑起丰墙（1654—1720），其遗迹至今仍在。高堡在遭彻底清空后（只余教堂）改建成了巴洛克风格，尽管其防御工事看似坚不可摧，却仍在奥地利王位继承战争[①]时为巴伐利亚、法兰西及萨克森联军攻破（1741年11月至翌年1月），又于1744年为普鲁士人占领。到1757年，普鲁士与奥地利帝国的夺权之争[②]再度殃及布拉格，致使城区内近九百处房屋被毁。布拉格城堡、圣乔治宗座圣殿、圣维特主教座堂、玫瑰堡宫、西班牙厅、鲁道夫画廊亦受炮火侵袭，损失惨重，迫使城堡区开启了新一轮整修工作。1754年，特蕾莎女皇下令重建玫瑰堡宫，照设计师尼古拉·帕卡西的图纸移除了塔楼之上五个文艺复兴时期的洋葱式圆顶。

　　督造玫瑰堡宫的帕卡西也为圣维特主教座堂添了钟楼拱顶（1770），并拟草图，由安瑟尔莫·卢拉戈、安东尼·昆茨以及安东尼·哈芬埃克依样重建了城堡西翼（1755—1775）。与此同时，

[①] 欧洲（尤其是德意志诸侯国）反对玛利亚·特蕾莎承袭奥地利大公之位而引发的权力斗争。
[②] 史称"七年战争"，为奥地利王位继承战争的延续。

建筑师们齐心协力，引水入护城河，将布拉格城堡与相邻的城堡广场区隔开来；又兴建翼楼，城堡的第一中庭及宏伟入口就此诞生。伊格纳·弗朗齐谢克·普拉策作巨型雕塑"泰坦①之战"，立于城堡的大门之上，蔚为壮观。可俯瞰布拉格的城堡南翼则竖起了形态统一的外墙，原本建于不同时期、拥有不同风格的建筑群或被直接取代，或为高墙遮掩。城堡西翼（特蕾莎侧翼）也留下了帕卡西的手笔，唯旧皇宫内的弗拉季斯拉夫大厅以及与之相连的拉约什侧翼还保有从前的模样。

城堡的改建方兴未艾，各城区已宫殿林立（1630—1780）。四十余座宅邸均为贵族所有（且冠以其家族名称），多在小城区平地而起，至今保存完好，优雅一如当年。其中包括舒恩伯宫（1643—1656）——即今日的美国大使馆、图恩宫（1696—1720）——捷克斯洛伐克国民大会于1918年11月在此选举托马斯·加里格·马萨里克为首任总统、罗马人街（Vlašská）上的洛布科维奇宫（1703—1708）——即今日的德国大使馆、摩金宫（1713—1714）——即今日的罗马尼亚大使馆、布阔

玛利亚·特蕾莎创立的贵族女子学院，玫瑰堡宫，布拉格城堡，城堡区。

---

① 古希腊神话中的神族。

依宫（1735年后）——自1919年起作为法国大使馆，以及考涅茨宫（1773—1775）——即今日的塞尔维亚大使馆。旧城区胡斯街上的克拉姆-葛拉斯宫则建于1713—1719年，烤面包街上的帕赫塔宫约建于1770年。擅长巴洛克风格的天才建筑师克利安·伊格纳·丁岑霍费还设计建造了护城河街的西尔瓦-塔罗卡宫（1743—1751），得水为上，实乃宝地。盖因宫前地势开阔，护城河一衣带水（分隔新、旧城区），自1760年引水入渠后，两岸遍植椴树，枝叶扶苏，蓊蓊郁郁。而新城区的护城河（自今日瓦茨拉夫广场以南沿国民大道开凿）于1780年引入河水，形成了后来的新巷地区。

布拉格群楼荟萃，气象万千，但若论当时凝聚一众建筑师（弗朗切斯科·卡拉提、乔凡尼·马代尔纳、多梅尼克·罗西及乔凡尼·阿里普朗迪）心血的杰作，非城堡区的切宁宫（1669—1720）莫属。自1934年起作为捷克（斯洛伐克）外交部的切宁宫是布拉格最大的巴洛克建筑群之一，在战火中屡遭破坏，后由帕维尔·雅纳克重建（1928—1938）。捷克外交部另在城堡广场上的托斯卡纳宫（1689—1691）设有办公室，宫殿由图恩-海恩斯坦家族委托建造，于1718年为托斯卡纳大公出资购得。城堡广场上的斯登堡宫（1698—1707）则由斯登堡家族的瓦茨拉夫·华伦斯坦伯爵下令建造。这位伯爵同时兴修了布拉格北郊非比寻常的特洛伊宫（1683—1695）。仿效罗马别墅式样的特洛伊宫绚丽夺目，由勃艮第[①]建筑师让·巴蒂斯特·马泰设计。深受法兰西与意大利建筑风格影响的马泰也翻新了城堡广场上的总主教宫（1676—1694；其外墙由约瑟夫·威尔赫于1764—1765年再次重建），并在布拉格城堡内为神圣罗马皇帝利奥波德一世（1657—1705）建骑术学校（于1694年完工；后由帕维尔·雅纳克于1948—1949年改建为了展览馆）。巴洛克

---

① 得名于四世纪起自波罗的海定居西阿尔卑斯的日耳曼人部落（Burgundi）。

风格既大行其道，布拉格的资产阶级自然紧随皇家之后，建起各样巴洛克别墅，譬如小城区圣托马斯街（Tomašská）上为金融家约翰·卡斯帕尔·弗莱德里希所有的金鹿阁（1726）。

特洛伊宫，特洛伊宫街，特洛伊宫坊。

而布拉格的风貌能得以重塑，也离不开同时期教廷的推波助澜。不知缘何，巴洛克风格充满动感、趋于享乐、热情活泼的元素深得教廷喜爱，继而得到大力推广；也因此，这种风格常被诋毁为天主教廷用以"反宗教改革"的艺术手段。且不论其美学价值，布拉格遍布巴洛克风格的艺术品是不争的事实。其中最令人惊叹（且在昏暗的光线下叫人毛骨悚然的）便是陈列于查理大桥两侧的一尊尊雕像。1683 年，布洛科夫首作内波穆克的青铜像。1695 年，他又作圣殇[①]像，1706 年作圣约瑟及施洗者圣约翰的雕像。此后的 1707 到 1714 年间，天主教修道院、托钵修会、笃信天主教的贵族、资

[①] 描绘圣母玛利亚怀抱被钉死的耶稣时悲痛的情形。

产阶级乃至查理-费迪南大学纷纷出资捐助，令布洛科夫之子雅克尔、同时代匠人马太·瓦茨拉夫·杰寇、欧德里希·迈耶、马蒂亚斯·布劳恩等得以陆续完成包括耶稣会圣徒依纳爵·罗耀拉、方济各·沙勿略和玻尔日亚等在内的二十二尊塑像——其中几尊于日后做了替换；十九及二十世纪时，又有更多雕像沿查理大桥夹道而立。

旧城区一侧的查理大桥下恰是十字军广场，那里的雕像颜色更为黝黑，自上而下俯视芸芸众生，不免让人胆寒。十字军广场上唯一并非圣徒的雕像是由德累斯顿雕塑家恩斯特·哈内尔打造的查理四世像（新哥特式），为庆祝查理大学建校五百周年而建（1848）。不过当年爆发的欧洲革命令雕像的揭幕仪式推迟了一年，直到1849年才算正式落成。

十字军广场北侧矗立着圣方济各教堂（1679—1689），同样由让·巴蒂斯特·马泰设计。其高达四十米的圆形拱顶抵消了一旁四四方方的旧城桥塔带来的厚重感，两者相辅相成，堪称布拉格不可或缺的美丽风景。广场东侧为克莱门特学院，拐角处便是神圣救主堂，长期以来都是耶稣会在波西米亚的大本营。救主堂始建于1578—1602年，后由卡洛·卢拉戈及弗朗切斯科·卡拉提重建（1638）。半个多世纪后，弗朗齐谢克·马克西米利安·坎卡为救主堂新添了圆顶及塔楼（1714）。1578至1726年间，耶稣会不断扩大克莱门特学院的规模，在兼并了原有的三十二幢楼房、三座教堂、一间道明会修道院、多处花园及两条街道后，其占地达到了惊人的两万多平方公里。整所学院拥有五进中庭，内有两座教堂、意大利风格的礼拜堂、镜堂、教学楼、学生宿舍、有着宏伟大厅的"世界最美"图书馆、剧院、印刷社以及自1775年起用于气象观测的天文台。教皇克莱门特十四世宣布耶稣会解散（1773）后，弗朗茨·约瑟夫·金斯基伯爵劝说特蕾莎女皇将克莱门特图书馆改建为了皇家公共及大学图书馆。自1782年起，该馆易为波西米亚法定

弗朗齐谢克·弗莱德里希(约摄于1870)：从旧城桥塔俯瞰桥塔街，可见远处小城广场上的圣尼古拉教堂。

神圣救主堂，十字军广场，旧城区。

送存[1]图书馆;捷克斯洛伐克建国后则改称为国家图书馆。

远在遭解散以前,耶稣会便于新城区的牛市场另建了圣伊纳爵教堂学院(由卡洛·卢拉戈设计,建于1665—1671年),又在小城区开办了圣尼古拉教堂学院。利奥波德一世于1672年亲为圣尼古拉奠基,但其教堂直到1703年方才动工。这座布拉格最有名的巴洛克式教堂历时五十年完工,由巴伐利亚建筑师克里斯托弗·丁岑霍费(1722年卒)及其子(生于布拉格的)克利安·伊格纳设计。圣尼古拉教堂的青铜尖顶外高七十米(内高五十米,为布拉格之最),在小城区傲视群雄。此外,克利安·伊格纳·丁岑霍费也负责设计了新城区的美国别墅(即今日的德沃夏克博物馆,1717—1720)、城堡区的圣内波穆克教堂(1720—1728)和岩石上的圣约翰教堂(1730年代)、位于欢笑坊的丁岑霍费私宅波尔图别墅(1725)、查理镇(Karlín)的荣军医院(1731—1737)以及旧城广场的圣尼古拉教堂(取代了原先同名的哥特式建筑,1732—1735)。

除小城区的圣尼古拉教堂外,丁岑霍费父子又联袂设计完成了城堡区"最精致可爱的"洛雷托教堂。教堂内供奉有"拿撒勒圣家"(Santa Casa)的复制品,据说是圣母玛利亚曾领受天使报喜之地(石砌前庭)。相传当年十字军战败、被驱逐出巴勒斯坦(1291)后,拿撒勒圣家即由天使用羽翼托住,悄悄运到了意大利的洛雷托。布拉格的洛雷托教堂因此得名,并于1634到1750年间分阶段完工,最初的建筑师是乔凡尼·巴蒂斯塔·奥西尼,教堂用地则由洛布科维奇家族捐赠,故而圣殿之下便是洛布科维奇的家族墓地。洛雷托教堂之后尚有一处遗迹,人称"小屋"(Domeček),是捷共时期秘密警察的刑讯室,外有铭牌标注,令人望而生畏。洛雷托教堂附近还有大名鼎鼎的御林宫修道院,其巴洛克风格的哲学藏书室建于

---

[1] 即法律规定团体和个人将所发表的出版物呈缴指定地点加以归档的行为。

1783—1785年（由伊格纳·约翰·内波穆克·帕里亚蒂设计），相比克莱门特图书馆毫不逊色，真乃朱帘画栋，叫人啧啧称奇。而正如洛雷托教堂一般，十八世纪的布拉格教会建筑多在原有风格之上披以巴洛克式的外衣，旧城区的圣加仑教堂和圣雅各伯圣殿、小城区的圣托马斯教堂、新城区的查理教堂、高堡的圣彼得与圣保罗宗座圣殿、市郊的梁木坊修道院等等，无不如此。白云苍狗，沧瀚桑田，这些建筑早已不复从前光景，教人难辨旧时容颜了。

尘世之荣耀如斯逝去[①]

朱塞佩·阿尔钦博托作品（1591）：《维尔廷努斯》，将鲁道夫二世描绘成了四季之神。

鲁道夫二世的珍奇屋可谓一时之秀，然其不可枚举之珍藏今安

---

① 拉丁语原文为"sic transit gloria mundi"，出自托马斯·坎培（1380—1471），文艺复兴时期的宗教作家、《效法基督》一书的作者。

在呢？鲁道夫死后，波西米亚王国曾欲出售珍奇屋的藏品，以偿鲁道夫生前的巨额欠款。但随之继位的马蒂亚斯卷走了包括丢勒、老勃鲁盖尔、丁托列托、委罗内塞等人的画作在内的海量收藏（至维也纳）。这些作品成了日后维也纳艺术史博物馆的不二馆藏。马蒂亚斯的另两个兄弟——马克西米利安三世及阿尔布雷希特七世亦前来瓜分鲁道夫的收藏，将拉斐尔、米开朗基罗、提香等人的画作占为己有。对此，维也纳艺术史博物馆直言不讳，说"珍奇屋的藏品中为阿尔布雷希特七世运往布鲁塞尔的裸体画像之多，足以构建一座情色博物馆了。"

马克西米利安三世自也不遑多让。1620年的白山战役过后，马克西米利安把原属珍奇屋的收藏装满一千五百辆马车，一鼓作气运到了慕尼黑。1632年，短暂占领布拉格的萨克森人又运五十箱珍奇屋馆藏至与波西米亚相邻的德累斯顿[①]。1648年7月，瑞典女王克里斯蒂娜率军进驻布拉格城堡及小城区，在签订终结三十年战争的《西伐利亚和约》前洗劫了布拉格城堡。克里斯蒂娜于1654年禅位，后定居罗马。她将搜刮来本为鲁道夫所有的画作（德意志与荷兰画家的作品）留在了瑞典，却带曾为鲁道夫效力的五十名意大利匠人同行。克里斯蒂娜留下的画作多在1697和1702年吞没斯德哥尔摩王宫以及"西河城"乌普萨拉的大火中被毁，幸存下来的作品则由巴黎皇家宫殿购得，安置在了奥尔良美术馆，于法国大革命后流入世界艺术品市场。1782年，本欲将布拉格城堡改建为炮兵营的神圣罗马皇帝约瑟夫二世听闻鲁道夫仅存的藏品正被拍卖的消息，果断命人竞标，将之一一拍下。

如今，阿尔钦博托所作《维尔廷努斯》的真迹悬挂在（斯德哥尔摩近郊的）农鞋修道院（Skokloster）内，而鲁道夫自梁木坊修道院"借阅"来的《魔鬼圣经》则是瑞典皇家图书馆的镇馆之宝。

---

① 意为"河边森林"，是（德意志）萨克森州的首府，南面距捷克边界仅三十公里。

07

伊格纳·约翰·内波穆克·帕里亚蒂设计：御林宫修道院藏书室

第七章

为了祖国，为了艺术

  同俄罗斯女皇叶卡捷琳娜二世、普鲁士国王腓特烈二世及其他十八世纪晚期实行君主专制的帝王一样，神圣罗马皇帝约瑟夫二世的统治以专制为主、开明为辅。而约瑟夫借"开明专制"①之由施行的一系列改革实则动摇了奥地利帝国的旧有体制，波西米亚亦深受影响。1784年，约瑟夫首度统合四区（旧城、新城、小城及城堡区），变布拉格为直辖市，设市长一名、副市长两名、市议员二十八名，共同行使监管之职。彼时布拉格的常住人口数已达七万八千，多项市政设施亦趋完善。自1750年起，布拉格与维也纳两地的邮政速递得以开通。三十二年后，布拉格的市内邮政投入运行。1791年，全城第一家公立医院于牛市场建成。出于卫生安全方面的考虑，约瑟夫已于五年前禁止教区墓地再行土葬，是以在布拉格近郊（城墙之外）开辟了桧木坊（Košiře）公墓和骑士坊（Olšany）公墓。1775年，首家收费图书馆在查理街上对外开放。六年后，旧城广场上的阅览室开始向公众提供报刊和杂志的借阅服

---

① 又译启蒙专制或仁慈专制，在思想上容许民众有一定的自由，但认为人民应绝对服从君王颁布的法令。

务。1770年起，布拉格的房舍有了门牌号，邮差与市民不再单纯依靠宅邸名称和其外墙上的徽章标识"按图索骥"。与此同时，布拉格的所有路口都设置了街道名牌，用双语（德语和捷克语）进行标示。

市政建设日益完备，布拉格的宗教环境也逐渐宽松。玛利亚·特蕾莎女皇执政时，尚且秉承哈布斯堡家族之"传统"，三次（1748、1754、1764）延长对非天主教徒的制裁令，然而其子约瑟夫显然另有看法。1781年，约瑟夫颁下宗教宽容敕令（比之鲁道夫的敕令更甚），其适用对象包括路德宗、加尔文宗的新教徒及东正教徒，自1620年代以来首次打破了基督教内歧视与迫害非天主教徒的藩篱。尽管天主教依然是唯一"公开且合法"的宗教，但渐有新教徒重返波西米亚，在王国内聚居一处，趁政策松动之时加紧建立新教会和学校。追求务实治国的约瑟夫还精简了波西米亚的教会机构，去芜存菁，仅留真实关怀并牧养会众者，使教区资源的分配更为合理。单布拉格一地就有十七座修道院、六所托钵修会及三十七间教堂被拆除（虽有相当一部分于日后得以重建），高堡的天主教神职人员一律遭遣散，连带波西米亚最古老的两座修道院——布拉格城堡内附属圣乔治宗座圣殿的本笃会修道院（始建于973年）及西郊的梁木坊修道院（始建于993年）也奉旨关闭。常驻圣艾格尼丝修道院的嘉勒修女会及主持查理教堂事务的思定会得约瑟夫令，同样就地解散了。

同为受压迫阶层，新教徒看似蒙恩，犹太人的处境又如何呢？十八世纪伊始，布拉格约有犹太人一万一千。在极度反犹的特蕾莎女皇的统治下，他们如履薄冰、度日维艰。坊间传言心怀不忿的犹太人曾和普鲁士串通一气，这才有了1744年11月的普鲁士攻城事件。因此普鲁士撤兵后，布拉格的暴民冲进犹太隔都，打砸抢不算，还杀死十三人、重伤三百余人。四周后，特蕾莎女皇"为平众怒",竟下令驱逐全城的犹太人,直到1748年才许他们重返布拉格,为的却是利用他们的经商手腕重振战后[①]一片萧条的帝国经济。1754年5月,待布拉格稍稍恢复元气,一场可疑的大火又吞没了犹太隔都,成百上千幢房屋被烧成废墟,仿佛暗示犹太人乃"用完即弃"的工具。而与反犹的母亲截然不同,约瑟夫二世准犹太人定居布拉格,且能做贸易、建工厂、租农地、接受高等教育、在酒馆用餐、出入各类娱乐场所。不过约瑟夫的所谓"仁政"有附加条件,他要求犹太社区的法律文书和地方记录均用德语书写,命犹太人必须起德语名字,为犹太孩童设德语学校,并收回了老犹太区独立审判庭的司法管辖权。1781年时,约瑟夫还专门针对犹太人颁布了宽容特许令,他参照在外公查理六世(1711—1740)时期通过的《家庭法》(1726),限定可常住波西米亚的犹太人数量,且只准每户犹太人家的长子成婚。直到1848年欧洲革命后,这一并不"宽容"的宽容特许令才得以废除,而波西米亚的犹太人至1867年方获得法律意义上的公民平权。

波西米亚宗教大环境的改善也体现在天主教审查制度的放宽上,约瑟夫一不做二不休,宣布废除《波西米亚禁书目录》(1782)。此令一出,各类出版物便如雨后春笋般在波西米亚涌现,如卡雷尔·达姆的《保卫捷克语》(1783)、夸美纽斯的《世界迷宫与心灵天堂》,以及帕维尔·斯特兰斯基的《捷克志》等。此外,捷克编年史《达利米尔纪事》自1620年(白山战役)后首次得以再版。而神学家卡斯帕尔·罗伊科、奥古斯汀·杰特和爱国主义教育家弗朗齐谢克·马丁·佩尔俦的著作则为胡斯精神和胡斯党人之复兴带去了一线希望。自1780年代开始,语法类书籍、词典及教科书陆续在波西米亚问世。约瑟夫·多布罗夫斯基里程碑式的《捷克语言及文

---

① 指奥地利王位继承战争。

学史》于1792年（以德语）出版。星星之火，可以燎原，正是这些仁人志士的共同努力掀起了捷克民族复兴运动（národní obrození）的浪潮。1789年，瓦茨拉夫·马太·克拉默里斯创办了《帝国及皇室家园新闻报》（捷克语），到1825年时为出版商博胡米尔·哈瑟买下，更名为《布拉格新闻报》。克拉默里斯同时创立了当代捷克的首家出版社——远征出版社（1790）。

约瑟夫既大兴改革，则十八世纪的欧洲启蒙思潮一经扬帆，再难"回头是岸"。受旧有制度（ancien régime）荫蔽的权贵自然激烈反对。1781年，约瑟夫废除了农奴制，准许农民婚嫁、求学、经商并能在帝国内自由迁徙（无需获得领主许可）。但因债务或契约之故不得不强制劳动的"包身工"不属获得解放的农奴之列，他们仍归领主所有，受其驱使。不过约瑟夫随后颁布的《税法》（1789）将赋税的重担自农民转嫁给了领主，这令波西米亚的权贵益发牢骚满腹，他们当即撺掇利奥波德二世向兄长约瑟夫进言，恳请他停止税法改革（约瑟夫答应了）、恢复帝国的农奴制及天主教会统管学校之权限（约瑟夫拒绝了）。波西米亚的农民或许感激约瑟夫的德政，但也对他朝令夕改、把已是百姓生活组成部分的天主教节庆及圣日[①]弄得面目全非而倍感烦恼，正如作家波日娜·聂姆佐娃在《外婆》（1855）一书——当代捷克文学之瑰宝中所描述的那样。聂姆佐娃以勾勒"捷克农村生活图景"的方式提醒十八世纪末已然醒觉的爱国人士：捷克民族的语言、传统和风俗依然存于民间。而受她启发的爱国人士则带有极其矛盾的时代特质：和草根出身的聂姆佐娃不同，振臂一呼、应者如云的他们是深受启蒙运动影响的权贵，通常高高在上，既唯恐自由、民主和理性精神的传播侵害其既得利益，又深深厌恶帝国（维也纳）中央集权的野心。与其说

---

① 是天主教会规定信徒必须（与星期日同样）举行弥撒及禁绝不必要工作的日子。

这样的爱国人士关切的是国民（národ），毋宁说他们眷恋的是国土（vlast）。这两者的区别相当关键，正如捷克总理彼得·皮特哈尔特所说："因为若论国土，则德意志人亦长居波西米亚。而若单论国民，则无非说捷克语的那一小撮人而已。"不论其动机为何，爱国人士确以"大兴文教、广纳贤士"的实际行动加快了捷克民族复兴的步伐。

曾劝说特蕾莎女皇改建克莱门特图书馆的金斯基伯爵同为坚定的爱国人士，他于1733年（用德语）出版了最早的"保卫捷克语"论著。翌年，金斯基创设了布拉格学会，并得帝国特许，获封为"波西米亚皇家协会"（1790）。六年后，波西米亚的世族大家——科罗瓦德、斯登堡、切宁、洛布科维奇以及克拉姆-葛拉斯创建了"爱国友人艺术会"，后在城堡广场的斯登堡宫开设了布拉格的第一家画廊，又于1799年开办了布拉格艺术学院。斯登堡家族另和诺斯蒂茨-雷内克、维特巴、克拉姆-葛拉斯及克雷贝尔斯堡家族成员共建布拉格音乐学院（1811）。这些爱国志士——科罗瓦德城伯弗朗茨·安东、斯登堡伯爵卡斯帕·马里亚（歌德的好友、声名赫赫的植物学家）以及克雷贝尔斯堡伯爵弗朗茨·约瑟夫（曾任奥地利帝国财政部长）还一边搜集展品、筹措资金，一边上书请求帝国准许，终于创立了布拉格国家博物馆①（1818），是为其毕生的最高成就。此外，他们也资助对波西米亚历史及捷克语言的学术研究（尽管他们本身都说德语），令附庸哈布斯堡王朝的波西米亚不至湮灭，其独一无二的民族印记得以保存。

在如此浓烈的爱国氛围中，继约瑟夫后即位的利奥波德二世也不得不低下了骄傲的头颅，好稳稳承戴波西米亚的王冠。利奥波德于1791年9月6日在布拉格加冕为王，他在登基大典上启用了

---

① 该博物馆起初被命名为波西米亚爱国博物馆。

弗朗齐谢克·弗莱德里希（约摄于1868）：城邦剧院，铁矿街，旧城区。剧院后（位于照片左侧的建筑）是查理学院。

自1646年便深藏维也纳金库、由查理四世亲手设计的圣瓦茨拉夫王冠，而整个庆典亦用捷克语举行。此后，利奥波德莅临波西米亚皇家协会，听多布罗夫斯基在会上慷慨陈词，重申保卫及续存捷克语言的必要性。翌年，利奥波德准查理大学开设捷克语及捷克文学专业，其首任教授乃教育家兼史学家弗朗齐谢克·马丁·佩尔俦。诺斯蒂茨－雷内克伯爵（1782—1785年间任城伯）慕名而来，特聘佩尔俦及多布罗夫斯基为家庭教师，负责管教他的几个儿子；而未来的捷克"民族之父"、史学家帕拉茨基则在斯登堡家族任档案员，就此开启了他在布拉格的学术生涯。金斯基伯爵之子鲁道夫同样热心，除资助诗人兼民俗学者拉迪斯拉夫·切拉科夫斯基以外，还同多名贵族私下商议，设法将斯洛伐克学者帕维尔·沙法里克安顿在了布拉格。在众人的鼎力支持下，沙法里克写下了重塑斯拉夫古代史的《斯拉夫文物》(1837) 一书。

贵族结交乃至资助文人，或因附庸风雅。但若论声势浩大者，则余人难望诺斯蒂茨 – 雷内克伯爵之项背。1783 年，诺斯蒂茨在今日的水果市场（Ovocný trh）精心打造了布拉格的第一家剧院，其建筑由安东尼·哈芬埃克设计，采用古典式样，拔地倚天，且在门廊上方刻有"为了祖国，为了艺术"（Patriae et Musis）的字样。诺斯蒂茨将之命名为"国民剧院"（Národní divadlo），却浑不介意这所"为了祖国，为了艺术"的本土剧院多上演德语戏和意大利语歌剧。

自奥地利作曲家富克斯的加冕歌剧《坚定与刚毅》（*Costanza e Fortezza*）在查理六世的登基大典（1723）首演以来，歌剧便在布拉格大行其道。1724—1735 年间，斯波克伯爵率先在其位于爱尔兰街（Hybernská）的私宅建起歌剧院。1739 年，意大利人桑托·拉匹斯则通过旧城议会租下了哈韦尔露天集市边的二层建筑，创办了集市剧院（Kotzen）。在接下来的三十多年里，集市剧院既举办音乐会，也上演莱辛、哥尔多尼、狄德罗、博马舍等名家的戏剧。然而国民剧院的水准仍在集市剧院之上，甚至力压维也纳宫廷，位居帝国之首。1787 年 1 月，莫扎特的改编剧《费加罗的婚礼》在国民剧院上演。同年，莫扎特重返国民剧院舞台，亲自指挥了传世名作《唐璜》的世界首演。

到 1780 年代，国民剧院已有五部常演常新的戏剧，且场场爆满。其中之一便是捷克语原创戏剧——瓦茨拉夫·达姆的《布热季斯拉夫与尤蒂斯》[①]（于 1786 年首演）。不久，剧团里的捷克演员自发在马市场搭起了木棚，建木棚剧院（Bouda），将表演转移到了那

---

① 普舍美斯王朝的波西米亚公爵（抢回圣亚德伯骸骨的）布热季斯拉夫对在修道院长大的贵族少女（什文福家的）尤蒂斯一见钟情，但他私生子的身份遭到什文福家族的蔑视，因此反对二人的婚事。布热季斯拉夫于是溜进修道院，掳走了尤蒂斯成亲。

里，致使国民剧院的捷克语演出一度中断。诺斯蒂茨-雷内克伯爵死后，政府出资买下了"国民"的所有权，且更其名为"城邦剧院"（1798）。1805年，捷克团员逐一回归，城邦剧院的捷克语演出得以恢复——尽管只有周日下午场及节假日场。莫扎特的《后宫诱逃》（捷克语版）于1806年在此上演。1824—1834年间，有超过三百二十部捷克语作品在城邦剧院登台。第一部捷克语歌剧——由弗朗齐谢克·希克罗普编曲的《修补匠》（Drátenik）则在1826年首度与观众见面。1834年，希克罗普和剧作家约瑟夫·卡耶坦·提尔合作《无怒无争》（Fidlovačka），其哀伤的咏叹调《何处是我家》一经演出便造成轰动，成了后来捷克共和国的国歌。《何处是我家》的词作者提尔本就是启蒙运动的积极参与者和大力倡导者，他的其余作品还包括中篇小说《最后一个捷克人》《穷人们》以及话剧脚本《约翰·胡斯》等。然而当专演捷克歌剧的"临时剧院"经过漫长的等待，终于筹够资金（1845）并建造起来以后（1862），城邦剧院便停止了捷克语剧目的所有演出。

　　这一因戏剧而生的"种族隔离"在捷克民族剧院落成（1881）后益发凸显。民族剧院开幕当晚首演了斯美塔那为"特殊纪念日而作的欢乐歌剧"《莉布丝》（1870—1872）。剧院在仅仅上演了十二部歌剧后就被焚毁了，但很快依靠慈善捐款重建了起来，于1883年二度开幕。民族剧院的奠基仪式（1868）曾极为隆重，奠基人是"民族之父"弗朗齐谢克·帕拉茨基，奠基石则开采自瑞普山——那里是很久很久以前捷克先祖波希米头一回举目远眺家园之地。和奠基石一同埋入地基的还有一箱碎石，据说取自当年关押胡斯的康斯坦茨监狱的石墙。

　　民族剧院对捷克人民的重要性不言而喻，他们满怀热切地把它比作"伏尔塔瓦河上的金色小礼堂"。而用画作及雕塑装点起"金色小礼堂"、颂扬捷克民族之传说并继承捷克民族之历史的尼古拉

弗朗齐谢克·弗莱德里希(摄于 1868 年 5 月 16 日):民族剧院奠基仪式,国民大道(原新巷),新城区。

斯·阿列什、弗朗齐谢克·泽尼谢克等年轻艺术家则就此被称为了"民族剧院一代"。在剧院的大幕拱门上方是这样一行金光闪闪的文字:族民献礼献民族(Národ sobě)——捷克人的民族自豪感由此可见一斑。德意志人自也不甘落后,由阿丰斯·华特穆勒设计的新洛可可式"新德意志剧院"很快就与民族剧院并驾齐驱了。坐落在新城区威尔逊街(Wilsonova)上的新德意志剧院于 1888 年 1 月 5 日落成,其开幕歌剧充分表明了德意志人的爱国热情,那便是瓦格纳①的作品《纽伦堡的名歌手》②(Meistersinger von Nürnberg)。自 1889 年起,新德意志剧院每年都会举办瓦格纳节,吸引了欧洲各

---

① 指德意志作曲家威廉·理查德·瓦格纳(1813—1883),其作品以复杂的音乐织度、丰富的和声及配器法著称。
② 故事发生于十六世纪中叶日耳曼地区的纽伦堡。

地的表演者和观众纷至沓来、共襄盛会。

从表面上看，自1815年拿破仑战争结束到1848年欧洲革命开始——其间长达三十三年的"对峙期"是布拉格历史上相对平静的时期。法国七月革命（1830）令多个世纪以来的君主专制彻底停摆，受到剧烈冲击、难享昔日特权的贵族与教廷自要奋起抵抗，反革命浪潮席卷欧洲，约瑟夫二世在波西米亚的开明改革因而早早为权贵搁置一旁。彼时的末代神圣罗马皇帝弗朗茨二世（约瑟夫的侄子、利奥波德二世之子，1792—1835）又恢复了君主专制，而奥地利帝国首相克莱门斯·冯·梅特涅侯爵①（1820—1848）推崇的"梅特涅体系"直接听命于维也纳，这一极权主义政权经受住了1830年代的风暴：受法国七月革命的鼓舞，波兰推翻了沙俄统治，比利时自

国家歌剧院（原新德意志剧院），威尔逊街，新城区。

---

① 是德意志一特殊爵位，其地位仅次于公爵，但并非王室成员。

荷兰联合王国分裂，也宣告独立，而法国的波旁王朝就此覆灭，被迫逊位的查理十世曾在流亡英国前同家人暂居布拉格城堡。十多年里，奥地利帝国在欧洲遍吹自由民主之风时仍屹立不倒，非因君圣臣贤——（弗朗茨二世之子）斐迪南五世[①]（1835—1848）因健康原因（癫痫时常发作）无法胜任帝位，因此朝政全由首相梅特涅、科罗瓦德城伯和路易大公把控。捷克的一众爱国人士深谙审时度势之必要，在这非常时期"只谈风月，不谈国事"——留得青山在，不愁没柴烧。

何况在风平浪静的表象之下，新经济已然开始重塑布拉格，并对十九世纪末捷克的人口分布与政治格局产生了深远的影响。对帝国的工业化发展，贵族多抱以支持的态度。1791年，为庆贺利奥波德二世登基，克莱门特学院举办了欧洲首届工业展览会。波西米亚贵族于1788年创设了"爱国经济协会"，又于1806年开办了布拉格工艺大学。卡雷尔·肖特克城伯多次（1828、1829、1831、1836）组织举办了制造商博览会；彼时，波西米亚工业促进联盟已经成立（1833）。此外，肖特克还下令兴修公路（其中就有建于1831—1832年的肖特克街，是今日自小城区前往城堡区的主要道路）、为街道及广场铺设石砖、优化城市排水系统（1816）。1832年，肖特克改美景宫下的御花园为布拉格第一所市民公园（肖特克公园）。他还出资修建了横跨伏尔塔瓦河的吊桥（1839—1841）及今日的斯美塔那河堤（1841—1845）——虽然当时的吊桥与河堤都以先皇弗朗茨一世[②]命名。贯穿十九世纪、至二十世纪初方才告一段落的桥梁及河堤建设使四个各具特色的古老城区得以顺利统合，共同组成了和谐又宽广的都城布拉格。

[①] 又称费迪南一世。
[②] 特蕾莎女皇的丈夫。

除市区建设外，布拉格也集中在近郊的欢笑坊、后生坊（Holešovice）、仁爱镇和查理镇大兴工厂——对查理镇的发展规划早已有之，并自1817年起正式启动。布拉格的第一家棉纺厂于1770年建厂。至1787年，全城已有七家棉纺厂、十二家棉织厂及十二家棉布印花厂，雇用工人达千余。1772年，河床街附近建起了造纸厂。1787年，国王坊的土地上加盖了蔗糖厂，并反复试验，成功提炼出了甜菜糖（1811—1814）。1797年，买下《布拉格新闻报》的出版商博胡米尔·哈瑟在旧城区开办印刷社，至1850年时已有雇员六百五十人。而当时的布拉格另有十家机械厂，第一家为英国人爱德华·托马斯所建（1832），位于查理镇和仁爱镇的交界处，后于1850年为其英国同胞约翰·拉斯顿接管。十二年后，在波西米亚已投入使用的一百三十七台蒸汽机中，八十台由国内自主生产，其中又有五十台产自拉斯顿的工厂。弗朗茨·瑞霍夫在旧城区的铜铸造厂创建于1771年，自此为波西米亚的酿酒和炼糖业源

（德意志企业）埃克特和弗鲁格公司印制的明信片（约1900）：位于查理镇和仁爱镇交界处的拉斯顿工厂。

源不断提供着设备。且瑞霍夫铸造厂进一步扩大规模，在迁往欢笑坊后发展成了帝国最大的铁道车辆制造商，到 1845 年为止，年生产火车厢三千五百节。今日的瑞霍夫旧址之上是于 2001 年落成的新欢笑坊购物中心。

1845 年 9 月 20 日，布拉格的马萨里克火车站正式通车，拉开了布拉格与尤里乌斯山两地频繁往来的序幕，瑞霍夫铸造厂功不可没。而在第一辆火车驶入马萨里克站台前的三十年，启蒙运动的先驱已经打响了布拉格文化阵地的攻防战。语言学家约瑟夫·荣曼自 1815 年起任教于旧城德意志中学，1834 年出任校长，同年入选波西米亚皇家协会。其对书面捷克语的贡献之卓著，实难估略、无可言表。正是荣曼将席勒、夏多布里昂、歌德、格雷（《墓畔挽歌》）及弥尔顿（《失乐园》）等人的著作一一译成了捷克语，揭示了捷克语言之优美、可塑、富有艺术性的巨大潜能。荣曼在他的《捷克文学史》（1825）中详述了超过一千五百名捷克作家和他们的五千四百多部作品；其震古烁今之作当属录入有逾十二万词条的《捷德词典》五卷本（1834—1839），迄今无出其右者。批评人士指责荣曼借用其他斯拉夫语词汇或单纯硬造新词，复兴的是"中世纪的所谓捷克语"。批评人士舍本逐末，未能理解荣曼的真正企图，即为捷克人民创造这样一种途经，好让他们"在日常生活中最大限度地使用活生生的、有着丰富词汇的母语"（《捷德词典》自序）。卡雷尔·哈夫利切克·波罗弗斯基便是众多受益人之一。通过查找荣曼编撰的《捷德词典》、列出各式所需词汇并熟记于心的哈夫利切克便是以这"神圣而嘹亮的母语"为媒介，终成当代捷克新闻学的奠基人。

木秀于林的荣曼并未止步于《捷德词典》之前，他同时是捷克第一本科学期刊（以斯拉夫族长、莉布丝之父命名的）《克罗克》（1821）的创立人。史学家帕拉茨基则于 1827 年创办了仅用捷克语刊印的《捷克博物馆杂志》。1831 年，荣曼与帕拉茨基联手建立基金会,资助并见证了捷克科学文献出版社"矩阵"的诞生。矩阵后来出版了在十九世纪的波西米亚最具影响力(远超学术范畴)的三套书籍——荣曼的《捷德词典》、沙法里克的《斯拉夫文物》以及帕拉茨基的鸿篇巨制《捷克之波西米亚和摩拉维亚民族史》。帕拉茨基的这套《民族史》共分五卷,前三卷以德语出版(1836—1842),其捷克语译本于1848年3月问世,恰逢人称"民族之春"的欧洲革命。《民族史》的后两卷则用捷克语书写,至1876年方才完成。帕拉茨基在《民族史》中引用了全欧洲逾七十家档案馆的第一手资料,聚焦捷克(波西米亚)仍为独立王国时期的历史(终于1526年哈布斯堡家族入主波西米亚)。帕拉茨基着重描绘了几个世纪以来波西米亚在斯拉夫和德意志文化间摇摆求生的情形,并将胡斯战争及其后胡斯党人之时代定义为捷克民族主义最鼎盛时期的缩影。作家卡雷尔·拉迪斯拉夫·扎普与帕拉茨基一脉相承,在其出版于1862年的《捷克及摩拉维亚编年史》中更将帕拉茨基的论调以较为通俗的方式传递给了普罗大众。后因(引述帕拉茨基的)阿洛伊斯·伊拉塞克的小说及戏剧脍炙人口之故,帕拉茨基的著作也连带获得了更为广泛的关注。

另一位"连带"获得关注之人则是瓦茨拉夫·汉卡。本是国家博物馆首任图书馆长的汉卡因于1817—1818年"发现"了《绿山手稿》及《王后镇手稿》(*Dvůr Králové and Zelená Hora*)而为人所熟知。据称,这两部《手稿》分别誊有十世纪及十四世纪的捷克古诗。1886年,语言学家约翰·吉鲍尔及未来的捷克斯洛伐克总统托马斯·马萨里克断言《手稿》系伪造,其伪造者极有可能就是"渴望弥补捷克文学之不足,故而无中生有、大胆炮制诗集的"汉卡(及其友人约瑟夫·林达——日后的《布拉格新闻报》编辑)。但七十年后才被打回原形的《绿山手稿》早已融入了捷克文化的血液。不明真相的帕拉茨基曾在《民族史》中引用过《手稿》的内容,尼古拉斯·阿列什为《手稿》作了插图,当代捷克油画大家、天文钟日历表盘的制作者约瑟夫·马内斯同样参照《手稿》进行了创作,斯美塔那的喜歌剧《莉布丝》的部分歌词亦源自《手稿》……还有约瑟夫·瓦茨拉夫·梅塞贝克据《手稿》所作的萨玻伊和斯拉佛雕塑——虽然除《手稿》外,并无任何证据表明所谓的"古斯拉夫民族英雄"萨玻伊和斯拉佛是真实存在过的历史人物,但梅塞贝克的这一作品依然矗立在高堡,和同样由他创作的莉布丝和普舍美斯的雕像并肩而立。这两组雕塑起初踞于帕拉茨基桥的桥塔之上,直到1945年桥塔为美军的炮火误伤,方才被移至高堡。

也正因《绿山手稿》的"宣传",使得高堡在历经好几个世纪的冷遇后重获新生,成了捷克民族史上的又一"记忆之场"。自1860年代起,其圣彼得与圣保罗宗座圣殿的墓地改为了捷克公墓。同波西米亚王国时期不同,当代捷克名人——尤其是才华横溢的艺术家多安葬于此,第一个便是伪造了《绿山手稿》的瓦茨拉夫·汉卡(1861)。翌年,爱国人士在汉卡之墓上竖起立柱,上刻:"语言若存,则民族不亡。"继汉卡之后长眠于高堡墓地的还有波日娜·聂姆佐娃、贝德里赫·斯美塔那、安东尼·德沃夏克、新艺术风格画家阿丰斯·穆夏、科幻剧《罗素姆万能机器人》(1920)的作者卡雷尔·恰佩克等。正是恰佩克首创了"机器人"一词,就此在世界范围内流传开来。作为现代主义的代名词,机器人既代表了希望,也预示着威胁。据说这个词最初是由恰佩克的哥哥约瑟夫——一位立体主义画家提出的。而恰佩克兄弟俩发明的"机器人"一词源自捷克语"包身工"[①](robota),这一叫人深恶痛绝的制度直到1848年欧洲革命时才被废除。

---

① 特蕾莎女皇的丈夫。

旧城广场的金斯基宫

金斯基宫可谓旧城广场的建筑中外观秀雅可人、内里往事错综的典型。金斯基家族的崛起可追溯至十三世纪早期,蒙奥地利及施蒂里亚大公鲁道夫二世[①]封爵,就此跻身贵族的行列。在新教同盟举事和后来的白山战役期间(1618—1620),金斯基家族曾代表敌对双方同时参战。战后,他们在维也纳王廷逐渐站稳了脚跟,影响力与日俱增,家族成员曾四度出任波西米亚首席大臣(1683—1699、1705—1711、1723—1735、1738—1745),且以坚定的爱国主义立场著称。

1768年,金斯基家族的弗朗茨·乌尔里希伯爵买下了位于旧城广场、由安瑟尔莫·卢拉戈抑或克利安·伊格纳·丁岑霍费(至今尚无定论)为阿尔诺什·戈尔茨伯爵设计建造的洛可可式宫殿(1755—1765)——金斯基宫直到1945年皆为金斯基家族所有。捷克斯洛伐克共产党上台后,以纳粹占领期间金斯基家族"通敌叛国"为由,没收了宫殿。十九世

1948年2月21日,捷克斯洛伐克共产党领导人克莱门特·哥特瓦尔德自金斯基宫阳台向民众发表讲话,旧城广场。

[①] 有别于十六至十七世纪的神圣罗马皇帝鲁道夫二世,为哈布斯堡王朝的鲁道夫一世之子、艾格尼丝公主的驸马(1282—1283)。

纪时的金斯基宫一度是旧城德意志中学的所在地,弗朗茨·卡夫卡曾于1893—1901年就读其间。卡夫卡的父亲赫曼在宫殿底楼的西南角开设了一家高档日用品商店(1921—1931),后改建成了卡夫卡书店。

但金斯基宫之所以出名,还是因为米兰·昆德拉的小说。昆德拉在《笑忘书》(1979)的开篇描述了"二月革命"(1948)取得胜利后,捷共领导人哥特瓦尔德站在金斯基宫的阳台上,向欣然聚集旧城广场的数十万民众发表演说的情形。昆德拉将其表述为波西米亚历史的重大转折,是"千年一遇、决定命运的时刻"。当时天正下着雪,外交部长弗拉多·克莱门蒂斯摘下自己的皮帽,关怀备至地戴到了伟大领袖哥特瓦尔德的头上。四年后,克莱门蒂斯受"斯兰斯基[①]案"牵连,"因叛国罪被处以绞刑。宣传部立即让克莱门蒂斯从历史上,也从所有照片上消失了。"昆德拉接着写道,"自此以后,哥特瓦尔德一个人站在宫殿的阳台上。从前站着克莱门蒂斯的地方,现在唯余一堵空墙。与克莱门蒂斯相关的种种,就只剩哥特瓦尔德头上的那顶皮帽了。"若你恰巧经过金斯基宫,不妨抬头看一眼它的阳台吧。

[①] 鲁道夫·斯兰斯基(1901—1952),捷克斯洛伐克共产党领导人,曾任党总书记,为仅次于领袖哥特瓦尔德的第二号人物。后因其犹太血统被判犹太复国主义分子等罪名,并遭处决。

市政厅阶梯（Radniční schody），城堡区。

第八章

我们说斯拉夫语

1823年,布拉格的人口数突破十万大关,至1850年时已达十五万之多。为此,老市政厅添新哥特式翼楼一栋(1838—1848),以容纳蓬勃发展的直辖市布拉格因市政需求激增而成倍增长的公职人员。正值异代之交,世殊时移,1846年成立的"资产阶级俱乐部"(Městanská beseda)便是力证。该俱乐部旨在促进"尚且稚嫩的捷克民族之公民美德及艺术、科学、工业的全面发展"。其成员包括皮革制造商及贸易商、皮草商、珠宝商、磨坊主、木材商、建筑师、室内装潢设计师、纸牌生产商、书籍装订工、酿酒师以及机械工。俱乐部举办的首次晚宴还特邀约瑟夫·荣曼、弗朗齐谢克·帕拉茨基及帕维尔·沙法里克出席。今人或许以为奇怪——资产阶级俱乐部的成员来自各行各业,理应互不相干,但在当时并非如此。启蒙运动之思潮让已然醒觉的爱国人士看到:欲行改革,则巩固群众基础至关重要。爱国人士的努力没有白费,假以时日,上述资产阶级成了他们最坚定的支持者。除以权贵为主的爱国人士和资产阶级以外,布拉格的工业发展也将劳动人民推到了历史舞台的中央。正其时,布拉格的捷德矛盾益发凸显,在学校、法院、办公室和商店究竟要使用哪一种语言(捷克语抑或德语)成了迫在眉睫、关乎民生的大问题。1844 年 6 月，对德意志人（包括犹太裔德意志人）越加不满的捷克工人开始闹事。罢工始自欢笑坊的波吉斯棉布印花厂，同为犹太裔开办的工厂埃普施泰因、多尔米茨和布兰迪斯①的工人见状，纷纷效仿。7 月，查理镇上修筑布拉格与尤里乌斯山两地铁路的工人放下工具，也加入了罢工的行列。此后，布拉格的反犹暴动持续了整整两天，直到被波西米亚驻军司令——阿尔弗雷德·温迪施－格雷茨侯爵镇压为止。

捷德问题冰冻三尺，非一日之寒。1848 年法国"二月革命"②后，捷克激进分子于同年 3 月 11 日在布拉格新城区的圣瓦茨拉夫浴场（于 1907 年拆除）"非法"集会。集会组织者包括卡雷尔·萨宾纳在内——萨宾纳既因替斯美塔那的歌剧《被出卖的新嫁娘》(*Prodaná nevěsta*) 作词而举国皆知，也因日后向奥匈帝国告密、背叛捷克同胞而臭名昭著。然而此时的萨宾纳尚怀一腔热血，他协助组织的浴场集会约有八百年轻民众（既有捷克人，也有德意志人）参加，在会上成立了圣瓦茨拉夫委员会，联名向（由首相梅特涅等操控的）斐迪南五世请愿。与此同时，奥地利首都维也纳发生叛乱，致梅特涅下台，人民一致请求皇帝修宪，废除审查制度，允许言论自由。布拉格的捷克和德意志作家获悉后，联合签署了《呼吁捷德民族大团结》文件。该文件由沙法里克起草，签字人有代表捷克新闻与文艺界的哈夫利切克、帕拉茨基、汉卡、提尔和萨宾纳，以及代表德意志文坛的作家埃贡·阿尔伯特、诗人阿尔弗雷德·迈斯纳和莫里茨·哈特曼。也或许是文件起了作用，总之修宪后的帝国报业空前繁荣起来（切实执行了"废除审查制度，允许言

---

① 这些工厂皆以德语命名。"波吉斯"指犹太人每献祭牛羊辄挑去其筋的习俗，"埃普施泰因"（意为"河山"）和"多尔米茨"为德国城镇名，而"布兰迪斯"（得名自"残暴者"波列斯拉夫）位于易北河畔的中波西米亚。
② 是法国 1830 年七月革命的后续，为欧洲革命的重要组成部分。

论自由"），至1849年时已达三十家，哈夫利切克创办的《国民新闻报》赫然在列。锦上添花的是，1849年4月8日，斐迪南五世承认捷克与德意志公民享有平权，并承诺在地方议会增设资产阶级和农民代表之议席。两天后，圣瓦茨拉夫委员会改建为国民委员会，规模更大，且由捷克人和德意志人共组。

可惜这一切努力都未能阻止反对派高举种族主义的大旗。同一时期（1848年4月），定居布拉格的德意志医生路德维希·冯·罗纳①组建"波西米亚、摩拉维亚和西里西亚之德意志人团结协会"，意图联合波西米亚王冠领土上的德意志人效忠（神圣罗马帝国解体后的）德奥同盟。捷克人对此忧心忡忡，相比人多势众的德意志人，奥地利帝国境内的捷克人自然成了弱势群体，而地跨欧洲十数王国（公国）的奥地利帝国纵有千般不是，却并非（也不应是）单一民族国家。基于"我自认不是德意志人……我是说斯拉夫语的捷克人"的理由，帕拉茨基拒绝参加1848年4月11日在法兰克福召开的（德意志）国民议会。一周后，国民委员会申援帕拉茨基，向法兰克福方面递交了"捷克抵制议会选举之提案"，致其议程最终流产。国民委员会的德意志成员见状，纷纷选择退出，坚持为"大德意志千秋万代"（grossdeutsch）之故另组了"立宪俱乐部"。俱乐部与法兰克福代表团于4月29日进行的接洽为捷克激进分子所破坏。6月2日，帕拉茨基、哈夫利切克、沙法里克、未来捷克国家党领袖（帕拉茨基的女婿）弗朗齐谢克·拉迪斯拉夫·利格在伏尔塔瓦河上的苏菲②岛共组"斯拉夫国会"，和立宪俱乐部两相对峙。为纪念国会成立，苏菲岛于1925年更名为了斯拉夫岛。但事实上，斯

[115]

---

① 为（德意志）国民议会议员、擅长演说的政治家。
② 以哈布斯堡王朝奥匈帝国的首任皇帝弗朗茨·约瑟夫一世（费迪南五世的侄子）之母——巴伐利亚的苏菲公主命名。弗朗茨·约瑟夫一世的妻子便是著名的茜茜公主。

拉夫国会于1848年6月12日（成立十天后）就被迫解散了。

而早在一个多月前（5月1日至2日），不满德意志人做法的布拉格民众曾打砸犹太隔都，面包师、布匹商和棉纺织工大肆举行了抗议活动。5月10日，一场大型示威迫使当时的布拉格市长及市议员请辞。温迪施-格雷茨侯爵于5月20日抵达布拉格，随着暴动规模的不断扩大，温迪施-格雷茨不得不调来僧袍山及皇后堡（Hradec Králové）的驻军，在查理镇进行了极具威慑力的军演，又派手下二十四小时巡逻布拉格。6月12日（五旬节翌日①）是个周一，布拉格的学生在马市场抗议示威，后一路游行至烤面包街的驻军总部。示威者与军队发生冲突，军方朝人群开火、竖起路障，军民间的武力冲撞迅速升级成暴乱。温迪施-格雷茨的部队占领了伏尔塔瓦河上的大桥，在未来两天里和民众僵持不下，危机一触即发。6月14日晚，军队得令撤离大桥，直退到对岸。翌日早上八点，温迪施-格雷茨命城堡区守军向旧城区开炮，轰炸持续了整整四小时。6月16日，第二轮炮轰过后，临时市长宣布投降。两万余市民在极度惊慌中欲逃离布拉格，他们乘坐的火车为军方在布拉格市中心以东十三公里处的焦油坊（Běchovice）截停，十人遭射杀；另有四十三人在暴乱中丧生，成百上千人受伤。温迪施-格雷茨的妻子也为流弹所伤，就此殒命。

1848年的这场暴乱（又称"六月起义"）是布拉格乃至奥地利帝国史上的重要转折点。12月2日，费迪南五世逊位（他在布拉格城堡度过了余生），其十八岁的侄子弗朗茨·约瑟夫一世（1848—1916）登基。翌年1月，温迪施-格雷茨平息了对奥地利统治向来不满的匈牙利的叛乱，占领布达佩斯。在约瑟夫一世的威压下，奥地利国会于3月7日解散；同一天，约瑟夫一世颁布"中央集

---

① 即基督教的圣灵降临节隔天，为法定假日。

权宪法"①。1850 年 1 月，革命先锋《国民新闻报》停刊。1851 年 12 月，《国民新闻报》创刊人哈夫利切克遭驱逐。②同月，约瑟夫一世宣布暂停实施中央集权宪法，在接下来的十年中，奥地利臣服在人称"巴赫专制主义"的暴政之下——它得名自约瑟夫一世的内政大臣亚历山大·冯·巴赫，此人不容异见人士存于帝国。1855 年，哈夫利切克得以重返布拉格，而从前的"革命战友"多因惧怕，不敢同他有任何往来；帕拉茨基和小说家波日娜·聂姆佐娃是令人感佩的例外。翌年，大业未成的哈夫利切克含恨而亡（死于肺结核）。不过巴赫的暴政也随即走到了尽头，对意法同盟作战③失败，令奥地利帝国经年累月的债务危机雪上加霜，人民忍无可忍，终在 1859 年推翻了巴赫的政权。"成也萧何败也萧何"的约瑟夫一世于 1860 年颁布《十月敕令》，又于 1861 年下达《二月特许状》，恢复帝国内的地方自治和立法权。而千帆过尽的布拉格已和"对峙期"时的布拉格不可同日而语了。尽管此后曾三次（1868—1869、1893—1895、1897）进入紧急状态，六十八名捷

在 1848 年布拉格"六月起义"中阵亡的将士墓，桤木坊公墓，杰式卡镇。

---

① 指统治者在未经（立法）议会批准的情况下颁布的法令。
② 至今日奥地利的蒂罗尔（Tyrol），原为奥匈帝国领地。
③ 又称第二次意大利独立战争。

克民族主义活动家亦在"青年运动"①时期短暂被捕（1894），维也纳对布拉格夺回"波西米亚王都"之举已无力干涉。至十九世纪下半叶，工业发展和因此猛增的捷克人口逆转了时代的潮流。

1851年的人口调查显示：当时布拉格的15万常住人口中，56%为捷克人，33%为德意志人，11%为犹太人。而1869年的一项"日常用语"调查则显示在波西米亚境内，八成以上的人说捷克语，两成左右说德语。1880年时，说德语的居民仅占布拉格旧城区人口的22%、小城区人口的20%、新城区人口的16%。到1900年，直辖市布拉格的人口数达到了空前的50万，其中说捷克语的居民占九成以上，不到一成为说德语者（共三万余人）。此时布拉格郊区的人口数已赶超中心城区，且几乎清一色为捷克人。后生

现存罕见的布拉格双语路牌，布热季斯拉夫街，小城区。

---

① 是捷克民族主义青年在1890年创建的组织，反奥匈帝国的集权统治、反教权主义，其领导者后来被捕并判处有期徒刑。

坊－手鼓坊（Bubny）于1884年并入了布拉格七区①，六年后约有15000人口，且全部说捷克语。自1901年起并入布拉格八区的仁爱镇约有常住人口12000，说德语者却不足一百六十人。杰式卡镇（Žižkov）和欢笑坊、皇家葡萄园、查理镇一样直到1922年前都保有司法独立权，后并入布拉格，镇上近6万人口中只得824名说德语的居民。"今日之布拉格是座彻头彻尾的捷克城市——民族主义太过兴盛，恐怕只有胡斯战争及紧随其后的胡斯党人时期才能与之媲美。"堪称捷克版《大英百科全书》的《奥托百科全书》自豪地宣称。

终于抬头挺胸的捷克人获得布拉格市议会的多数议席，于1861年选举产生了当代布拉格的第一任捷克市长——弗朗齐谢克·瓦茨拉夫·施特罗斯。此后，市议会准各级机关使用捷克语、规定会捷克语乃应聘公职的先决条件，并明确布拉格路牌上的捷克语须先于德语标注。1882年，新当选的捷克市长托马斯·切尔尼在就职演说中高呼"我们亲爱的、说宝贵斯拉夫语的布拉格"。不久，最后一批德意志市议员退出议会。到1890年代，布拉格市政已为捷克民族主义政党——国家自由党把控。1893年以后，布拉格的路牌上只剩下捷克语标识，且涂成了代表捷克的红白二色，而非代表德意志的黄黑二色。为进一步凸显布拉格的捷克元素，许多道路被重新命名（尤其是在新建起来的市郊）。1870年时，旧城区最古老的街道之一已改名为胡斯街。以帕拉茨基、哈夫利切克、作家约翰·聂鲁达及卡洛琳娜·斯韦特拉等命名的道路在接下来的二十五年中陆续登场。皇家葡萄园的主要广场从此以后成了国王乔治广场，而在以军事领袖约翰·杰式卡命名的杰式卡镇上，所有街道名称均为纪念胡斯战争而设。

---

① 除"四分城市"（新城、旧城、小城及城堡区）的划分办法以外，布拉格也按照阿拉伯数字分为至少十三个区。

捷克语打的这场翻身仗还不止体现在路名上。1848 年以前，波西米亚无一所中学使用捷克语教学。1860 年代时，已有十二所高中将授课用语自德语改换成了捷克语。到 1890 年，波西米亚共计有捷克语中学四十九所，入读的捷克学生也远多于德意志学生。布拉格的第一所女子高中建于 1863 年（坐落在沃迪奇卡街上），同样用捷克语教学，其五彩斑斓的新文艺复兴式建筑由伊格纳·乌尔曼设计。1890 年，女权主义作家伊丽莎白·克拉什诺霍斯卡创办了密涅瓦①女子高中，可谓独领风骚。中学如此，大学的变化一样惊人。1861 年时的费迪南-查理大学开设有一百八十七门课程，仅二十二门用捷克语教授。而到 1882 年，解体后的费迪南-查理大学变为了共享校舍且平分秋色的捷克语和德语双校区。至 1904 年，其捷克语校区共有学生三千余名，德语校区仅有学生一千余名。布拉格工艺大学早在 1869 年便一分为二，其捷克语校区（即日后的捷克理工学院）搬到了查理广场上的新大楼（同样由伊格纳·乌尔曼设计，1872—1874）。向来走民族主义路线的布拉格艺术学院则改建成了国民艺术中心（1887），多位人称"民族剧院一代"的艺术家走入课堂，为学生授课。三年后，捷克艺术与科学学院宣告落成。翌年，不愿示弱的"德意志科学、艺术和文学扶持协会"在波西米亚落地扎根。

如此一来，至 1888 年，波西米亚已有万余登记在册的私人团体。由卡洛琳娜·斯韦特拉等为"捷克女子之解放"而创立的"美国女子俱乐部"（1865）是元老级的存在。同样"德高望重"的先驱还有在瓦茨拉夫·汉卡的葬礼上首次公演的爱国歌唱协会"雷霆"（1861）。雷霆协会的所在地由弗朗齐谢克·施拉弗和约瑟夫·范塔设计，是一幢位于马萨里克河堤的新艺术风格大楼（1903—1905），

---

① 罗马神话中的智慧和记忆女神，被视为学生及艺术家的保护神。

其建筑外墙上刻有铭文："音绕屋梁，心系祖国。"而谱写了交响诗《我的祖国》(*Má Vlast*)的贝德里赫·斯美塔那、画家约瑟夫·马内斯及作家约翰·聂鲁达则是创立于1863年的"艺术协会"的中流砥柱，该协会全力支持捷克文学、音乐和绘画艺术的创作和推广。相较之下，1887年建立的"马内斯美术家协会"更注重现代艺术的发展（首任会长为尼古拉斯·阿列什），它将罗丹（1902）、蒙克（1905）、后印象派（1907）、野兽派（1910）及立体主义（1914）在欧洲的各类精彩展出一一带到了布拉格，且同样充满爱国热情。至于音乐方面，捷克四重奏乐团于1892年初试啼声，两年后，捷克室内乐团协会崭露头角，又两年后，捷克交响乐团宏大开幕。在捷克人看来，培养对高雅艺术的审美固然重要，强身健体亦不可缺。亨德里克·福格纳和米罗斯拉夫·蒂尔什于1862年创设的"雄鹰体育协会"旨在"加强全民体育及德育意识"——这里的"全民"毋庸置疑指的是捷克民族。雄鹰体协自1891年起在布拉格组织大型露营活动，至1914年为止拥有了近两万名会员。布拉格的首个自行车与花样滑冰俱乐部诞生于1880年，滑雪（1887）、足球（1889）、田径（1890）、网球（1892）俱乐部也应运而生。布拉格的本土足球队——斯拉维亚队和斯巴达队分别组建于1892和1893年。

即便上述各类协会和俱乐部并无明确的"民族"之分，但捷德之间其实泾渭分明，人人心照不宣。"没有德意志人会踏足捷克公民俱乐部①，就像没有捷克人会屈尊莅临德意志赌场一样。"建于1862年的德意志赌场是生活在布拉格的德意志人的文娱场所及社交中心——曾任德语报《波西米亚》记者的犹太裔作家埃贡·艾尔文·基希如此回忆道，"哪怕是音乐会也分德语场和捷克语场，泳池、公园、运动场、多数餐厅、咖啡馆、百货商店等，无不用语言

---

① 指"资产阶级俱乐部"。

做了区分。捷克市民绝不会光顾新德意志剧院,反之亦然。"1897年11月,奥地利首相巴德尼伯爵倒台后,捷克民众曾集体进行了抗议——因维也纳方面原已下达诏书,令波西米亚公职人员须于1901年前达到掌握捷德双语的要求。暴民趁机劫掠了德意志人及犹太人的商店,砸碎了新德意志剧院的玻璃,又破坏了欢笑坊及杰式卡镇上的犹太会堂,使波西米亚陷入了新一轮的紧急状态。据埃贡·艾尔文·基希报道,其中一栋遭焚毁的建筑是德意志帆船赛及足球俱乐部所在的场馆。"据说带头闹事的正是斯拉维亚足球队的队长赫尔·弗雷雅。因此波西米亚全境遭禁赛处罚,不只斯拉维亚足球队遭殃,所有捷克运动协会都跟着倒楣。这一禁令持续了近三十年,直到一战以后仍然存在。"

波西米亚戒严,基希所在的新闻业却自1860年后得以复兴。尤里乌斯·格雷戈创办的《国家新闻报》(捷克语)成为日发行量超一万的行业领军。德语版的《布拉格报》(*Prager Tagblatt*)自1877年首刊,销量同样可观。到1900年,单布拉格一地已有十二家日报报社。仅1890年一年,波西米亚地区便发行有四百多种期刊和杂志,其中二百五十三种为捷克语刊物,一百五十七种以德语印刷。波西米亚的第一份女性周刊《女报》(*Ženské listy*)于1875年问世,由创办了密涅瓦女子高中的伊丽莎白·克拉什诺霍斯卡担任主编。周报《金色布拉格》(*Zlatá Praha*)自1884至1929年间刊印,年销售量近万,至第一千次发行时(1903),已计刊有捷克语诗歌两千一百余首、捷克语散文近四百篇(包括阿洛伊斯·伊拉塞克的五部连载小说)、捷克画家的各类作品(复制品)约四千幅。和文学周刊《卢米尔》[①](*Lumír*)及时事期刊《瞭望世界》[②](*Světozor*)一样,

---

[①] 捷克传说中的吟游诗人。
[②] 1834年由沙法里克创办,后于1867年改版。

《金色布拉格》亦由十九世纪晚期捷克最顶尖的出版社"奥托"负责发行。而奥托最有名的出版物乃是上文提及的《奥托百科全书》，自 1888 至 1909 年间分二十八册精装出版。其编撰者不乏新近分校的查理大学和布拉格工艺大学的行业泰斗，是当时仅次于《大英百科全书》的权威著作。

捷克之所以能蓬勃发展，也因它并不"崇文抑商"。至 1880 年，奥匈帝国的工业产出（主要包括煤炭开采、钢铁冶炼、化工、酿酒、印刷和食品加工）已极为倚重捷克。1860 年，布拉格市中心以南（高堡）的谷下坊（Podolí）建起了巴托罗缪水泥厂。老泉（Staropramen）酿酒厂则于 1869 年在欢笑坊诞生，其余酿酒厂分布市郊的皇家葡萄园、桤木坊、后生坊和关隘坊（Braník），自 1893 至 1900 年间陆续建成。十九世纪中叶后，机械取代纺织成为布拉格的第一大工业。拉斯顿在仁爱镇的机械厂、瑞霍夫在欢笑坊的铸造厂以及达涅克在查理镇的器械厂（始建于 1854 年）堪称整个奥匈帝国的龙头企业。拉斯顿和瑞霍夫自不消说，达涅克（于 1827 年同德英合资的"布莱特菲和埃文斯厂"合并）为煤炭开采及食品加工提供设备。仁爱镇的捷克－摩拉维亚机床厂（1871）则有幸为布拉格的民族剧院及国家博物馆安装了第一台中央供暖设施（1885），同时为奥地利铁路打造了数以千计的铁路机车（蒸汽

分离派风格的公寓外立面

引擎)。1908年,捷克－摩拉维亚机床厂与瑞霍夫铸造厂合作生产了第一批布拉格轿车;后与埃米尔·科本创立的"电气工程"合并(1921)。电气工程始建于1896年,其位于布拉格高地(Vysočany)的工厂支持着帝国水电站的日常运作。已然兼并了捷克－摩拉维亚机床厂的电气工程又在六年后与达涅克合并,由此创立了捷摩－科本－达涅克集团(简称"捷科达"集团),在1930年代的全球经济大萧条前夕尚雇有一万四千余名员工。

与"捷摩"机床厂多有合作的瑞霍夫铸造厂后来发展成了世界上最大的铁道车辆制造商,至1920年代为止雇有员工三万余名。1923年,汉斯·瑞霍夫出任太脱拉轿车(其后置风冷发动机技术"启发"了德国大众轿车的相关设计)总经理,两家工厂随后合二为一,转型为瑞霍夫－太脱拉集团(1935)。瑞霍夫针对不同的客户设计制造不同的产品:它为奥地利皇帝生产豪华轿车,为罗马尼亚国王和土耳其高官生产小轿车,为比利时卧车公司和布拉格有轨电车厂生产进餐车厢,又为架设在石头林山上的索道生产空中缆车——这些缆车是特为1891年的布拉格"银禧博览会"打造的,只为让参观者能登上同样特意修建、高达六十米的埃菲尔铁塔(复制品)①。而不论是"埃菲尔铁塔"还是由贝德里赫·穆森伯格设计的钢铁结构、玻璃外墙的布拉格展览馆,其所需钢材皆由捷克－摩拉维亚机床厂独家提供。银禧博览会为布拉格展览馆所在的后生坊带来了二百五十万名游客。此次博览会虽受到波西米亚德意志企业的联合抵制,却不啻于一面展示捷克工业发展的橱窗,亦是对捷克民族主义的响亮庆贺。

然而现代主义快速前进的步伐难免将历史故旧踩在脚下。1850年,犹太隔都与旧城区之间的壁垒被完全拆除,隔都自此并入了布

---

① 按实物(巴黎埃菲尔铁塔)同比缩小五倍,又称石头林山瞭望塔。

布拉格火车总站内部,新城区

电车站(伏尔塔瓦站)外的涂鸦,后生坊

拉格五区，更名为约瑟都（Josefov），以纪念神圣罗马皇帝约瑟夫二世。从1852年起，犹太人可自由居住在布拉格的任何地方，多数人选择迁往小城区或市郊窑炉坊的别墅区，唯赤贫之人仍旧留在原地。犹太隔都于是渐成破落如包厘街[①]（Bowery）一般的存在，有着布拉格史上最高的死亡率。1894年，市议会发起隔都大清洗（asanace），如同当年的瓦茨拉夫一世及查理四世那样，就此大刀阔斧改变了中心城区的样貌。在隔都及与之相邻的旧城区，历史建筑所剩者寥寥，包括旧城广场北侧的老屋在内一并为人拆除，诸如岩下坊等地区亦难逃落锤[②]的无情撞击，几乎被全然夷为了平地。1890至1910年间，布拉格一区至五区有近一千五百幢建筑遭拆毁，占全城民宅的近一半。犹太隔都从前的酒馆和妓院则为中高档的公寓楼群所取代，这些或采用分离派手法或体现历史主义风格的楼房围绕圣尼古拉街[③]（Mikulášská）而建，仿佛一柄破冰锤，笔直凿穿了旧城广场和（伏尔塔瓦河上的）切赫[④]桥之间好似迷宫一般的中世纪小巷。1900年，布拉格文艺青年共组"光复老布拉格俱乐部"，借用威廉·马什蒂克发表于1897年的小说之标题——《野兽的胜利》（Bestia Triumphans）对政府粗暴抹煞历史古迹的行为予以了抨击和嘲讽。

轰然倒下的除了老建筑，还有布拉格的城门与城墙（1870年代）。市民唯一能聊以自慰的，是各城区间的邮政和交通（无论是陆路还是水路）比之以往更通畅了。自布拉格通往外省乃至帝国其余城市的新铁路得以修建，连通查理镇与后生坊－手鼓坊的黑铁桥（Negrelli）在相当长一段时间内都是欧洲最长的铁路桥，且是开

---

① 纽约市曼哈顿一街道，曾因治安差、极为破落而臭名远扬。
② 挂在吊车上供拆房等用的铁球。
③ 1926年后易名为巴黎街（Pařížská）。
④ 以捷克作家、诗人斯瓦托普鲁克·切赫（1846—1908）命名。

第八章 | 我们说斯拉夫语

齐克蒙德·里奇（约摄于1908）：摩西·里奇的二手商店，前犹太隔都，老犹太区。

出处不详（约摄于1895）：瓦茨拉夫广场，新城区。

往河口①（捷克）与德累斯顿（德意志）的列车的始发站（1852）。以奥匈帝国首任皇帝弗朗茨·约瑟夫一世命名的火车站（今日布拉格的火车总站）于1871年落成，后为约瑟夫·范塔以新艺术风格重建（1901—1909）。一度遇冷的高堡自1883年起并入了布拉格六区，1904—1905年开凿的岩石隧道则大大缩短了其谷下坊至关隘坊的路程。高堡铁路桥横跨岩下坊和欢笑坊之间的伏尔塔瓦河，于1871—1872年修筑完成。1868年时，除肖特克城伯出资修建的弗朗茨一世吊桥外，伏尔塔瓦河上另建起了斯弗马②吊桥（后为圣史蒂芬桥所取代）。十年后，曾立有梅塞贝克雕塑的帕拉茨基桥开通。1901年，坚守岗位达六十载的弗朗茨一世吊桥整体更换，随后经历大修的则是切赫桥（1908）、赫拉夫卡③桥（1911）和马内斯桥（1914）。从1880年起，往返于伏尔塔瓦河两岸的蒸汽摆渡船鸣笛水上。自1875年始，河床街到弗朗茨一世大桥路段有马拉电车④作为代步工具（线路后延伸至市郊），并在1896—1902年间逐步升级为真正意义上的有轨电车。1882年，布拉格的公用电话系统正式投入运营。三年后，谷下坊的水厂已能为千家万户输送干净的饮用水；长达九十公里的下水管道（1894—1907）又自百姓家中把污水带走。既有水、电，自然也有煤——布拉格的第一家煤气厂（1847）设在查理镇，从此为河床街、烤面包街、旧城广场、护城河街、马市场和新巷提供照明。到1890年代，几乎全城皆为煤气灯照亮。查理镇的达涅克工厂是首家使用电灯的企业（1881）。四年后，老市政厅的煤气灯鸟枪换炮。1889年，杰式卡镇的路灯不

---

① 即易北河畔之城"乌斯季"（Ústi nad Labem），捷克语称易北河为拉贝河（Łaba）。
② 以捷克斯洛伐克记者、共产主义活动家、反纳粹斗士约翰·斯弗马（1901—1944）命名。
③ 以捷克建筑师、慈善家约瑟夫·赫拉夫卡（1831—1908）命名。
④ 由马匹牵引的轨道电车，通常为双层。

第八章 | 我们说斯拉夫语

出处不详(摄于1897):烈火街上的有轨电车,新城区。

弗朗齐谢克·弗莱德里希(约摄于1875):护城河街,新、旧城区的分界线。

再使用煤气,同年,瓦茨拉夫广场上竖起了用电的街灯。1900 年,坐落于后生坊的中央电站开始为全城路灯、有轨电车及私人用户供电,且在未来的二十六年中不断扩容。

布拉格(尤其是中心城区)渐渐披上了当代都市的外衣。1876 年,在城墙倒下的缺口处,伏尔赫利茨基①公园顺势而生。牛市场更名为了查理广场(1848),在 1885—1886 年间亦曾是公园。市政府买下了石头林山上金斯基家族的花园(1901)。翌年,同样由政府出资修建的利格公园在皇家葡萄园初现雏形。瓦茨拉夫广场北侧的马门(因马市场而得名,为哈夫利切克 1848 年时的提议)于 1876 年被移除,后在 1890 年为新文艺复兴建筑师约瑟夫·舒尔茨设计的国家博物馆所替代。

国家博物馆的"圆顶万神殿"中遍布著名捷克人士的雕塑和胸像。约瑟夫·瓦茨拉夫·梅塞贝克所作的圣瓦茨拉夫像(1912)立于博物馆正门前。自那时起,每逢危急存亡之秋,捷克人民总要聚集在雕像周围,仰望圣瓦茨拉夫,协力共渡难关。圣瓦茨拉夫像落成的同一年,梅塞贝克又为浪漫派诗人卡雷尔·希内克·马哈(1810—1836)作纪念碑,矗立在石头林山之上。马哈的抒情叙事长诗《五月》(1836)恐怕是最受爱戴的捷克语诗歌。因此每年 5 月 1 日②,布拉格的年轻情侣总会来到马哈的纪念碑前敬献鲜花,这已成民间传统。除圣瓦茨拉夫和马哈外,荣曼(路德维希·施美克作品,1878)、帕拉茨基(斯坦尼斯拉夫·苏哈尔达作品,1905—1907)及约翰·胡斯的纪念碑也纷纷在城中竖起。位于旧城广场的胡斯纪念碑为拉迪斯拉夫·沙洛文所作,揭幕时正值胡

---

① 以八次获诺贝尔文学奖提名的捷克抒情诗人雅罗斯拉夫·伏尔赫利茨基(1853—1912)命名。
② 马哈歌颂爱情的长诗《五月》中有"那是五月初一……黄昏的五月——爱恋的时辰"等句。

斯牺牲（1415年于康斯坦茨）五百周年，亦是第一次世界大战水深火热之际。纪念碑上的题字引用夸美纽斯的祷文道："捷克人民哪，我深信那自主之政权必重回你们的手上。"

一战前数十载为布拉格增辉添彩的建筑远不止国家博物馆以及民族剧院。圣亨利街（Jindřišská）上的邮政总局（由约翰·贝尔斯基设计）亦然。它于1874年起对外营业，其数量惊人的柜台窗口曾令初次踏足的弗朗茨·卡夫卡目瞪口呆。作音乐厅和展览馆之用的鲁道夫学院也不遑多让（由约瑟夫·兹科特及约瑟夫·舒尔茨设计，1876—1884），且曾在捷克斯洛伐克共和国时期充当议会大楼。城市博物馆同样毫不逊色（由安东尼·白沙涅克设计，1896—1898），展出有安东尼·朗威尔历时约十年制作、震撼人心的布拉格城市微缩模型。老犹太公墓旁的装饰艺术博物馆（由约瑟夫·舒尔茨设计，1897—1899）别具一格；圣母玛利亚（Mariánské）广场上的新市议会厅①（由奥斯瓦尔德·波利夫卡设计，1908—1911）则是当时最富科技含量的新艺术风格大楼。骑士街（Rytířská）和十月二十八日街之间巨大的室内市场建于1893—1896年，其异常现代化的铸铁拱门掩在新文艺复兴式的外墙之下。除市中心的摩登建筑外，传统建筑（例如大教堂）亦在市郊破土动工，譬如查理镇的圣西里尔和圣美多德宗座圣殿（由卡雷尔·罗斯纳及伊格纳·乌尔曼设计，1854—1863）、欢笑坊的圣瓦茨拉夫宗座圣殿（由安东尼·巴维丢斯设计，1881—1885）、皇家葡萄园的圣卢德米拉教堂（由约瑟夫·莫克设计，1888—1892），以及杰式卡镇的圣普洛科普教堂（由约瑟夫·莫克及弗朗齐谢克·梅克什设计，1899—1903）。梅克什在此后缔造了后生坊的帕多瓦②圣安东尼教堂（1908—

---

① 有别于新市政厅。
② 意大利北部最古老的城市。

1911）；莫克则是为圣维特主教座堂封顶的功臣——最后一轮修建工作自 1873 年开始，直到 1929 年结束（1899 年后由卡米尔·希尔伯特接手）。圣维特西侧的两座塔楼及由阿丰斯·穆夏等绘制花窗的礼拜堂固然"现代"，却同样精美绝伦。

由于工商业如火如荼的发展，彼时的捷克资产阶级已然踌躇满志、意气风发，这体现在 1872 年落户爱尔兰街的布拉格证券交易所，也体现在二十年后巍然屹立的国立银行（由奥斯瓦尔德·波利夫卡设计，1894—1896）。毗邻德意志赌场的国立银行饰有尼古拉斯·阿列什等人所作的爱国主义壁画，其所在护城河街本是布拉格公认的"德意志大道"；捷克人若要漫步，多会选择费迪南大道——为纪念费迪南五世而改名的费迪南大道（1870）从前叫做新巷（今日的国民大道）。

但护城河街毕竟是布拉格的商业中心，坐落其上的瓦茨拉夫广场与水果街（今日的十月二十八日街）组成了遍布商场、酒店、银行、办公楼、餐厅、咖啡馆和拱廊的"金十字"。布拉格的第一家百货商店——"菲利普哈斯父子公司"就开在护城河街深处（今日的班尼顿意大利服饰馆，1869—1871）。而瓦茨拉夫广场上的所有建筑几乎都是 1850 年后造起来的。譬如装点有尼古拉斯·阿列什与约瑟夫·范塔之民族风壁画的维赫公馆①（1894—1896）、捷克现代主义建筑之父约翰·科舍拉的杰作（曾作为人民银行总部的）彼得公馆（1899—1900）、为贝德里赫·本德尔迈耶及阿洛伊斯·德里亚克改建成新艺术风格的欧罗巴大酒店（前身为史蒂芬大公酒店，后易名为了舒贝克②大酒店，1903—1905）、与"欧罗巴"相邻的梅

---

① 以改建布拉格新市政厅的捷克建筑设计师安东尼·维赫（1846—1910）命名。
② 以 1924 年收购该酒店的卡雷尔·舒贝克命名；1951 年后收归国有，改名为欧罗巴大酒店。

第八章 | 我们说斯拉夫语

拉诺①酒店（同样由阿洛伊斯·德里亚克设计）等。布拉格知名的新艺术风格建筑还包括爱尔兰街上的中央酒店（由贝德里赫·欧曼设计，1899—1902）、沃迪奇卡街上的诺瓦克②百货公司（由奥斯瓦尔德·波利夫卡设计，1901—1904）、耶路撒冷街（Jeruzalémská）上的禧年会堂（由威廉·史蒂亚斯尼设计，1905—1906）、国民大道上的话题沙龙展览馆和布拉格保险公司大楼（由奥斯瓦尔德·波利夫卡设计，1905—1907），以及坐落在瓦茨拉夫四世的行宫——国王殿原址上的市民会馆（由安东尼·白沙涅克及奥斯瓦尔德·波利夫卡设计，1905—1912）。

市民会馆是同时期的新艺术风格建筑中最晚落成的，本为同拐角处（护城河街上）的德意志赌场一较高下，但它实际代表的远比"捷克人的文娱场所及社交中心"更多。1914 年的萨拉热窝事件③令奥匈帝国愤而出兵塞尔维亚，从而与支援塞尔维亚的俄国正式交战。莫名被卷入其中的捷克人是否忠于奥匈帝国，端看其战时的表现——捷克军团中多有临阵脱逃者，其余人（包括布拉格第二十八步兵团在内）则向俄国集体投降了。对不战而逃或不战而降的捷克人，维也纳方面予以了严厉镇压。捷克的新闻业受到审查，部分报社遭关闭，雄鹰体协的活动被迫中止，阿洛伊斯·拉辛及卡雷尔·克罗默尔等捷克政要更因"叛国罪"被判处死刑——虽最终并未行刑，但两人均被收监。托马斯·马萨里克见势不妙，于 1914 年冬逃离了捷克，和（日后的捷克斯洛伐克总理及总统）爱德华·贝内什、（斯洛伐克政治家、外交官及天文学家）米兰·拉斯蒂

[130]

---

① 意大利北部一城镇，以温泉浴场闻名。
② 以捷克斯洛伐克作曲家、音乐界现代主义运动的核心人物维捷斯拉夫·诺瓦克（1870—1949）命名。
③ 奥匈帝国皇储斐迪南大公（弗朗茨·约瑟夫一世的侄子，1863—1914）在视察萨拉热窝（塞尔维亚）时被刺杀身亡，成为一战的导火索。

什拉夫·史蒂芬组织起了"捷克斯洛伐克海外对抗运动"。他们最终于1918年秋获协约国[①]支持——承认捷克斯洛伐克国民委员会为合法的流亡政府。拉辛和克罗默尔等人于1917年6月获释,重回布拉格后益感奥匈帝国之压迫与对立的气氛,便毅然加入了马萨里克和贝内什的反奥阵营。一战结束后,战败的奥匈帝国解体。1918年10月28日,在市民会馆的阳台上,捷克斯洛伐克宣告独立。

市民会馆

[129] 1994—1997年,市民会馆由从前捷克(以及中欧)最大的建筑公司(PSJa.s.)完美修复,得以重现昔日的光辉。尽管建馆是资产阶级俱乐部当年的提议,施工却由布拉格市议会资助并监管(于1912年修建完毕)。市民会馆堪称兰宫桂殿,其公共设施一应俱全,包括音乐厅、大礼堂、多间陈列室、各式咖啡馆和餐厅、捷克酒吧以及位于地下一层、饰有尼古拉斯·阿列什之乡村图画(绘有屠夫、园丁和牧鹅姑娘)的"美国酒吧"在内。若要列举并详述市民会馆的每一处爱国主义元素,恐怕要再写一本书才行,但参观者据其公共区域之名称(譬如斯美塔那厅、帕拉茨基阁、利格堂、聂姆佐娃轩等)应能对号入座、领略一二风情。

市长办公厅是市民会馆的一大亮点,由阿丰斯·穆夏负责装饰。起初,穆夏被委以装点整座市民会馆的重任,却遭本土美术家协会的反对——认为将此重责大任交给一位长年生活在巴黎的"当红明星"并不妥当,故而作罢。但穆夏却在市长办公厅一展所长,令有限的空间散发出无限的魅力。办公厅的穹顶上是象征"斯拉夫

[①] 与一战同盟国(德国、奥匈帝国、奥斯曼帝国及保加利亚)相对的阵营,包括英国、法国、日本、俄罗斯、意大利、美国、塞尔维亚、比利时、中国等。

第八章 | 我们说斯拉夫语　　　141

有阿丰斯·穆夏作品为装饰的市长办公厅，市民会馆，共和国广场，旧城区。

"大团结"的巨型彩绘，其下的八幅拱肩画则描绘了捷克历史上的英雄人物：约翰·胡斯代表正义、约翰·杰式卡代表顽强、"胡斯党人的王"——滩下镇的乔治代表独立、夸美纽斯代表忠诚，普舍美斯王朝的伊丽莎白公主（查理四世之母）代表智慧。

　　1918年1月6日，竭力追求上述美德的（奥匈帝国及波西米亚王冠领土上的）捷克议员在市民会馆齐聚一堂，起草《主显日宣言》（Epiphany Declaration），呼吁捷克斯洛伐克尽早独立。同年4月13日，阿洛伊斯·伊拉塞克站在市民会馆（斯美塔那厅）的讲台上，高声朗读《捷克文化及政治代表之民族宣言》，誓要"忍耐到底，直至我们的民族拥抱独立那一刻！"1918年10月28日——波西米亚新教同盟举事三百年后，捷克斯洛伐克在市民会馆宣告独立。七十年后（1989年11月26日），以总理拉迪斯拉夫·阿达梅茨为首的捷共政府和以瓦茨拉夫·哈维尔为首的公民论坛在市民会馆经和平协商，开始了捷克斯洛伐克的新历程。

1935年3至4月间，保罗·艾吕雅、安德烈·布勒东和杰奎琳·兰巴下榻巴黎饭店，市民会馆街，旧城区。

第九章

十字路口 [1]

在邻邦相继臣服于威权之时[2],捷克斯洛伐克共和国被后人亲切地称为"欧洲民主制荒漠中的绿洲"。1920年颁布的《语言法》允许捷克斯洛伐克的少数民族(哪怕仅占五分之一人口)在学校和政府机关使用其本族语言。其他进步法案则赋予了捷克斯洛伐克女性以选举权(1918)、明确了八小时工作制(1918),并为全国劳工统一设置了医疗、伤残及养老保险的标准(1924)。不过一时繁花似锦的捷克斯洛伐克并非世外桃源,哪怕在因怀旧而被粉饰得格外美好的战间期(1918—1939),这个方才独立的小国也远未达到当年(波西米亚王国)的盛世辉煌。一战以后,民生凋敝,捷克斯洛伐克直至1925年才勉强恢复战前的制造业出口水平。而1930年代的经济大萧条又让人民好不容易略有起色的生活水准"一夜回到解放前"。至1933年3月,全国有近九十八万人失业,以德意志企业为主的北部工业区(因完全倚赖出口而)尤其受到重创。在相当长的一段时间内,布拉格住房紧张,人均住宅面积一再缩减,市郊新

---

[1] 得名自卡雷尔·恰佩克的著作《欧洲的十字路口》。
[2] 一战后的动荡令渴望秩序与和平的民众更愿意默许"统一领导"的专制制度,这使得中欧及东欧的右翼威权主义和极权主义开始抬头。

建起来的小镇亦破败不堪。

即便是这样,捷克斯洛伐克依然坚定不移推行着"多元民主"的领导方式,其选举制度(因无一政党的支持率过半)使得联合政府的组建成为大势所趋。话虽如此,由当时的五个主要政党组成的"五党委员会"(Pětka)历经多次内阁重组,上层集团(政治精英)的人员变动却几乎为零。在这历届改选当中,农业党向来占有一席之地。社会民主工党以逾四分之一的得票率赢得了1920年的大选,但不久后发生了党内分裂。与此同时,捷克斯洛伐克共产党成立(1921年5月14至16日)。对捷共而言,"讲求民主"的捷克斯洛伐克议会便是最典型的"资产阶级俱乐部"——道不同不相为谋的捷共因而从未能参与战间期的政府工作,甚至常被视为半地下党性质的"非法"党派,但这丝毫不减捷共声势浩大且拥有广泛群众基础的事实(来自广大劳动人民及部分知识分子的支持)。故此在1925年的大选中,捷共取得了仅次于农业党的不俗战绩(百分之十三点二的支持率),并在接下来的两届大选(1929、1935)中维持住了同等水平。布拉格市议会进行改选时,捷共的支持率则为仅次于国家社会党的百分之十八点一八(1923)、百分之十六点七三(1927)、百分之十二点五八(1931)以及百分之十六点六二(1938)。在工人阶级占多数的杰式卡镇、仁爱镇和布拉格高地,捷共的总得票率更高达百分之三十。

可惜"多元民主"的领导方式未能抹除捷克斯洛伐克的捷德矛盾,其民族断层线昭然若揭。捷克斯洛伐克独立后,北部(波西米亚及摩拉维亚边境)的德意志人也闹起了独立,扬言要加入一战后的德意志-奥地利共和国。政府自然派兵加以了镇压:1919年3月4日,捷克斯洛伐克军队在驱散桥城①(Most)的示威人群时致

---

① 捷克易北河畔乌斯季州一城市。

四十名德意志人当场死亡——这和终获独立的捷克斯洛伐克人把对奥匈帝国的一腔怨愤统统发泄在了境内的德意志人（含犹太裔）身上不无干系。因此 1920 年末，布拉格再度爆发大规模骚乱，捷克民众占领了德意志赌场及德语报社（《布拉格报》），打砸了犹太市政厅的档案馆。出生于犹太家庭的小说家弗朗茨·卡夫卡给他的捷克情人兼记者米莲娜·叶森斯卡写信道："每天下午我走在街上，感觉反犹的仇恨将我淹没……一个人若被这样恨着，想离开这伤心地难道不应当吗？"同年 11 月 16 日，捷克示威者一边高喊"捷克城邦归捷克！"一边冲进同名的城邦剧院，将其中的德意志演员赶了出去。当晚，捷克民族剧院为"弘扬民族精神"，上演了斯美塔那谱曲、带有浓厚捷克气息的歌剧《被出卖的新嫁娘》。12 月 5 日，城邦剧院由民族剧院接管。

　　1919 年的巴黎和会①让捷德问题变得愈加复杂。和会为奠定战后和平，以《凡尔赛条约》等为指导重新划分了捷克斯洛伐克的国界，却因未能考虑到民族分布的实际情况而造成了巨大的混乱。捷克斯洛伐克大一统的设想在现实面前不堪一击：按照新划定的国界看，六百八十万捷克人只占全国的半数人口，剩余三百多万德意志人（从奥匈帝国的主体民族降为捷克斯洛伐克的少数民族）和近两百万斯洛伐克人既缺拥戴捷克之忠诚，也无一心盼望之自主②。尽管 1925 年后，捷克斯洛伐克联合政府中不乏德意志官员，但经济大萧条的冬风和纳粹帝国的崛起还是催生了以康拉德·亨莱

---

① 一战结束后，胜利的协约国集团企图通过领土分配及赔款等措施重塑政治格局，使得所涉中欧各国（包括捷克斯洛伐克在内）因地区的民族混杂性产生了严重问题。
② 和会罔顾（原奥匈帝国的）三百多万德意志人的意愿，一力将其划入捷克斯洛伐克国境。而斯洛伐克曾得捷克方面许诺：建共和国后（斯洛伐克地区）能保有自主权，却始终未能兑现。

因①为首的苏台德德意志族人党，大肆鼓动受打压和歧视的北境德意志人"弃暗投明"、加入纳粹帝国，并"卓有成效"地在1935年的大选中获得了近七成德意志选民的支持。此外，新划定的"民族大熔炉"——捷克斯洛伐克国内尚有七十四万五千匈牙利人、四十六万二千斯拉夫人（分别来自卢森尼亚②、乌克兰及俄罗斯）、七万六千波兰人，以及十八万一千犹太人（若单以信仰犹太教的人数计算，则有三十四万五千）。

而仍是捷克人之天下的布拉格作为"民族大熔炉"的首都，显然不具有代表性。早在1881—1883年（及此后的1897年），市议会就呼吁将几乎清一色说捷克语的布拉格市郊并入主城区，但两次提议都遭到了驳回。1918年，建立"大布拉格市"（Velká Praha）的提案终于通过。1922年元旦，邻近的三十八个小镇并入了布拉格一至十三区，令扩张后的布拉格人口达近六十八万。"几十年来，布拉格的统一进程受维也纳（奥匈帝国）之敌视，也为德意志人不断阻挠。"布拉格市议会在《王城布拉格年鉴》（*Almanach královského hlavního města Prahy*）中如此形容此次兼并道，称其为"十全十美捷克化、不折不扣共和制、彻头彻尾民主风的发展"。大布拉格的首任市长为卡雷尔·巴克萨（1919—1937）。巴克萨本是律师，曾为"青年运动"时期的捷克民族主义活动家辩护，从此声名鹊起。在1899年的"希尔斯纳一案"中，巴克萨却扮演了不怎么光彩的角色：名为利奥波德·希尔斯纳的犹太流浪汉被控谋杀了十九岁的捷克姑娘阿内施卡·胡佐娃。巴克萨无偿为胡佐娃的家人提供法律援助，不惜借用"血诬案"③的手法将犹太人希尔斯纳牢牢

---

① 捷克斯洛伐克政治家（1898—1945），以其为首的亲纳粹党派引发了德国和捷克斯洛伐克间的矛盾。德国占领捷克后，亨莱因立即加入了纳粹党及党卫军。
② 东斯拉夫一民族。
③ 有钱势、不合流的犹太民族曾是欧洲人的眼中钉，他们诬告犹太人行血祭（即杀死外族婴儿后饮其血、啖其肉），史称"血诬案"。

钉在了耻辱柱上。托马斯·马萨里克是希尔斯纳的代理律师，正如他十三年前判定汉卡的《绿山手稿》系伪造一般，为犹太流浪汉辩护一事令强烈反犹的捷克民众对马萨里克气恨难消。

人民近乎盲目的爱国热情当然要有宣泄的出口——捷克斯洛伐克独立后，二十世纪的第一轮路名大更换开始了。在布拉格，带有哈布斯堡王朝烙印的名称是首先被剔除掉的。譬如约瑟夫一世广场易名为了共和国广场，费迪南大道变成了国民大道，伊丽莎白大道（以约瑟夫一世的皇后"茜茜公主"伊丽莎白·阿梅利亚·欧根妮命名）改称为了革命大道。弗朗茨一世桥化身为捷克军团桥，弗朗茨一世河堤改名叫马萨里克河堤；为纪念贝德里赫·斯美塔那以及尼古拉斯·阿列什，另两座河堤也换上了崭新的名字：斯美塔那河堤与阿列什河堤。1919 年 5 月，弗朗茨一世曾高高在上、俯视过往行人的雕像自原本与其同名的河堤被移走了，只余光秃秃的底座，在周围雕塑的反衬下显得异常落寞。同年 6 月，率领奥地利帝国战胜意大利萨丁王国①（1848—1849）的捷克英雄——陆军元帅拉德茨基的雕像自小城广场消失了。近一个世纪后，弗朗茨一世的雕像才重新竖立在河堤②边（2003）。而拉德茨基的雕像仍在国家博物馆的石制品展区默默无语；与之相伴的还有自 1650 年起屹立旧城广场、在捷克斯洛伐克独立一周后"因象征（信奉天主教的）奥匈帝国之压迫"而为民众推倒的圣母玛利亚纪念柱（残柱）。比弗朗茨一世的雕像早八十年回归的则是查理大学的正式名称（1920），这意味着"1882 年（查理 – 费迪南大学解体）前本应属于它的一切都回来了"。

万象更新，布拉格城堡再次进行了大修。斯洛文尼亚建筑师约热·普列赤涅克精心设计了城堡的圆柱大厅、多间国事厅以及

[134]

---

① 又称第一次意大利独立战争。
② 指今日布拉格的斯美塔那河堤，而雕像原本所在的马萨里克河堤已改建至伏尔塔瓦河上游。

总统府。他也为首度向公众开放的区域（譬如第三中庭）铺设了石砖、砌起了著名的公牛台阶、扩建了登上台阶即可通往的南翼天堂花园。此外，普列赤涅克还督造了国王乔治广场上的圣心教堂（1928—1932）——堪称布拉格最为独特的现代主义建筑。接替普列赤涅克担任城堡建筑师的帕维尔·雅纳克（1936）则是捷克立体主义的先锋人士。据说一战以后，雅纳克与好友约瑟夫·戈恰尔将其未及完成的立体主义作品和斯拉夫刺绣图案结合在一起，创造出一种特别的"民族风格"。戈恰尔设计的捷克斯洛伐克军团银行便是体现这一风格的典范，该银行位于河床街，饰有奥托·古弗兰及约翰·斯托尔萨所作的浮雕（1921—1923）。相比之下，雅纳克设计的亚得里亚宫（1922—1925）虽早已同周围建筑浑然一体，却始终颇具争议——现代主义大师勒·柯布西耶曾委婉地形容位于荣曼广场的亚得里亚宫为"带有亚述[①]气质的高堂广厦"。好在经过一段时间的"试错"后，雅纳克和戈恰尔于上世纪二十年代中期回归了主流，这在戈恰尔打造的圣瓦茨拉

约热·普列赤涅克设计：圣心教堂，国王乔治广场，皇家葡萄园。

---

① 公元前935年兴起于美索不达米亚（即两河流域一带）的强大帝国，穷兵黩武。其君王是历史上有名的暴君、军国主义的始作俑者。

夫教堂(位于添枝坊,1928—1930)和由雅纳克督造的胡斯公理会教堂(位于皇家葡萄园,1931—1933)上得到了最充分的展示。

战间期的布拉格诚然是知识分子和艺术家挥洒创造力的热土。爵士时代①的"旋覆花社"(Devětsil)是整座城市先锋艺术舞台上的绝对主角,小说家、诗人、画家、建筑设计师、剧院导演及演员齐聚布拉格,营造了"暖风熏得游人醉"的浓烈氛围。若论旋覆花社之精神,则其社员——理论家卡雷尔·泰格总结得最为精辟。泰格说:"诗意乃生命之王冠,其底色却是建构主义。"而"废除了装饰艺术、抛弃了手工艺品、拒绝大规模生产、抵制标准化和常规化的所谓建构主义……方才是现代世界得以存续的基本条件"。泰格进一步解释道:"(诗意)不过是现代世界之奇观引发人视觉及心理上的兴奋,不过是人对生命和生命中各样事物之热爱,是人对现代主义本身怀抱情感的投射。"撇弃诗意又拥抱诗意的旋覆花社社员个个成就斐然,其一便是乔治·沃斯科维茨和约翰·韦里希坐镇的"解放剧院"(位于新拱廊,1929—1938)。此二人首开先河,以极具想象力且糅杂爵士乐、舞蹈和时政讽刺的原创艺术表演令观众拍案叫绝。几年后,泰格又同诗人维耶特茨拉夫·纳兹瓦尔、画家亨德里克·斯泰勒斯基、艺名"托岩"(Toyen)②的玛利亚·切里米诺娃以及部分前旋覆花社社员共组"捷克斯洛伐克超现实主义团体"(1934),使布拉格成为了除巴黎以外世界第二大的超现实主义艺术中心。翌年,超现实主义奠基人、为星星夏宫写下"星宫开兮始成金"诗句的安德烈·布勒东携妻友前来布拉格。说来也巧,布勒东和妻子杰奎琳·兰巴及好友保罗·艾吕雅选择下榻的地方正好叫做巴黎饭店。

---

① 指一战后、经济大萧条前的十年,享乐主义开始大行其道。
② 源自法语单词"公民"(citoyen)。

[137]　虽然捷克斯洛伐克在战间期的人口数不足一千四百万，却仍是位居世界前十的工业强国。巴塔鞋业、太脱拉及斯柯达集团等闻名国际，其所出口各地的产品从玻璃和陶瓷器具到汽车乃至军备不等。至1939年，巴塔鞋业已在全球三十三个国家拥有近七万名员工，并从最大的鞋类生产企业转型为了制造汽车及飞机轮胎、各类橡胶制品（如玩具等）及人造纤维的综合企业。工业发展的同时，布拉格的人口亦进一步增长，1938年时已逾九十六万。人口的大量流动促使交通运输业迅速成熟，布拉格的桥梁从旁助力，在其中发挥了重要的作用。连结仁爱镇、特洛伊宫坊（Troja）和后生坊的仁爱桥（Libeňský）及街垒桥（Barikádníků）始建于1928年。三年后，伊拉塞克桥在捷克军团桥上游昂首而立。同年，正因为交通的越发便利，公牛（Bulovka）大学医院选择落户从前尚嫌偏僻的仁爱镇。不久，位于特洛伊宫下游、富装饰艺术风格的布拉格动物园对外开放，吸引了大批市民前往。这或许也是布拉格私家车的数量在短短十几年间（1921—1935）从不足三千上升至近三万辆的一大原因。1925年，布拉格的公交车系统亦正式投入运行。而早在五年前，布拉格的第一座机场——领主镇（Kbely）机场已然落成，途经"河畔之城"斯特拉斯堡①飞往巴黎的国际航班于同年开通，前往华沙②（1921）、布拉迪斯拉发③（1923），甚至莫斯科（1936）的航线也相继得以开辟。1923年，捷克斯洛伐克航空公司成立，取代领主镇的玫瑰镇（Ruzyně）机场——今日的瓦茨拉夫·哈维尔机场则建于1933—1934年，其最初的候机大厅是由功能主义建筑师阿道夫·本什设计的。

---

① 法国东部下莱茵省首府。
② 波兰首都，得名自第一任波西米亚公爵之子弗拉季斯拉夫一世（Wrocław）。
③ 又称普雷斯堡，现斯洛伐克共和国首都。史学家帕维尔·沙法里克误解其为"布热季斯拉夫之城"（Břetislaw），后人便将错就错了。

第九章 | 十字路口

1920年2月，监管大布拉格房屋建设的委员会宣告成立。其成员安东尼·恩格尔是资产阶级相对集中的勇士坊的规划者（1922—1932）。捷克斯洛伐克工业同盟（Svaz československého díla）后在勇士坊打造了功能主义样板房"巴巴住宅区"（1931—1936）。麦克斯·厄本则是1928年后围绕巴兰德坊[1]（Barrandov）电影制片厂（为布拉格大亨哈维尔家族所有）建造的现代主义别墅区的策划人。巴兰德坊位于布拉格西南郊，其坐落于伏尔塔瓦河上的屋顶餐厅是上世纪三十年代极为热门的聚会地点。除此以外，大布拉格的"都市规划"还包括拆除岩下坊的剩余老建筑，并在以马忤斯修道院之下修筑河堤等（1924—1932）。以英式花园著称、后并入大布拉格的坚果镇（Ořechovka）与狩猎镇（Spořilov）上很快民宅林立（1919—1929; 1925—1929）；为两千老弱病残者提供便利的"马萨里克屋"则在马车镇（Krč）绽放异彩（1926—1928）。1930年，一场社会保障性住房设计大赛令大片新住宅区在布拉格市郊的梁木坊、圣潘克拉斯坊（Pankrác）和后生坊辐射开来。而论及此类设计大赛——阿洛伊斯·德里亚克专为雄鹰体育协会举办体操表演（1926—1932）之故设计建成了有史以来最大的体育场馆——御林宫馆，却不敌约瑟夫·福克斯及欧德里希·泰尔，未能赢得贸易博览会馆设计比赛的桂冠。位于后生坊的贸易博览会馆凝结了福克斯及泰尔二人的心血（1926—1928），一度问鼎欧洲的功能主义建筑。

新城区的瓦茨拉夫广场同样是展示现代建筑的绝佳地点。譬如约瑟夫·戈恰尔及弗莱德里希·埃尔曼设计的凤凰宫（1927—1929）、帕维尔·雅纳克设计的朱庇特[2]酒店（1928—1933），以

[140]

---

[1] 以在此地区研究化石并取得巨大进展的法国地质学家、古生物学家约阿希姆·巴兰德（1799—1883）命名。
[2] 古罗马神话中的众神之王，对应古希腊神话中的宙斯，西方对木星（星期四）的称呼便以此命名。

帕维尔·雅纳克设计：朱庇特酒店，瓦茨拉夫广场，新城区。

及路德维希·吉塞拉设计的瑞士莲大楼（1925—1927）。吉塞拉另协助亨德里克·斯沃波达、阿尔诺什·塞纳尔及弗朗齐谢克·利迪·加胡拉打造了毗邻瑞士莲大楼、高达九层的巴塔鞋业大楼。因其功能主义的外观，巴塔鞋业大楼还入选了 1932 年纽约现代艺术博物馆的"国际现代建筑展"。

1930 年，瓦茨拉夫广场上首现交通信号灯。每到夜晚，这一地区便霓虹闪耀，亮如白昼。艾弗拉姆·莱博设计的丝绸及纺织品商店位于瓦茨拉夫广场南侧、护城河街和护城河桥街（Na Můstku）的拐角。商店入口处有着玻璃顶棚，其下是与交通信号灯联动的照明设备（由雕塑家兹德涅克·佩沙涅科设计，1932—1934），如今当然早已不在了。不过勒·柯布西耶到布拉格一游、见证瓦茨拉夫广场的活力之时（1928），尚且认为广场"美妙绝伦，无论是其展现出的生命力和节奏、鳞次栉比的商店还是摩肩接踵的行人……我相信（布拉格的）未来大有可期"。但是当有着玻璃幕墙、彼时中欧（及东欧）最大规模且最现代化的白天鹅百货公司（由约瑟夫·基特里希及约瑟夫·赫鲁比设计）在河床街开张时（1939 年 3 月 18 日），这片土地和土地上人民的命运已然急转直下。

国内矛盾与国际冲突彼此夹缠，这对捷克斯洛伐克而言并非

第九章 | 十字路口

空前绝后。打着"说德语之人都应生活在同一国度"的旗号，阿道夫·希特勒策动早有反心的苏台德地区"回归帝国"。希特勒的煽风点火相当有效，在1938年的地方选举中，亲纳粹的苏台德德意志族人党获得了近九成德意志人的选票。而希特勒自称只要能"解放"德意志人居多的苏台德、将其纳入第三帝国的版图便从此止步欧洲。因奥匈解体后有利可图从而支持捷克斯洛伐克建国的英法领导人为希特勒的"和平许诺"所迷惑，以为如此就能避免引火烧身，决意签署牺牲捷克斯洛伐克利益的《慕尼黑协定》。尽管民众主张抗争到底——1938年9月22日，二十五万捷克斯洛伐克人聚集议会大楼（鲁道夫学院）外抗议示威，但面对英法、苏台德和纳粹三方施加的巨大压力，爱德华·贝内什（自1918年起任捷克斯洛伐克外交部长，后于1935年接替托马斯·马萨里克出任总统）还是接受了《慕尼黑协定》，拱手将苏台德地区（含捷克斯洛伐克近三分之一的领土及人口）"转让"给了希特勒。贝内什于10月5日引咎辞职，后流亡至伦敦。浪漫派诗人卡雷尔·希内克·马哈原本葬在苏台德有"波西米亚花园"之称的沃土镇，然而当苏台德已不属捷克斯洛伐克时，人们不得不将马哈的遗骸匆匆掘出，重新葬于高堡。1938年10月20日，捷克斯洛伐克共产党被迫解散。同年11月10日，解放剧院遭关闭。翌年3月14日，约瑟夫·蒂索①宣布纳粹的傀儡政权（斯洛伐克国）成立。3月15日，希特勒食言而肥，命德意志国防军占领除苏台德以外的捷克领土，建"波西米亚和摩拉维亚保护国"。至此，捷克斯洛伐克共和国为希特勒彻底瓜分，名存实亡。1939年3月15日晚七点一刻，希特勒进驻布拉格城堡。

---

① 斯洛伐克人民党领袖（1887—1947），1939至1945年为纳粹的斯洛伐克共和国傀儡政权政府首脑。

维特山民族纪念碑

[139]

捷克斯洛伐克共和国时期的丰碑（不管是从字面意义上理解还是把它看作一种比喻）坐落在杰式卡镇和查理镇之间的维特山上。1420年7月14日，约翰·杰式卡率领的胡斯党农民军正是在这里击溃了西吉斯蒙德麾下的圣战军。而约翰·扎兹弗洛卡设计的民族纪念碑则建于1927—1932年，为纪念一战期间与协约国并肩抗敌的捷克斯洛伐克军团（多征召自此前东方战线的捷克流民、战俘和逃兵[①]）。这尊民族纪念碑象征着古老的胡斯精神在军团奋勇建立新秩序的过程中薪火相传，形骸有尽而灵魂不灭。整个建筑群还包括"杰式卡墓及纪念碑、民族解放纪念馆及档案馆、军团纪念馆及档案馆、捷克斯洛伐克共和国军事博物馆及档案馆等"。

二战以后，捷克斯洛伐克共产党又将领袖克莱门特·哥特瓦尔德及多位"为取得无产阶级伟大胜利而奋斗终生的、我们劳动人民的好儿子"葬在了这里，将维

博胡米尔·卡夫卡作品：约翰·杰式卡雕塑，民族纪念碑，维特山，杰式卡镇。

---

① 指德奥同盟与俄国因萨拉热窝事件引发的战事，彼时仍受奥匈帝国统治的捷克（斯洛伐克）被卷入其中，参战意愿极低，因此出现战俘和大量逃兵。

特山上的民族纪念碑变作了捷共神圣的"记忆之场"。为效仿莫斯科红场的做法，哥特瓦尔德的遗体同列宁的遗体一样安置在水晶棺中，以供民众瞻仰。然而最初的防腐员操作不力，导致每天入夜后须由专人在地下室为哥特瓦尔德的遗体做紧急防腐处理，却收效甚微。1962年，工作人员不得不火化了伟大领袖哥特瓦尔德。这间诡异的地下室位于最近翻修一新的纪念堂内，现可供参观。游客还能看到纪念堂内原有的奥托卡·施维茨、卡雷尔·波克尔尼、马克斯·什宾斯基等人的雕塑与绘画作品。

哥特瓦尔德纪念堂前方则竖立着博胡米尔·卡夫卡的杰作——高达九米的约翰·杰式卡雕像。身为约瑟夫·瓦茨拉夫·梅塞贝克得意弟子的博胡米尔于二战前已着手雕塑杰式卡像，其本人却没能熬过1942年的寒冬。博胡米尔生前所作的杰式卡像与真人等大，后同比例放大浇铸，于1950年7月14日（捷克斯洛伐克共产党执政期间）落成，从此矗立于维特山之巅，自几公里外便清晰可见，乃当世最大的骑像之一。不论何时都堪称捷克民族之象征的起义军领袖约翰·杰式卡横戈跃马，只不过在捷克斯洛伐克共产党的眼中，杰式卡号召的乃是"以阶级斗争为纲，在无产阶级专政下继续革命"。

1939年3月15日，阿道夫·希特勒自布拉格城堡向外眺望。

第十章

阴云笼罩

捷克斯洛伐克在二战期间的伤亡人数（约三十六万）远低于其他许多国家，但布拉格为纳粹占领的时间之长，在欧洲都城中无出其右者——德奥合并时期的维也纳（Anschluss）不在此列，捷克民族因而经受的恐怖与耻辱如烙印般挥之难去。虽其多数建筑在战火中逃过一劫，1945年2月14日，美军的错误轰炸（美方飞行员以为他们已到达德累斯顿上空）[①]仍造成布拉格市内七百人死亡、约一万人无家可归；以马忤斯修道院、帕拉茨基桥、皇家葡萄园的犹太会堂、查理广场上的浮士德屋和大学总医院、拉辛[②]河堤的公寓楼——现"跳舞的房子"（Tančící dům）所在地均受波及。3月底，工业重镇布拉格高地遭纳粹炮轰。当地居民自发组织的反法西斯武装起义（1945年5月5日至8日）则导致近两千名捷克斯洛伐克人在与纳粹军的交火中丧生、布拉格的历史城区大面积损毁——老市政厅的新哥特式翼楼不保，其档案馆自然未能幸免，可追溯至十四世纪的旧城区地方志及《宪章》在大火中化为灰烬。

---

① 指二战期间由英国皇家空军和美国陆军航空军联合发动的针对（纳粹）德累斯顿的大规模空袭行动。
② 以捷克斯洛伐克财政部长、政治家阿洛伊斯·拉辛（1867—1923）命名。

而自纳粹占领之日起，捷克斯洛伐克政要、知识分子和文化界人士就被纷纷押送往集中营。（卡夫卡的情人）作家兼记者米莲娜·叶森斯卡及（发明了"机器人"一词的）立体主义画家约瑟夫·恰佩克因参与"地下抵抗运动"，于1939年秋被捕，并和许多被送往集中营的捷克斯洛伐克人一样，再也没能活着回来。正所谓祸不单行——查理大学的医学生约翰·欧布勒塔尔在1939年10月28日（捷克斯洛伐克独立纪念日）的和平示威中为纳粹军重伤，不幸身亡。欧布勒塔尔的葬礼过后，义愤填膺的布拉格学生发起了大规模抗议活动。为镇压学潮，纳粹军于11月17日突击搜查布拉格及布尔诺①的学生宿舍，枪杀了九名所谓的"造反派头目"，另将一千二百名学生"扭送"往集中营。在希特勒的授意下，所有捷克高校（包括查理大学及捷克理工学院在内）无限期停课，直到二战结束（至少五年后）方才复学。1943年4月至1945年4月间，纳粹设于圣潘克拉斯监狱的断头台共夺取了千余捷克斯洛伐克人的性命（包括一百七十五名女性）。波西米亚和摩拉维亚保护国总理阿洛伊斯·埃利亚什将军以及布拉格市长奥托卡·卡拉普卡等人因"负隅顽抗"被处决；捷克斯洛伐克共产党员、新闻记者尤里乌斯·伏契克等多位转入地下的捷共中央民族革命委员会成员也一并遇害。

自莱因哈德·海德里希②任波西米亚和摩拉维亚保护国副总督（1941年9月27日上任）以来，布拉格北郊骡马坊（Kobylisy）的靶场便终日回荡着枪声。海德里希是统领盖世太保及保安局的纳粹

---

① 意为"山镇"，是捷克的第二大城市。
② 二战期间的纳粹高官（1904—1942），也是纳粹大屠杀的主要执行者。许多史学家认为海德里希是纳粹高层中最为黑暗的角色，甚至希特勒亦称其为"铁石心肠之人"。

国家安全部部长，他于 1942 年 1 月主持召开了万湖会议①，在会上制订了"犹太人问题的最终解决方案"。1942 年 5 月 27 日，位于伦敦的捷克斯洛伐克流亡政府派遣特工搭乘轰炸机、跳伞进入保护国境内，在仁爱镇对海德里希进行了暗杀。一周后，海德里希不治而亡。纳粹为此实施了丧心病狂的报复，在接下来的两个月中判决包括旋覆花社首任社长弗拉迪斯拉夫·万丘拉在内的近一千四百名捷克斯洛伐克人有罪，并就地"正法"。此外，因怀疑距布拉格二十公里的民村（Lidice）"窝藏"刺杀海德里希的捷克特工，纳粹竟于 1942 年 6 月 10 日决意屠村——两百村民遭当场射杀，村中妇孺则多被送往集中营，（儿童）十之八九死在了毒气室。民村自此被夷为平地，比民村更小一些的河村（Ležáky）随即经受了相同的厄运。而刺杀海德里希的捷克伞兵约翰·库比什和约瑟夫·盖布茨克等人因遭告密，其所躲藏的圣西里尔和圣美多德教堂②地下室终为纳粹党卫队和盖世太保重重围住。七名英勇的伞兵予以了回击，最后弹药用尽，在不愿被俘的情况下毅然赴死；藏匿伞兵的教堂神职人员亦为纳粹无情枪决。

然而在命丧纳粹之手的捷克斯洛伐克人当中，犹太人毕竟占据多数（逾二十六万），他们多来自斯洛伐克及（斯洛伐克以东的）喀尔巴阡卢森尼亚③地区。纳粹于 1939 年 6 月 21 日颁布了《纽伦堡法案》，剥夺犹太人的一切公民权利，并将之彻底排除在了社会之外。从 1941 年 9 月 1 日起，犹太人外出须佩戴黄色六芒星臂

[145]

---

① 为纳粹官员在柏林万湖区举行的会议，落实了对犹太人实施系统化种族灭绝的计划。
② 为东正教主教座堂，位于查理广场附近，是克利安·伊格纳·丁岑霍费的又一力作。
③ 意为"喀尔巴阡山下的卢森尼亚（斯拉夫）盆地"，是位于中欧的一历史地区，曾长期由哈布斯堡王朝统治，奥匈帝国解体后成为捷克斯洛伐克的一部分。

章。同年10月16日,第一辆满载犹太人、开往纳粹占领区——波兰小船市(Łódź)犹太隔都的卡车启程。11月24日,布拉格的首批犹太人被迫集中到贸易博览会馆,自那里被押往附近的手鼓坊车站,坐牛车前往特蕾莎堡①(Terezín)——由当年的神圣罗马皇帝约瑟夫二世设立的部队驻地,后经海德里希改建为了"犹太人重置区"。1941—1945年关押在特蕾莎堡"重置区"的十四万余犹太人中有至少五万人死亡,剩余近九万人则转移到了更臭名昭著的奥斯威辛等集中营。1944年3月8日,奥斯威辛的所谓"家庭营"把近四千名犹太人(包括儿童)送进了毒气室,创下现代史上单次屠杀犹太人(捷克斯洛伐克公民)的数量之最。据目前已知的数据看,有近八万波西米亚和摩拉维亚保护国公民在纳粹大屠杀中遇害,仅一万四千余人存活了下来,并多在战后迁往了以色列或美国。因此,布拉格的犹太人口数自1938年的四万五千人锐减至1945年的三千二百人。

也正因为纳粹的占领,布拉格的国民大道不得不易名为维多利亚大道,巴黎大道改称为了纽伦堡大道,革命大道变成了柏林大道。纪念哈夫利切克、帕拉茨基和利格的石碑自布拉格的街道消失了。伍德罗·威尔逊②位于火车总站外的雕塑被撤走。布拉格国家博物馆更名为了帝国博物馆,其圆顶万神殿内标志性的胡斯及马萨里克雕像不见了影踪。老市政厅(礼拜堂)里一战时期的无名冢③棺椁则被掘出后扔进了伏尔塔瓦河。相反——希特勒自布拉格城堡向外远眺的画面赫然出现在了布拉格的邮票上。重新发行的一百克

---

① 以约瑟夫二世之母——神圣罗马皇后玛利亚·特蕾莎命名。
② 美国第二十八任总统(1856—1924),同情犹太人的悲惨境遇,支持犹太复国运动。
③ 指为在战争中死亡而无法确认其身份的军人所立的墓碑。

第十章 | 阴云笼罩

朗[①]纸币上,自由女神被迫摘掉了原先佩戴的弗里吉亚帽[②]。而纸币所绘"自由女神"的原型便是捷克歌唱家雅米拉·诺沃特娜,彼时的她已流亡曼哈顿,后来成了纽约大都会歌剧院的首席女高音。解放剧院的当家台柱乔治·沃斯科维茨和约翰·韦里希以及与之长年合作的谱曲人雅罗斯拉夫·耶谢克也辗转来到了纽约(耶谢克于1942年元旦死于肾衰竭)。其余难民则要么前往爱德华·贝内什组建起流亡政府的伦敦,要么前往有捷共领导人(在党派解散后)蛰伏着的莫斯科。捷克斯洛伐克官兵却并未选择逃难,他们坚守前线阵地,和同盟国一起参与了反法西斯的多场战役,其中包括纳粹在伦敦发动的最大规模空战(又称"不列颠战役")。八十八名捷克斯洛伐克飞行员同仇敌忾,加入了保卫英伦的行列,为盟军最终战胜纳粹德国打下了重要的伏笔。

[148]

1945年5月8日,纳粹德国宣布无条件投降。翌日,苏联红军彻底粉碎了捷克斯洛伐克境内的德军势力,解放了首都布拉格。5月10日,"捷克斯洛伐克民族阵线"自重获新生的斯洛伐克飞抵布拉格。该阵线成立于两个月前,由伦敦及莫斯科两地积极活动着的捷克斯洛伐克共产党带头,联合社会民主工党、国家社会党、人民党和斯洛伐克民主党等组成。彼时的捷克斯洛伐克共产党已是布拉格乃至流亡政府中最大的党派,不单很快在布拉格市议会拥有了压倒性的一百零八议席,且两位副总理及内政部、宣传部、劳动部和农业部部长皆为捷共党员。总统爱德华·贝内什于5月16日重返布拉格,发表"全新的捷克斯洛伐克共和国不应简单回到《慕尼黑协定》签署前的状态……而应是崭新的、真正意义上的人民政

---

① 捷克通用货币,意为"王冠"。
② 本为古代小亚细亚的弗里吉亚人所戴,是一种帽尖向前弯曲的软帽,通常为红色。在十八世纪的美国和法国大革命中,弗里吉亚帽成为自由和解放的标志而广为流传。

府"的讲话。到 10 月为止，贝内什多次签发总统行政令①，在解放初期的动荡时刻给予了国民委员会以高度自治权。5 月 19 日，为处置"通敌叛国者和法西斯分子"，捷克斯洛伐克特别人民法院成立。在接下来的两年多时间里，曾与纳粹军合作或曾间接导致捷克斯洛伐克亡国的党派遭解散，七百余人因此被判处死刑，两万多人遭监禁。此外，贝内什的总统令还将"德意志、匈牙利及通敌叛国分子"的财产国有化（5 月 19 日）、进行土地改革（6 月 21 日）、褫夺德意志人及匈牙利人的捷克斯洛伐克公民资格（8 月 3 日）、关闭国内包括查理大学德语校区在内的一切德意志高校（10 月 18 日）。贝内什发布的最后一道总统令（1945 年 10 月 24 日）则将银行、保险公司、公用事业及捷克斯洛伐克的主要工业（譬如钢铁冶炼、化工、食品加工）和雇用超过五百名员工的中大型企业一律收归国有。

贝内什的总统令拉开了严苛的种族清洗的大幕。为响应上至总统、下到捷克各党派政要的呼召，用贝内什在旧城广场的演说来概括，即"从文化上、经济上和政治上都要去德意志化"，已有六十万德意志人被驱逐出捷克斯洛伐克的国境。至 1946 年 12 月，另有二百多万德意志人被赶回德国与奥地利，让以"捷克和斯洛伐克"之名建国的这片土地真正名副其实起来。1939 年，捷克斯洛伐克人重新组成了国内约七成的人口。到 1950 年时，捷克斯洛伐克人已占全国总人口数的九成以上。而在名曰"疏散"（odsun）实为赶逐的"种族移送"期间，德意志人多被拘禁在御林宫馆，且至少一万五千人（实际人数可能要多得多）在"疏散"的过程中惨死。原属波西米亚和摩拉维亚保护国的近三成农地被征收，边境的苏台德地区亦重由捷克斯洛伐克人定居、掌管——几个世纪以来德意志人

---

① 指由总统行使行政权而颁布并立即执行的命令，无需经议会批准。

留下的痕迹如冰消雾散，很快再难寻觅。在布拉格，从前的德意志赌场成了"斯拉夫之家"，新德意志剧院更名为了斯美塔那剧院，纳粹占领期间曾是德意志人天下的城邦剧院则以捷克国歌的词作者命名为了提尔剧院。

时移世易，捷克斯洛伐克共产党不费吹灰之力赢得了1946年的大选（在全国各地平均获四成支持率）。尽管候选人的范围仅限民族阵线的这几个党派，但选举本身公平、公开、公正。在重为捷克斯洛伐克人掌权的苏台德地区，捷共的支持率最高（超过百分之五十）；而在（曾长期受匈牙利统治所以）信奉天主教的斯洛伐克人当中，捷共的支持率相对最低。但不论如何，捷克斯洛伐克共产党已大权在握——新内阁走马上任的二十六名部长中，有九名为捷共党员，党魁克莱门特·哥特瓦尔德则当选为共和国总理。可是和平

[150]

[151]

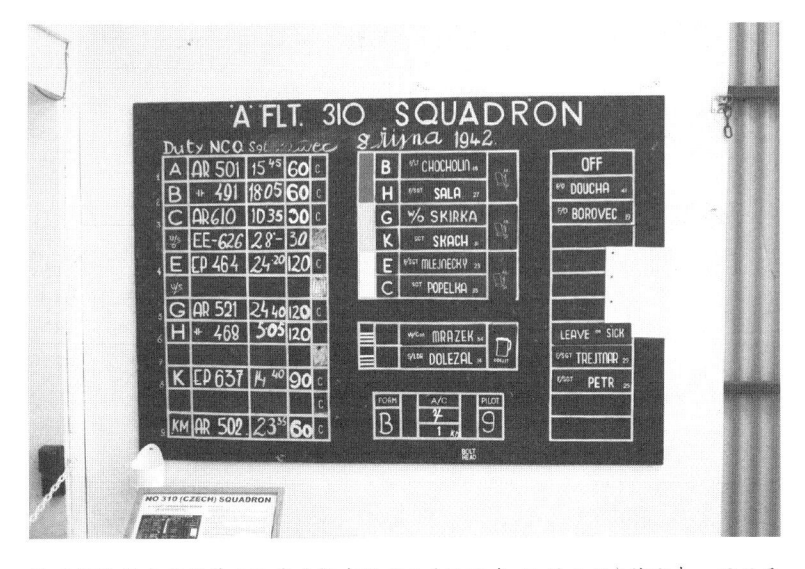

捷克斯洛伐克空军第310战斗机中队当天（1942年10月8日）值班表：显示马拉泽克（Mrazek）和多勒夏尔（Doležal）"喝一杯去了"。

时期自有和平时期的问题，正如二战后的西方同盟国与苏联的关系日益紧张一样，既可把控舆论，又能调动军警的捷克斯洛伐克共产党与民族阵线其余党派的嫌隙渐深。1948年2月20日，十二位部长（非捷共党员）集体请辞，以为如此便能迫使内阁改组。此十二人（及他们所代表的民族阵线）一着不慎，满盘皆输。捷克斯洛伐克共产党出面要求贝内什接受这十二位部长的辞呈，并准许总理哥特瓦尔德任命新部长，另以煽动全国大罢工和在布拉格旧城广场抗议示威等方式向贝内什施压。全副武装的工人民兵（单在布拉格一地就有一万五千人之多）随时待命，预备协助捷克斯洛伐克共产党发动"二月革命"。

局面僵持不下，至2月25日，贝内什不得已做出了妥协。并非捷共党员的外交部长约翰·马萨里克（首任总统托马斯·马萨里

1948年"二月革命"期间，捷克斯洛伐克武装民兵跨过查理大桥。

克之子)同样表示:"捷克斯洛伐克的人民已经发声。我向来服从人民的意志,今日也不例外。"然而 3 月 10 日当天,约翰·马萨里克被发现陈尸于其五楼公寓(外交部所在切宁宫)的浴室窗下——这究竟是自杀还是他杀,至今难断。但正如前两次一样,布拉格的第三起抛窗事件亦标志着一个时代的终结:捷克斯洛伐克共产党以"二月革命"政变的成功为其此后四十余年的统治铺平了道路。贝内什于 1948 年 6 月 2 日辞去了总统一职。十二天后,国民大会推选克莱门特·哥特瓦尔德为贝内什的继任者。至 1949 年 5 月,全国已有二百三十余万人申请加入捷克斯洛伐克共产党。而人民之所以愿意这样做,多半是出于和好兵帅克①同样的爱国热情。

犹太博物馆

布拉格的犹太博物馆由历史学家所罗门·雨果·利本及市议员奥古斯特·斯坦恩创建(1906 年),起初是为保存"隔都大清洗"时自犹太会堂撤出的各样宗教礼仪用品。纳粹入侵布拉格后(1939 年 3 月 15 日),博物馆当即闭馆。经长时间协商,又于 1942 年改建为了中央犹太博物馆——盖因布拉格的犹太社区领袖希望保留犹太人在波西米亚历史上的这段印记,而希特勒则对"(犹太)种族灭绝"尤其痴迷,唯希特勒马首是瞻的纳粹党于是想建同名的博物馆"以兹纪念"。

当犹太人(不光是布拉格的犹太人,最终也包括欧洲各地的大批犹太人)被送往各个集中营之时,其随身物品则陆续运到了布拉

[146]

---

① 指捷克作家雅罗斯拉夫·哈谢克未完成的长篇小说。主人翁帅克是个参加了一战的奥匈帝国捷克籍普通士兵,其反对专制、乐观幽默的态度使他成了捷克民族的精神象征。

瓦茨拉夫·波什蒂克及乔治·约翰设计（1955–60）：纳粹大屠杀遇难者纪念墙（后于 1995 年修复），石板会堂，老犹太区。

格的犹太博物馆。所以除以色列之外，布拉格犹太博物馆的相关藏品之丰，可谓举世无双。对这二十多万件展品，"（工作人员）要先为每一件物品编号，再为使用过这些物品的每一个犹太人编号。"博物馆馆长利奥·帕弗拉如此解释道。

二战之后，犹太博物馆被收归国有，自 1950 年起负责前犹太隔都（在大清洗后）幸存下来的会堂及历史建筑的修缮、保护工作。1994 年 10 月，捷克共和国政府终将犹太历史建筑及博物馆海量藏品的所有权交还给了布拉格的犹太社区联合会。

除修缮和保护犹太历史建筑外，1950 年代还发生了一件事：经艺术史学家哈纳·弗拉夫提议、由瓦茨拉夫·波什蒂克及乔治·约翰设计，把在纳粹大屠杀中遇难的波西米亚和摩拉维亚保护国公民名单（共计七万八千一百五十四人）完整誊录在了布拉格石板会堂的墙面上。哈纳·弗拉夫是二战后布拉格犹太博物馆的首任馆长，也是极少数在纳粹大屠杀中幸存下来的博物馆工作人员之一。石板会堂于1968年华约成员国入侵布拉格时关闭，其纪念墙上的遇难者名单也随即"消失"了（据说是水渍浸染的缘故）。但上世纪九十年代会堂再度开放以后，墙上的遇难者名单得以一笔一划地重新书写——七万八千一百五十四个名字，一个都不能少。

II

奥托卡·施瓦茨作品(1955):斯大林纪念碑(后于1962年拆除),夏日平原。

第十一章

来自东方的共产主义

1948年捷共掌权后,便紧跟东方集团①之形势,力图将捷克斯洛伐克建设成为社会主义国家。"二月革命"方才结束,捷克斯洛伐克各职能部门即遭大换血,二十五万工人阶级的先锋战士——捷共党员替代"思想觉悟不够高"的政府官员走马上任。1948年10月27日,捷克斯洛伐克开始实行第一个五年计划,预示着指令型经济(又称"计划经济")时代的到来。1948至1960年间,四万三千家农业及制造业企业被国有化。而在同一时期的布拉格,私企及个体户(从商店、酒吧、餐厅到建筑工、水管工及汽车修理工不等)的总量从原先的四千三百跌落至不足九十。1953年,为控制通货膨胀而进行的货币改革清空了多数国民的全部存款。曾在近当代捷克历史上扮演重要角色的各式俱乐部、协会及志愿者组织要么被迫解散,要么受捷克斯洛伐克共产党的直接领导。1948年,雄鹰体协遭内部清洗,并于八年后被勒令"遣散全员";捷克斯洛伐克的

---

① 又称"苏联集团",为冷战期间西方阵营对中欧及东欧的前社会主义国家的称呼,其范围大致包括苏联及其他华沙条约组织成员国。

童军[①]组织亦遭遇了相同的命运。马内斯美术家协会则因可能"妨碍社会主义建设的发展"而于 1949 年 3 月原地解散。捷克斯洛伐克工会归共产党领导,就此成了捷共"培养社会主义建设者和接班人"的输送带。

　　一生翻译出版了大量捷克文学著作的希达死后葬在了先夫马格里乌斯的家族墓穴,而与之相邻的便是同为犹太人且极擅描绘人性之幽怖、异化与隔阂的弗朗茨·卡夫卡之墓。马格里乌斯夫妇的墓碑比起布拉格的斯大林纪念碑(1955),自然是小巫见大巫了。这座"社会主义大家庭"时期最大的纪念碑立于切赫桥之上的夏日平原。苏联大元帅约瑟夫·斯大林俯视着通往旧城广场的巴黎街,

布鲁塞尔饭店原址,最初是 1958 年布鲁塞尔世博会期间捷克斯洛伐克国家馆的所在地,夏日平原。

[①] 捷克斯洛伐克在童军运动上曾非常积极,这归功于其犹太人当中流亡童军的存在。

正指引广大人民群众迈向社会主义的康庄大道。恰逢计划经济时代，物资供应格外紧张，布拉格人因而戏称斯大林像之下的人民群众雕像为"清早排队，凭票买肉"。斯大林纪念碑的设计者为奥托卡·施瓦茨（此人在纪念碑揭幕前夕自杀了）。政府下令建碑，本意在"呼应维特山民族纪念碑和高堡及城堡区的古建筑，以使这三者一并成为矗立于布拉格盆地之上，也镌刻在捷克历史之中的民族标记"。然而施瓦茨所作的斯大林纪念碑与维特山民族纪念碑（特指博胡米尔·卡夫卡所作的杰式卡骑像）并未在伏尔塔瓦河山谷的两头遥相呼应太久。苏联开始批判斯大林运动（又称去斯大林化）以后，布拉格的斯大林纪念碑即在捷克斯洛伐克共产党的授意下被炸毁了（1962）。但在捷苏尚处蜜月期的 1950 年代，作为苏联共产主义与捷克民族主义的象征——斯大林和杰式卡像的两相并列再寻常不过。彼时的捷克斯洛伐克共产党"亟待鼓噪起过去之精神为己今日所用……以借师夷长技、承前启后之名目开阶立极"（此处引用卡尔·马克思对以"雾月政变"告终的法国大革命的描述，比之捷共的作为和意图，竟也十分贴切）。正因如此，捷共自诩为"捷克民族光荣传统的继承者"。1949 年由克莱门特·哥特瓦尔德拟发的《伊拉塞克纲要》、为纪念尼古拉斯·阿列什诞辰一百周年而定 1952 年为"阿列什年"、重建伯利恒教堂……等诸多举动，无不出于其为加强中央集权、名正而后言顺的政治目的。

[156]

也多亏捷共肯做文章，到 1960 年代，捷克斯洛伐克的政治空气已相对宽松，文艺界更是空前活跃。较之往日，作家变得愈发大胆，艺术家亦敢于同社会现实主义①"割袍断义"，席卷全国的"电影新浪潮"推陈出新、人才辈出。位于夏日平原的布鲁塞尔餐厅（由弗朗齐谢克·楚布尔、约瑟夫·赫鲁比及兹德涅克·波克尔尼

---

① 指通过对艰辛生活的质朴写照描绘工人阶级的艺术手法。

设计）在1958年的布鲁塞尔世博会期间化身为捷克斯洛伐克国家馆的一部分，就此获得了新生——其大胆的线条、纤细的支撑柱和由平板玻璃组成的外立面提醒着今人：社会主义时期同样能有现代主义建筑。

不过捷克斯洛伐克的社会主义时期到底称不上国泰民安。日显疲沓的国民经济、长期未获平等对待的斯洛伐克人的不满以及人民对自由愈加迫切的渴望导致了斯大林派领袖——捷克斯洛伐克共产党第一书记安东尼·诺沃提尼的下台。1968年1月，亚历山大·杜布切克接过了诺沃提尼的重担。作为相对年轻的改革派，杜布切克试图建立"带有人性面孔的社会主义"，推动了政治民主化改革"布拉格之春"，渴望为捷克斯洛伐克摸索出一条不同于苏联模式的"新型社会主义道路"。1968年3月，杜布切克宣布取消国内的审查制度；同年4月，杜布切克发表《行动纲领》，主张（在"始终坚持捷克斯洛伐克共产党的领导"的基础上）允许国内有言论自由、出行自由，且提倡政治多元化。《行动纲领》一出，顿时打开了泄洪的大门。6月27日，捷克作家兼记者路德维克·瓦楚里克在《文学名单》(Literární listy)杂志及三家日报上同时发表《二千字宣言》，笔下有铁，毫不容情。共同签署《宣言》之人还包括小说家米兰·昆德拉、伊凡·克里玛、约瑟夫·史克沃莱茨基；诗人（未来的诺贝尔文学奖获得者）雅罗斯拉夫·塞弗尔特；电影导演乔治·门泽尔、约翰·史万梅耶、乔治·特恩卡；奥林匹克长跑选手埃米尔·扎托佩克、体操运动员薇拉·恰斯拉夫斯卡以及有"国民艺术家"之称的约翰·维尔赫。而如此"反革命"的文章竟得以发表，很快引起了苏联方面的警觉。

1968年8月20日深夜（至翌日凌晨），以苏联为首的华约成员国（波兰、匈牙利、东德、保加利亚）的五十万大军武装入侵捷克斯洛伐克边境，终结了本应到来、代表自由与改革梦想的"布拉格之春"。华约的武装侵略遭遇了当地民众极其顽强的非暴力抵抗，其形式包括一小时全国大罢工，以及捷共在布拉格高地的捷科达工厂内召开的第十四次临时党员大会。

大会召开之时，杜布切克等捷共领导人已为苏联拘禁在莫斯科。捷克斯洛伐克总统卢德维克·斯沃博达即与代表团一行前往克里姆林宫，竭力与苏联方面进行斡旋。经过四日会谈，捷克斯洛伐克于8月27日无奈接受了《莫斯科协定》：承诺恢复国内的审查制度，并撤换改革派领导人。尽管未能如愿扶植起（由反对杜布切克改革的亲苏派组成的）捷共"革命劳农政府"，苏联依然胜券在握。10月16日，迫于苏联及国内亲苏派的压力，捷共同意签署《驻留条约》，批准八万苏联驻军"临时"① 屯兵捷克斯洛伐克。在接下来的几个月中，捷共改革派领导人亦陆续下台。

1969年1月16日，查理大学哲学系学生约翰·帕拉赫为抗议入侵者的做法，在瓦茨拉夫广场点火自焚。其友人扎伊茨于2月25日如法炮制，身受重伤。二十年后（1989年1月16日），作家博胡米尔·赫拉巴尔站在梅塞贝克所作圣瓦茨拉夫的雕塑之下，目睹年轻警察温言制止少女们（为纪念帕拉赫身亡）前来敬献鲜花，不禁"为众神似乎当真遗弃了这个世界而默默流泪——赫丘利② 不在了，普罗米修斯③ 也不在了，那些曾撼动这个世界的力量都消失不见了。仅剩的并非燃烧的荆棘④，而是燃烧的学生"。（《绝对恐

---

① 这支苏联军队直到1991年才最终撤退。
② 古罗马宗教和神话中的英雄，后与希腊神话中大力神赫拉克勒斯的形象融合，此处应指罗马帝国的缔造者。
③ 希腊神话中为人类盗取天火的泰坦神族，此处应指宗教及社会改革家。
④ 在《圣经》"出埃及记"的描述中，位于西奈山的燃烧的荆棘（着火但焚而不毁）是上帝任命摩西带领以色列人离开埃及、进入迦南的起始点，此处应指受迫害却坚守信仰不妥协的领导阶层。

惧》)帕拉赫自焚而亡的悲壮举动引发了布拉格大规模的学潮。因有太多民众前来悼念，秘密警察为"维稳"之故，于1973年掘出了帕拉赫在骑士坊公墓的遗骸，将之火化后转移到了别处（后于1990年重新葬回骑士坊公墓）。为纪念帕拉赫，查理大学哲学系所在的红军广场被重新命名为了帕拉赫广场（1989）。2016年，由捷克籍美国建筑师约翰·海杜克设计的帕拉赫纪念碑在附近的阿列什河堤隆重揭幕。

　　捷克斯洛伐克对苏联的感情是复杂的，从前满怀景仰和感激，后来则饱含伤痛与憎恶。1969年3月28日，捷克斯洛伐克冰球队力压苏联，赢得了在斯德哥尔摩举行的世锦赛冠军。消息一传回国内，终感扬眉吐气的布拉格市民竟聚众闹事，打砸了苏联民航驻布拉格的办事处。这给了早已对亚历山大·杜布切克咬牙切齿的苏联以极好的托词，责杜布切克"严重失职"，并于4月17日命古斯塔夫·胡萨克替代杜布切克出任捷共第一书记一职。极会看苏联脸色行事、最善逢场作戏的胡萨克上台后，"正常化"进程便如火如荼地展开了。捷共遭到大清洗，六十万名党员被开除了党籍。全国工会、大学、研究机构、文化及新闻单位等无不受拖累。但凡支持（或曾支持）改革派的作家，其作品一律禁止出版，艺术家不得举办展览，歌唱家（演员）不许登台献演。于是各类艺术展只得在废弃的采石场进行，多部剧目悄悄在公寓楼内首演，经打字整理后的剧本（复写本）在地下出版界迅速流传开来。不久，布拉格便培养出了一批全世界最有文化品位的厕所清洁工、环卫工和窗户清洗工。联合起草《七七宪章》①的异见人士丢掉了工作，他们的孩子不准入高校深造，其本人常由秘密警察带走接受审讯。发表《二千字

---

① 为捷克斯洛伐克反体制运动的象征性文件。发起人包括瓦茨拉夫·哈维尔、雅罗斯拉夫·塞弗尔特等人。

宣言》的路德维克·瓦楚里克便是其一，他将亲身经历编撰成文，自嘲地起名为《当局请我喝咖啡》（通过地下出版社发行）。带头拟定《七七宪章》的瓦茨拉夫·哈维尔则在铁窗后度过了1980年代的大部分时光。在玫瑰镇看守所的那四年里（1979年5月至1983年3月），他写下了著名的《狱中书——致吾妻奥尔嘉》。

从1968（华约入侵）到1989年，这二十一年里有约二十五万人选择离开捷克斯洛伐克，加入了新的流亡大军——约瑟夫·史克沃莱茨基把它归因于捷克人生而有之的"波西米亚基因"[1]（《代达洛斯》[2]）。史克沃莱茨基与妻子斯黛娜·萨里瓦罗法流亡至加拿大，后在多伦多创立了"六八出版社"，同多位"流民出版人"一起为续存"正常化"时期捷克文学的一息灯火做出了巨大贡献。米兰·昆德拉的《笑忘书》及《生命中不能承受之轻》是记录那一特殊时期的无可比拟的杰作。其余较知名的捷克流民包括《飞越疯人院》（囊括五项奥斯卡至尊奖项）及《莫扎特传》（获奥斯卡八项大奖）的导演米洛什·福曼、网坛传奇"长青树"玛蒂娜·纳芙拉蒂洛娃等。而留在了故土的文艺界人士——譬如哈维尔、瓦楚里克、塞弗尔特、克里玛、流行歌手玛尔塔·库碧索娃……则依然坚持发声，虽然捷克斯洛伐克的多数民众还是遵从了"正常化"进程的所谓新标准。对该进程足以麻痹心灵的描述，或许谁也不及哈维尔在《无权者的权力》（1978）一文中刻画得生动。《无权者的权力》说到布拉格有这样一个蔬果店老板，他在小店的窗户上张贴标语，上书"全世界工人阶级大团结万岁！"虽然他本人对国际社会主义毫无兴趣，但他的这一举动意味深长。张贴标语——表明这个普普通通的小市民愿

---

[1] 多指艺术家或文人过着居无定所、不受一般社会习俗约束而自我放逐的生活。
[2] 希腊神话中的著名工匠，曾用羽毛和蜜蜡制作出翅膀，想飞回他一心眷恋的故乡雅典。

[161] 意安安静静做事、老老实实做人，不多嘴，不反抗，只求在收工后还能喝上一杯啤酒，周末时还能到乡村小屋度假。正如伏尔泰在《老实人》的结尾所写："您说得都好，但现在该打理花园了。"("Cela est bien dit [⋯] mais il faut cultiver notre jardin.") 大约在蔬果店老板看来，与其高谈阔论，不如低头劳作，抛开乐观与天真，接受麻木和平庸，不再假定"我们的世界是众多可能的世界之中最好的一个"。

离开家园者有之，选择留下的更是不计其数。所以到1961年为止，布拉格的人口数已逾百万。为解决战前（经济大萧条时期）的住房危机，政府决意在市郊打造大片"组合屋"（paneláky），建大型住宅区（sídliště）。最早完工的千余栋组合屋位于鬼哭坊（Strašnice）的团结小区（1947—1949），为四千市民提供了安身之所。马车镇的斯塔谢克①小区（1957—1960）以及查理镇试点性的荣军小区（于1958—1970年间共计建有近一千三百栋公寓）率先使用预制水泥板②盖楼，这一做法随即在全国各地推广开来。荣军小区的奥林匹克酒店（由约瑟夫·波拉克等人设计，1967—1971）原为布拉格申办1980年的奥运会而造，但1968年华约成员国入侵后，布拉格"人在矮檐下，不得不低头"，中途退出了竞标。最终，莫斯科拿下了1980年奥运会的主办权。除上述小区外，上世纪七十年代的布拉格另计盖有新楼房近十万栋，其中，北镇小区（1964—1986）可容纳居民十万五千，南镇小区（1972—1985）可容纳居民十万，西南镇小区（1977—1987）则可容纳居民十三万。今日尚有五十万布拉格人住在当年的"组合屋"里，尽管包括瓦茨拉夫·哈

---

① 以捷克作家、律师安塔尔·斯塔谢克（1843—1931）命名。
② 为上世纪曾普遍使用的楼板建材，是在预制场生产加工成型的混凝土预制件，直接运到施工现场后进行安装。

维尔在内的社会人士对"组合屋"颇有微词,将之比作兔笼,但这一个个住宅区确实在很大程度上解决了布拉格经年累月的住房困难问题,并毋庸置疑在新环境、新形势下焕发出了新的生机。

"组合屋"之所以吸引人,原因之一便是其配套设施——运作良好的公交体系。布拉格自1926年启动地铁建设方案,并于1960年代末正式投入施工。直到1999年为止,天使站(Anděl)——即从前的莫斯科站(Moskevská)内还保留着展示莫斯科全景的巨型墙面装饰画。这幅仿佛模糊了地域与时间概念的马赛克拼贴画是对峥嵘岁月的怀恋:为纪念"捷苏友谊地久天长"(一如彼时的标语所宣称的),苏联工程师在布拉格设计建造了地铁莫斯科站;与此同时,布拉格地铁专家也在莫斯科设计建造了地铁布拉格站。1974年,布拉格地铁丙线(中央区域)开始运行,甲线(1978)和乙线(1985)也在此后相继开通,并将线路拓展到了市郊的各个角落。雄伟的新灯坊(Nusle)高架式铁桥(1967—1973)、圣史蒂芬桥(原先的斯弗马吊桥,1951)、巴兰德坊桥(1978—1988)、夏日平原隧道(1953)以及御林宫隧道(1979—1997)的建成则进一步改善了布拉格的交通。

布拉格拥有全欧洲最长的公路隧道(后已延伸至特洛伊宫坊及欢笑坊路段)。早在1953年,维特山下便开辟了专供行人和自行车通过的隧道,大大缩短了杰式卡镇的居民往返查理镇工厂的通勤时间。1970年代架设起来的南北高架犹如一条绷带,裹在了将布拉格国家博物馆和国家歌剧院(彼时的斯美塔那剧院)同新城区割裂开来的伤口上;而西方社会的高架桥多半如此——虽不符合审美,但到底缓解了中心城区的交通压力。

[162]

说到审美,当然不得不提城市建筑。或许出乎一般人的意料,捷克斯洛伐克共产党对建筑保护很是上心,尤其当需要保护的建筑可服务于他们的意识形态之时。圣艾格尼丝修道院、伯利恒教堂、查理学院、以马忤斯修道院的重建工作因此被提上了议事日程。至于每逢改朝换代必然大修的布拉格城堡——帕维尔·雅纳克负责翻新了城堡内的美景宫和御花园（1946—1956），雅罗斯拉夫·弗拉格纳重建了城堡的主翼及第二中庭（1959—1967）。共产主义时期的建筑（以及所有战后的现代主义建筑）的美学价值究竟有几何，今人为此仍争论不休。譬如位于勇士坊、有着二百五十间客房的国际酒店（由弗朗齐谢克·叶巴谢克等人设计，1951—1955）便是典型的东方斯大林式建筑。而巴黎街上野兽派风格的洲际酒店（由卡雷尔·菲尔萨克等人设计，1968—1974）以及御林坊（Střešovice）的金字塔酒店（由内妲及米罗斯拉夫·蔡塔摩维夫妇设计，1980—1987）则能与任一西方城市相得益彰。充满想象力的船锚商场（由薇拉及弗拉迪米尔·马霍宁夫妇设计，1969—1975）和五月商场（由约翰·艾斯勒、马丁·赖尼什及米罗斯拉夫·马萨

自高堡观新灯铁桥，新灯坊。

第十一章 | 来自东方的共产主义

乐购商场（原五月购物中心），国民大道，新城区。

克设计，1970—1974）同样遍布西方元素；五月商场如今已成"竭诚为消费者提供世界级购物平台"的乐购中心。若沿国民大道继续往前走，还能看到卡雷尔·普拉格设计的新舞台（Nová scéna）。建于 1978—1983 年的新舞台附属民族剧院，其颇具争议的外立面覆以一块块凸起的吹制玻璃，难免让人联想到用于运输包装的气泡膜。同样由普拉格设计的联邦议会大楼（位于威尔逊街）坐落在当时的斯美塔那剧院和国家博物馆之间，布拉格人因此戏谑道："议会（大楼）是什么？不就是介于看看戏（斯美塔那剧院）和开开眼（国家博物馆）之间的东西么。"联邦议会大楼落成之时，正逢多事之秋（1966—1974），如今的它附属国家博物馆，是体现野兽派风格之美的又一代表性建筑。

论及捷克广播电台的代表建筑，恐怕还属利贝雷茨[①]的椴树

---

① 原名莱亨堡（Reichenberg），意为"富饶的山"，是捷克共和国第六大城市。

山（Ještěd）酒店电视塔（1963—1973），其设计师卡雷尔·胡巴切克因此获得了国际建筑师协会颁发的奥古斯特佩雷奖（1969）。榉树山电视塔在布拉格的异母兄弟——高达二百十六米的杰式卡镇电视塔（曾作无线电干扰塔之用）由建筑师瓦茨拉夫·奥利茨基及工程师乔治·哥萨克设计建造（1985—1992）。和普遍受到褒奖的榉树山电视塔不同，"一览众山小"的杰式卡镇电视塔引起了相当两极分化的看法：有人厌恶它，有人喜爱它到甚至选择在塔下举行婚礼的程度。2002年，大卫·切尔尼在塔身之上添雕塑作品《爬行的婴儿》。和英国"坏女孩"翠西·艾敏[①]一样，捷克"坏小子"大卫·切尔尼也早已成了国宝级的存在。

电视塔，杰式卡镇。上有大卫·切尔尼的作品《爬行的婴儿》。

大卫·切尔尼和粉红坦克

艺术鬼才大卫·切尔尼若当真变成捷克民族的新象征，多半是因为他本人和他在作品中表现出的捷克式矛盾——既俗又雅，和现实看似无关却也息息相关。切尔尼曾因将欢笑坊（自1945年便停

---

① 土耳其裔英国艺术家，一度是"坏女孩"的代表。

放在金斯基广场上)的坦克涂成粉色而弄得满城风雨(1991)。他事后解释说这一"年少轻狂"时的举动是为了"让那个斯洛伐克女孩甘心乐意爬上床……她是个一心想出人头地的女演员。"被切尔尼涂成粉色的坦克本为纪念红军解放布拉格,但1968年华约入侵事件之后,苏联坦克反倒成了碾碎布拉格民主梦想的不祥符号。

2009年,政府委托切尔尼为捷克任欧盟轮值主席国一事做纪念雕塑,切尔尼却交出了名为《失序的欧洲》的答卷。他在作品中大胆嘲弄了欧洲各国给人的刻板印象:保加利亚在欧洲地图上的区块以蹲厕①覆盖;本应是德国的区域则以纵横交错的公路图案组

大卫·切尔尼作品(1999):《圣瓦茨拉夫》,位于圣史蒂芬街和瓦茨拉夫广场之间的灯笼拱廊,新城区。

---

① 此处为切尔尼调侃常用的健身姿势"保加利亚深蹲"。

成了一枚纳粹党徽；不列颠群岛干脆做了留白，颇有先见之明地预示了英国脱欧的姿态……切尔尼对本民族也未手下留情，英雄也好、圣徒也罢，都难逃他的讥讽。他最著名的雕塑便是灯笼拱廊（Lucerna）内自天花板垂挂下来、骑着一匹倒吊死马的《圣瓦茨拉夫》（1999），显而易见是对不远处（瓦茨拉夫广场上）梅塞贝克所作、可敬可佩的圣瓦茨拉夫骑像的滑稽模仿。艺术气息浓厚的灯笼拱廊内另有音乐厅、各类酒吧、餐馆和布拉格最古老的影院，是由总统瓦茨拉夫·哈维尔的祖父——布拉格大亨瓦茨拉夫·哈维尔（同名）于多年前出资修建的（1907—1921）。如今每到周五和周六晚，灯笼拱廊的音乐酒吧便会设迪斯科专场，其所演奏的乐曲无不在上世纪八十与九十年代风靡一时。

除《圣瓦茨拉夫》及《失序的欧洲》外，切尔尼还为后共产主义时期的布拉格贡献了不少作品，包括表现弗洛伊德[①]单手握杆、悬于胡斯街高空的《外挂》（1996）；两名机修工在卡夫卡博物馆正门外相对而立、瞄准状似捷克地图的水池小解的《涌流》（2004），以及位于烈火街（Spálená）商务中心之后、由四十二块镀铬板组成（可同向或反向移动）的《卡夫卡》头像（2014）等等。不论你对这些作品是爱是憎，切尔尼的雕塑确和遍布城市各处、黑黢黢、阴惨惨的巴洛克式圣人像形成了鲜明对比，每每令人耳目一新。

[①] 奥地利心理学家（1856—1939）、精神分析学家，犹太人，生于今属捷克的奥地利自由堡（Příbor）。

现在旧城区的人们（摄于 2016 年）。

第十二章

重回欧洲

  1989年秋，波兰①和匈牙利②推倒了东欧剧变的第一张多米诺骨牌。很快，成千上万的东德市民涌入布拉格，向位于小城区罗马人街的洛布科维奇宫——彼时的西德大使馆寻求政治庇护。同年9月30日，东德政府准许出逃的市民申请访问西德。11月9日，柏林墙③轰然倒塌。一周以后，布拉格学生组织集会，悼念纳粹关停捷克高校（1939年11月17日）五十周年。一万五千人聚集新城区查理大学的阿尔伯特④医学院，在听完呼吁民主制的讲话后（五十年前曾参加为纳粹枪杀的医学生约翰·欧布勒塔尔葬礼的约瑟夫·沙尔卡告诉这些年轻人道："你们今日同我们当年乃是为同一目标而抗争，对此我很欣慰。"）学生即游行至高堡墓地，在那里点

[166]

---

① 指1989年波兰国会大选，被认为是东欧民主化（东欧剧变）的起点。
② 1989年，在政府下令拆除部分（奥地利）边境栅栏后，大量东德居民经由匈牙利流入西德。
③ 指二战后德国分裂期间，为苏联占领的（共产主义）东德环绕为美英法占领的（资本主义）西德（西柏林）修筑的边防，是美苏冷战时期（1947—1991）分割东西欧的"铁幕"的重要象征。
④ 以捷克外科医生、查理大学医学院教授爱德华·阿尔伯特（1841—1900）命名。

燃蜡烛、唱响国歌，在重新安葬于此的卡雷尔·希内克·马哈之墓前敬献鲜花。随后，人群又自高堡墓地向瓦茨拉夫广场进发，正沿斯美塔那河堤走到民族剧院时，遭埋伏国民大道的防暴警察拘捕，多人受到殴打。

翌日，愤慨的布拉格学生发起高校总罢课，很快，中学也加入了罢课的行列，剧院导演和演员则集体罢演。11月19日，学生及演员代表同《七七宪章》的发起人共组"公民论坛"。自11月20日起，逾十五万人在瓦茨拉夫广场接连进行抗议示威。三日后，捷科达工厂的近万名工人也加入进来。12月10日，由公民论坛为主体的联邦政府正式成立。同月，长袖善舞的古斯塔夫·胡萨克在新部长就职宣誓完毕后辞去了总统一职。12月28日，亚历山大·杜布切克复入政坛，当选联邦议会主席。翌日，议会于布拉格城堡的弗拉季斯拉夫大厅选举瓦茨拉夫·哈维尔为总统，为这场被称作"丝绒革命"的和平政权更迭画上了句号。

代表捷克的"公民论坛"以及代表斯洛伐克的"公众反暴力"在1990年6月的大选中胜出（占联邦议会的多数席位）。翌年2月，公民论坛内部即发生分裂。其分支"公民民主党"由哈维尔的对手、主张经济自由主义的（未来捷克总统）瓦茨拉夫·克劳斯领导，另一分支"公民运动"则由更贴近《七七宪章》执政理念的外交部长乔治·丁斯比尔为首。公民民主党和公民运动作为过渡时期捷克与斯洛伐克的缩影，因其在经济、政治和文化上难以弥合的分歧而愈行愈远。1993年元旦，捷克斯洛伐克联邦和平解体（史称"丝绒分离"），捷克与斯洛伐克分别组建主体国家，定布拉格为捷克（而非斯洛伐克）共和国之首都。独立后的捷克通过了一系列经济改革法案，规定重整银行业、归还共产时期没收的资产、实行以私有制为基础的市场经济——而这一切说易行难。1999年3月，捷克共和国加入北大西洋公约组织。2004年5月1日，捷克被纳为欧盟成员国,兑现了公民论坛在 1990 年大选期间的口号(带领捷克"重回欧洲")。尚且年轻的捷克共和国当然存在腐败,更遑论其丑陋的种族及排外主义政策的蔓延。但是瑕不掩瑜,至少到目前为止,实行多党民主制的捷克共和国比在战间期采用"多元民主"领导方式的捷克斯洛伐克要存活得更久。

而正如捷克超现实主义诗人彼得·卡尔(2000)所写:"伴随终究实现从而了无牵挂的白日梦醒——"捷克首都布拉格又回到了与"其他现代城市无异的庸碌日常"。法式熟食店、爱尔兰酒吧和日本寿司店相继在此落户。曾以阴森监狱闻名的圣潘克拉斯坊重生为商业区,一幢幢闪亮的新办公楼傲然而立。麦当劳、乐购、宜家和各大令人炫目的购物中心迅速令布拉格朝气蓬勃起来。

[169]

布拉格最大的商场——近四万平米的钯金购物中心于 2007 年在共和国广场盛大开幕,内有包含顶尖(Topshop)、海恩斯莫里斯服饰(H&M)、思捷(Esprit)及马莎百货(M&S)的一百七十家商铺及三十家餐厅、咖啡馆和酒吧。钯金承诺"将历史元素和现代建筑美妙结合……使购物成为真正超凡的体验"。然而其原址上的约瑟夫驻地只余外立面而已——神圣罗马皇帝约瑟夫二世曾在改革期间下令关闭嘉布遣兄弟会(天主教修会),后在其废墟之上建起了约瑟夫驻地(1799—1800)。也正是暂居此地之时,约瑟夫·卡耶坦·提尔挥笔写就了捷克国歌《何处是我家》的歌词。河床街上曾是德意志赌场的"斯拉夫之家"同样开发成了购物中心,其招商品牌包括亲卿(Mexx)①、扬帆(Nautica)、汤米希尔费格(Tommy Hilfiger)、六零小姐(Miss Sixty)、卷发牛仔(Cerruti Jeans)和非常

[170]

---

① 为创始人用代表亲吻的"xx"将旗下男(Moustache)、女(Emanuelle)装品牌结合到一起的创意,故名。

皮（Beltissimo）[①]等。

　　昔日的新德意志剧院（后来的斯美塔那剧院）如今已易名为布拉格国家歌剧院。其常演剧目蜚声国际，其中包括斯科特·乔普林的音乐剧《特里莫尼莎》和伦纳德·伯恩斯坦（据伏尔泰同名小说编写的）轻歌剧《老实人》。四十多个春秋以后，提尔剧院终于换回了原本的名字——城邦剧院（1991），并为观众呈上了包括戏剧、芭蕾和歌剧在内的各类精彩表演。不过剧院最受欢迎的保留节目永远都是莫扎特的改编剧《唐璜》，自1787年首演以来，一遍遍在捷克的土地上诉说着：从前啊，事情或许如此，又或许不是。

[①] 高端皮具品牌，为意大利语"非常美"（bellissimo）的变体。

今日布拉格

13

溪水餐厅,查理镇。

第十三章

布拉格咖啡馆

对后共产主义时期的捷克而言,"重回欧洲"之旅并非坦途。捷克人自诩小邦寡民,而正如米兰·昆德拉在《被背叛的遗嘱》中所指出的:凡小邦寡民者,多"自认其存在常遭威胁、恒受质疑;因其竟得以存在,本身就不可思议"。或许正因为这样的"受害者心态",导致无论是《达利米尔纪事》还是《捷克之波西米亚和摩拉维亚民族史》的记载,再到二战后驱逐境内德意志人的作为——"排外"在捷克的历史上一再重演。铁幕格局终结四十年后,海纳百川的价值观在捷克人看来依然如此陌生。捷克斯洛伐克因未曾经历同一时期(二十世纪后半叶)的西欧大移民,故而并未形成后者那般包容、多元的文化及社会环境。种族歧视与排外主义在今日的捷克共和国仍旧大行其道;捷克人的伊斯兰恐惧症[①]甚至已达偏执的程度,尽管其穆斯林人数仅占全国总人口的千分之一。2015年10月16日,捷克总统米洛什·泽曼在位于摩拉维亚南部、人口不足四百的河床镇(Lechotice)发表讲话,警告全国上下不得接收来自

---

① 指对伊斯兰教与穆斯林的反对、仇恨、非理性的恐惧及偏见。

叙利亚的难民，否则"我们的妇女同胞一旦被认为不忠，便有死于石刑之虞，小偷则要让人砍断双手。①若女性统统被要求蒙面②，我们便再也欣赏不到她们的美了"。且不论河床镇的居民是否为泽曼的言论所慑——比之捷克的其他城镇，布拉格却着实要开明得多，因而从不对泽曼俯首帖耳。在2013年的总统大选中，有近七成的布拉格选民把票投给了泽曼的竞争对手兼瓦茨拉夫·哈维尔的生前好友——卡雷尔·施瓦岑贝格。

高举排外大旗的泽曼将他的反对者喻为"布拉格咖啡馆"（pražská kavárna），称他们为一群无能的、过了气的"伪精英"，嘲讽他们和普通百姓的生活完全脱了节，只因"媒体大发慈悲"才得以继续出现在公众的视野当中。而反过来看，这样的讽刺其实亦是佐证，因为和狭隘的泽曼不同，布拉格的一众咖啡馆不断提醒着我们：自查理四世的黄金时代直到鲁道夫二世的鼎盛时期，再到十八世纪波西米亚的爱国主义浪潮席卷之际，布拉格从来不只是捷克的都城，还是欧洲的中心；布拉格的文化精英一向目光远大、着眼未来，并且这种开放的态度一直持续到了近当代。弗朗齐谢克·瓦茨拉夫·克雷伊奇和弗朗齐谢克·克萨韦尔·萨尔达等人于1895年发表的《捷克现代主义宣言》嘲讽了《嘿，斯拉夫人》③与《何处是我家》式的民族主义，称"我们绝不刻意强调捷克元素"。对（成立于二十五年之后的）旋覆花社全体成员而言，这一点更是显而易见：年轻的捷克艺术家早已达成共识，表示布拉格就应当"向全世界敞开，好让清新的风吹进来，让创意的浪打过来……（我们的民族）已到了该抛开地域之隔、国度之分的时候"。不单先锋艺术家群体

---

① 伊斯兰教法中对通奸（乱石砸死）和偷盗（砍去手足）的相应处罚，极为严酷。
② 穆斯林占叙利亚人口的近九成，要求女性蒙面。
③ 原题《嘿，斯洛伐克人》，后成为"泛斯拉夫运动"的主题歌。

第十三章 | 布拉格咖啡馆

如此，国民亦多数如此。在战间期，拥护"国际现代主义"是捷克斯洛伐克的主要任务之一，这在既是哲学家又是首任总统的托马斯·马萨里克以及他的美国妻子夏洛特身上有着极好的体现。

国际现代主义的另一象征——布拉格咖啡馆曾是饱学之士浏览国内外最新报章杂志、打探政界风云、交流文坛动向、或会晤清谈或激辩谋事之地。其中最知名的咖啡馆当属"维也纳"，坐落在国民大道和佩尔施泰因① 街（Na Perštýně）的拐角处，位于巴洛克风格的"棕屋"（Brauner）② 底楼。维也纳咖啡馆自1820年起营业，后被命名为"联合咖啡馆"。阿洛伊斯·伊拉塞克、尼古拉斯·阿列什以及约瑟夫·瓦茨拉夫·梅塞贝克等人是1870至1880年代联合咖啡馆的常客。据小说家卡雷尔·恰佩克回忆："一战前的那些年月里，（布拉格"艺术家团体"的）雅纳克、戈恰尔、菲拉、施帕拉、贝内什、古弗兰和兰格③ 常围坐（联合咖啡馆的）桌边，为自行出版《艺术月刊》（Umělecký měsíčník）献计献策。"而其余几张咖啡桌则为光复老布拉格俱乐部和建筑师俱乐部的成员所占据。就连曾是青年一代艺术家标杆的旋覆花社都是1920年10月5日在联合咖啡馆宣告成立的。也难怪捷克作家阿道夫·霍夫迈斯特写道："每一个年代、每一场运动期间都会有这样一座咖啡馆……不过'联合咖啡馆'实在独一无二，也必世代传承，在每一次革命、每一回什么'主义'当道时长盛不衰。"

令名在外的联合咖啡馆提供各类海外艺术期刊的借阅服务，甚至包括《工坊》（英语）和《国家》（日语）杂志在内。而自1908至

---

① 为十六世纪上半叶的波西米亚王国内最强大和富有的家族之一。
② 既可能指德国姓氏"布劳纳"，也可能指加有淡奶的浓缩咖啡（维也纳咖啡），两者兼有"棕色"之意。
③ 指建筑师帕维尔·雅纳克、约瑟夫·戈恰尔；画家埃米尔·菲拉、瓦茨拉夫·施帕拉、文森斯·贝内什；雕塑家奥托·古弗兰和作家弗朗齐谢克·兰格。

卡雷尔·内佩拉什作品：雅罗斯拉夫·哈谢克（《好兵帅克》作者）纪念碑，普洛科普广场（Prokopovo náměstí），杰式卡镇。

1925年间任服务生领班的弗朗齐谢克·佩特拉同样是个传奇。一战结束后，《好兵帅克》的作者雅罗斯拉夫·哈谢克从苏联返回布拉格，再次光顾联合咖啡馆，他见佩特拉仍在，便问他道："你还记得我吗？""当然。"佩特拉干脆地回答，"您是当年为了一瓶红酒反复谢我的那个客人。"除联合咖啡馆以外，哈谢克也常光顾链条街（Řetězová）上三个野人屋的"蒙马特"。蒙马特集咖啡馆、歌舞表演和舞厅于一身，店里挂着弗拉季斯拉夫·雨果·布鲁奈尔的讽刺组画《七宗罪》和乔治·克洛哈以及弗朗齐谢克·吉塞拉创作的立体主义拼贴画。蒙马特的营业时间与其他咖啡馆正好相反，并且总是直到当天的最后一个客人——通常是雅罗斯拉夫·哈谢克离开后才关门歇业。据说埃贡·艾尔文·基希和艾玛·查兹卡正是在这里跳了布拉格的第一支探戈舞（因为把一度被视为"下作"的探戈引进了布拉格，艾玛·查兹卡又被称为"革命艾玛"）。1949年，已逾百岁的联合咖啡馆为人拆除，并于1970年代在其原址上建起了信天翁出版社；在充当了半个世纪的纸制品仓库后，蒙马特则于2000年重新开门迎客。

相比之下，国民大道另一侧的卢浮宫咖啡馆则要年轻得多。于1902年开业的"卢浮宫"在1948年"二月革命"期间被迫关闭，后于1992年重新开张。卢浮宫当年的老主顾包括弗朗茨·卡夫卡、卡夫卡的友人及传记作家马克斯·布罗德、阿尔伯特·爱因斯坦（1911—1912年间在查理大学的德语校区任物理系教授）等犹太裔德意志人。斗转星移，现今的卢浮宫咖啡馆则充斥着为总统泽曼所鄙夷的捷克知识分子。咖啡馆的地下室是布拉格最早的爵士乐俱乐部——始建于1958年的"堡垒"（Reduta）的所在地，一度是异见分子的大本营。比尔·克林顿访问布拉格时（1994），曾在堡垒即兴吹奏了一曲萨克斯，博得了满堂彩。而旋覆花社虽在联合咖啡馆成立，其日常聚会地点却选在距"卢浮宫"不远（同一条街上）的国民咖啡馆，其对面便是斯韦特拉街（Karoliny Světlé）。国民咖啡馆于1920年代初对外开放，常可见年轻（甚至方及弱冠的）艺术家、作家和建筑设计师坐在靠窗的桌边。半个世纪后，旋覆花社作家、诺贝尔文学奖获得者雅罗斯拉夫·塞弗尔特在回忆录《世界美如斯》中写道：他正是在国民咖啡馆里替深色眼珠、长年做中性打扮的画家玛利亚·切里米诺娃取艺名为"托岩"的。塞弗尔特说被大伙儿称为"左撇子马利"的玛利亚"是个善良又俊俏的姑娘……她只用阳性词尾称呼自己，刚开始是有点奇怪，不过我们很快就听惯不怪了"。国民咖啡馆的其他常客还包括"布拉格语言学派"的维伦·马泰休斯以及罗曼·雅各布森，后者曾当着旋覆花社文人的面背诵了苏联诗人马雅可夫斯基那热情洋溢的长诗。国民咖啡馆的二楼是话题沙龙、松林出版社（Borový）及（毗邻咖啡馆的）《人民新闻》（Lidové noviny）报社的编辑和记者最钟爱的去处。2007年，国民咖啡馆得以在其原址上依样重建。

在旧城区的另一头，（黑色圣母屋内的）东方大咖啡馆的修复工作更是一丝不苟，就连对立体主义风格的灯罩和大衣钩挂都做了

约瑟夫·戈恰尔设计：黑色圣母屋，位于水果市场和烤面包街拐角，旧城区。

百分百精细的还原——设计了黑色圣母屋的约瑟夫·戈恰尔也设计了东方大咖啡馆最初的灯具和各色配件。咖啡馆内部一如从前的装饰具有极大的欺骗性，仿佛时间未曾流逝分毫，然而早在1922年，东方大咖啡馆就因其"不够摩登的立体主义风格"而不得不闭门谢客了（距开业不过十年）。一战以前，在离东方大咖啡馆不远、爱尔兰街和鹅卵石街（Dlážděná）的拐角处还有着一间咖啡馆，名为"弓弦"（Arco），其室内装潢由约翰·柯帖拉操刀，如今已成为布拉格的警察总部食堂。不过当年的弓弦咖啡馆尚且是犹太裔德意志文人出没的场所，维也纳批评家卡尔·克劳斯形容用德语写作的犹太裔青年"上蹿下跳，沸反盈天，贱如蛮夷，俗不可耐"。克劳斯用双关语一一对应了弗朗茨·韦尔弗（Werfel）、马克斯·布罗德（Brod）、弗朗茨·卡夫卡（Kafka）以及埃贡·艾尔文·基希（Kisch）四人的姓氏，痛批此四人"玷污"了神圣不可侵犯的德语。同戴着有色眼镜的克劳斯迥异，无视种族之别与社会规范的捷克记者米莲娜·叶森斯卡在弓弦咖啡馆初遇了犹太裔德意志人厄内斯特·波拉克,两人随即确定了恋爱关系。米莲娜"大逆不道"的种种作为触怒了她奉行"捷克民族至上"的父亲——这位查理大学的牙医学教授竟"大义灭亲",把正值花样年华的女儿送进了精神病院。米莲娜的抗争却并未停止,一从病院获释,她便毅然嫁给了厄内斯特·波拉克,夫妇俩随后搬到了维也纳。

波拉克夫妇离开布拉格十年后,功能主义建筑泰斗勒·柯布西耶到访布拉格(1928)。柯布西耶向旋覆花社的理论家卡雷尔·泰格吐露说:"你们那挂满镜子的华丽咖啡馆让我浑身不自在。我还是偏好更简单朴素的格调。"柯布西耶所指的"挂满镜子"的咖啡馆,在市民会馆、欧罗巴大酒店以及河床街上新艺术风格的帝国饭店里等闲可见。这些昔日极尽奢华的咖啡馆后来均得到了良好的修缮与维护。2002年,范·迪塞尔在拍摄电影《极限特工》时,曾自市民会馆(咖啡馆)的窗户一跃而下,镜头一转,迪塞尔竟落在了布拉格高地的一条后巷。不过真正震撼人心的自然不是《极限特工》的剪辑手法,而是实打实创造了奇迹的"英国辛德勒"——尼古拉斯·温顿。双亲都是犹太裔德意志人的温顿出生于伦敦,是二战期间"难民儿童运动"的主要负责人。1939年夏,三十岁的温顿以证券交易所职员的身份飞往布拉格,在位于瓦茨拉夫广场的欧罗巴大酒店(彼时的舒贝克大酒店)咖啡馆秘密设立了难民儿童登记处,并多方筹措(自费贿赂盖世太保头目及铁路局官员、联系愿意收养难民儿童的英国家庭、伪造通关文书等),先后安排了八趟列车(第九趟列车不幸为纳粹扣留),把近七百名犹太儿童从布拉格平安送抵了英格兰。温顿于2015年去世,享寿一百零六岁。2017年,布拉格火车总站建"温顿休息室",以纪念甘冒生命危险、用八趟"温顿列车"为人道主义救援做出特殊贡献的尼古拉斯·温顿。

欧罗巴大酒店因温顿的缘故,在二战历史上写下了重彩浓墨的一笔。可若单论咖啡馆装潢之奢靡,则帝国咖啡馆堪称登峰造极。

于 1914 年开业的帝国咖啡馆饰有奶白色的墙面瓷砖、大量精美的浅浮雕人像和镶嵌黄金和绿松石柱头的埃及立柱，是纳粹占领期间极受德军欢迎的咖啡馆。在共产主义时期，帝国咖啡馆则移交工会管理；又于 2007 年（经大修后）重新开门营业，现由捷克电视主厨兹德涅克·波勒莱赫经营。比帝国咖啡馆"稍逊一筹"的冷杉咖啡馆（Savoy）位于小城区的胜利街（Vítězná），其美轮美奂的天花板装饰可追溯至 1893 年。冷杉的酥皮点心（以及炸牛排、招牌蛋糕和葡萄酒）堪称一绝，直叫人生出"不虚此行"的感慨。

[178] 比冷杉更早开业的斯拉维亚咖啡馆（1884）建于当时的弗朗茨河堤（今斯美塔那河堤）和费迪南大道（今国民大道）的交汇处，指望依托浴火重生的民族剧院带动起人气，后在 1930 年代初改建为了功能主义风格——咖啡馆为此安装了巨大的玻璃幕墙，可向外眺望风景如画的查理大桥和布拉格城堡；若收回视线，则可欣赏店内

斯拉维亚大咖啡馆，位于斯美塔那河堤和国民大道拐角，旧城区。

悬挂着的《喝苦艾酒的人》。"印象派之父"爱德华·马奈有过同名的画作，但维克多·奥利瓦的这幅作品更具捷克本土风味：自斟自饮苦艾酒的中年男子独坐斯拉维亚咖啡馆，摊开了的报纸被他晾在一旁，只因他正目不转睛凝视斜倚桌边的女孩。这近似全裸的女孩身段苗条，极尽妩媚，却呈现出妖娆的绿色，且几乎是半透明的——原来她便是（画家眼中）足以致幻的苦艾酒[①]的化身。

斯拉维亚咖啡馆的确有着让人忘却俗事的魔力。据雅罗斯拉夫·塞弗尔特回忆，他和友人会"不时撇下给人以宾至如归之感的国民咖啡馆……来到满是老客人、老烟枪"的斯拉维亚咖啡馆（民族剧院的演员亦是这里的常客），"坐在辇窗的桌边，望着窗外的河堤，喝着杯中的苦艾，想象自己正徜徉在巴黎。"塞弗尔特还为此作诗道：

念兹在兹，若为醇酒[③]
当浮一白
常饮那绿色的苦艾，比世间任何绿
都更青翠
凭窗伴小酌，看堤下流淌的
不是伏尔塔瓦，是塞纳[④]
岂不正是塞纳！
况有埃菲尔铁塔
傲立石头林山之上

[179]

---

① 今人已知：含有微量侧柏酮的苦艾虽是烈性酒，但不足以使饮用之人产生幻觉。
② 以捷克文学评论家、作家、记者弗朗齐谢克·克萨韦尔·萨尔达（1867—1937）命名。
③ 指发表了《醇酒集》的法国超现实主义先驱、诗人、剧作家纪尧姆·阿波利奈尔（1880—1918），本书序所摘选《地带》一诗的作者。
④ 流经巴黎市中心的法国第二大河。

"我的那杯咖啡"咖啡馆，位于克列什街和萨尔达②街（Šaldova）拐角，查理镇。

　　塞弗尔特在诗中提到的"埃菲尔铁塔"是特为布拉格银禧博览会（1891）打造的复制品——石头林山瞭望塔。不过在"正常化"期间，斯拉维亚咖啡馆的氛围可远没有"凭窗伴小酌"那样优哉。所谓"大隐隐于市"，斯拉维亚咖啡馆是诸位异见人士相约聚会且躲避秘密警察搜捕的最佳藏身地。捷克共和国成立后，新政府又大力倡导经济私有化。斯拉维亚咖啡馆却恰恰成了多有猫腻的私有化的牺牲品，以至于在上世纪九十年代的大部分时间里都处于关门歇业的状态，经市民一再抗议，方于1997年重新打开了大门。

　　斯拉维亚咖啡馆恢复了勃勃生机，但为泽曼所抨击的"布拉格咖啡馆"的常客如今更有可能在伏尔塔瓦河上安营岛（Kampa）的"磨坊咖啡馆"（Mlýnská Kavárna）、查理镇的"我的那杯咖啡"（Můj šálek kávy）、添枝坊的"斯拉德科夫斯基①咖啡馆"（Sladkovský）、

---

① 得名自捷克民族主义政党——国家自由党党魁卡雷尔·斯拉德科夫斯基（1823—1880）。

窑炉坊的"莱卡①咖啡馆"(Lajka)或任何一家近年来兴起的时髦咖啡馆里啜饮馥芮白②。然而不论这些捷克知识分子在哪里喝咖啡，又或喝什么样的咖啡，恐怕都难免幸灾乐祸地想到：开创布拉格咖啡馆历史的，正是泽曼所痛恨的叙利亚难民。十六世纪时，自大马士革移居美国的商贩迪奥达图斯·达米扬来到布拉格，推着食品车当街吆喝，招徕生意。1713 年，达米扬在小城桥塔下文艺复兴风格的"三只鸵鸟屋"开设了布拉格的第一家咖啡馆，就此萃取出一段醇厚绵长、流金溢彩的岁月。

---

① 得名自苏联首只太空犬。
② 一款奶泡更轻薄细腻的浓缩意式咖啡，据说起源于澳洲。

杰式卡酒吧的窗户，绘有胡斯党起义军统帅——"独眼"约翰·杰式卡。

第十四章

啤酒实乃琼浆玉液！

若布拉格咖啡馆并非你的心头好，那么当地人称酒馆（hospoda）或啤酒屋（pivnice）的布拉格酒吧兴许对你的胃口。论喝啤酒，捷克人是当之无愧的世界冠军。据麒麟啤酒大学统计：捷克共和国的人均饮（啤）酒量连续二十三年领跑全球。2015 年，捷克人均消耗啤酒一百四十余升，比排名第二的南非塞舌尔共和国多了近三十升。德国位居第三，人均年饮啤酒一百零五升。在美国（排名第二十）和澳大利亚（排名第二十二），这一数值分别为七十五升和七十二升。相较之下，钟爱啤酒的英国（排名第二十七）人均年饮啤酒六十八升，还不到捷克人均饮酒量的一半。

在莫扎特作曲的意大利语歌剧《唐璜》中有这样一幕，描绘了风流潇洒的主人公——西班牙情圣唐璜举起香槟酒杯，献祝词道："让我们痛饮，让我们狂欢。"（"Finch' han dal vinocalda la testa."）然而若要以音乐颂赞佳酿，还需最得美酒精髓的捷克作曲家来添把火候，贝德里赫·斯美塔那谱写的《被出卖的新嫁娘》便是极好的例子——伴随第二幕开场，村庄酒馆里的人们齐齐高唱："这啤酒实乃琼浆玉液！"可谓声动梁尘。《被出卖的新嫁娘》于 1866 年在布拉格的临时剧院首演,讲述了一对年轻爱侣(耶尼克和玛莲卡)智胜一心盘算着嫁女还债的玛莲卡双亲和贪心不足、从中作梗的媒人戈采尔的故事。因首部歌剧《波西米亚的勃兰登堡人》被批"长篇累牍",斯美塔那决心一雪前耻,以证明他也可以"游刃有余地把控小型音乐作品",并"在所有曲目中保留原汁原味的民族风"。斯美塔那这一从宏大历史剧到欢乐乡村故事的转变取得了空前的成功,使得三幕喜歌剧《被出卖的新嫁娘》不仅成为"近代捷克音乐剧的奠基石,也荣升世界经典歌剧之列,广为流传,常演不衰"。尽管在西方社会,人们惯以德语称呼《被出卖的新嫁娘》(*Die verkaufte Braut*),却不改它是举世公认的"捷克民族歌剧"之事实。斯美塔那以极为动情的捷克元素(捷克乡村、捷克姑娘和捷克民谣)密密织成一张网,笼住了捷克人最深切的爱国心,至少民族复兴运动时期的爱国主义者深以为然:还有什么比上好的捷克啤酒更能激发民族认同感的呢?啤酒本就是捷克人的国酒,是属于广大捷克人民的饮料。

[182]

  捷克人在进行艺术创作时,不论是歌颂还是自嘲,都偏爱借啤酒之东风,也因此更巩固了啤酒在国民心目中的重要地位。譬如莱奥什·雅纳切克的喜歌剧《布鲁切克先生的旅行》(1920)。该喜歌剧改编自斯瓦托普鲁克·切赫的讽刺小说,其主人公是个布拉格胖地主,叫做布鲁切克。这位稀里糊涂的布鲁切克先生经历了时空穿梭,先是来到了月球,后又穿越回了十五世纪,很是滑稽。歌剧始于1888年一个月光昏昧的夜,布鲁切克饱饮啤酒,自布拉格高地的牧师酒馆(Vikárka)跟跄着出来,因为实在喝得太醉,竟囫囵睡了过去。等一觉醒来,布鲁切克已身在月球,那里的居民恃才矜己、目下无尘,自然觉得不识馥郁花香、但求大口吃肉的布鲁切克状如莽夫、俗不可耐。到第二幕时,布鲁切克无端端重回1420年的布拉格旧城广场。等彼时的维特山战役一宣告结束,信仰天主教、说话带浓重的德语口音、极为胆小怕事所以临阵脱逃的布鲁切克就被胡斯党人宣判了死刑，说要把他活活烧死在木桶里。历史上的胡斯农民军确实在打了胜仗后（当着败北的西吉斯蒙德圣战军的面）将十六名战俘装进木桶、施以了火刑。而就在木桶外的火光熊熊燃起之际，布鲁切克猛地醒了过来，这才发现自己一头栽在牧师酒馆外的啤酒桶里，毫发无伤。在今日布拉格的城堡区，确有一间"牧师酒馆"依然矗立，至于那里的酒窖是否布鲁切克醉倒酣睡之地的原型，后人便不得而知了。

[183]

　　捷克啤酒的传奇仍在续写。2006 年，比尔森原麦啤酒（Plzeňský prazdroj）推出了一系列电视广告，风靡全国。据公司负责人彼得·波拉克的说辞，这一系列广告以诙谐的手法"将土生土长的比尔森品牌与捷克历史上的光辉时刻和重要事件紧密联系了起来"。譬如——某消防员注视灭火后为灰烟笼罩的民族剧院废墟，意志消沉，正逢有人递上一杯比尔森啤酒，他接过一饮而尽，大喊一声："再来（一杯）！"待抬头看剧院时，这位消防员福至心灵："没错，再来就是了！"镜头一转，各地酒馆里的人们纷纷慷慨解囊，用钱币装满了啤酒杯。此时屏幕上浮现出这样一行字："（为重建剧院的）募款就此开始。"随即画外音响起："比尔森原麦啤酒，鼓舞人心的味道！"在同一品牌的这一系列广告中，比尔森原麦啤酒还"启发"斯美塔那写下了《我的祖国》、"见证"弗朗齐谢克·雅纳切克制造出捷克的第一辆摩托车、"鼓励"埃米尔·霍鲁布前往非洲进行人种学探险、"鞭策"阿丰斯·穆夏创作出组画《斯拉夫史诗》……最绝的还要属这支广告：为振兴捷克语奔走疾呼的约瑟夫·荣曼处处遇冷，灰心丧气的他却因喝下驰名的比尔森桶装啤酒重拾自信，并在友人的勉励下用捷克语发表了振奋人心的讲话。可是等服务生端上第二杯（比尔森）啤酒时，荣曼不假思索地用德语向他道了谢，令全场陷入了一片尴尬的沉寂。虽然打着爱国主义的旗号招摇过市，最初的"比尔森原麦"却由不满当地啤酒口感的德意志人和捷克人在比尔森州[①]共同酿造（1842）。而这款啤酒那"鼓舞人心的味道"由巴伐利亚酿酒师约瑟夫·格罗尔悉心调配而成，据说其秘方沿用至今、分毫未改。如今的比尔森州酿酒厂已为日本朝日啤酒兼并，比尔森原麦系列的广告则由获奖无数的比利时人泽维尔·梅耶海斯执导。

同样鼓舞人心的还有1989年布拉格再度向世界敞开门户一事。因此跃居英国人度假首选的布拉格比之西班牙的狂野海岸（Costa Brava）和债务危机重重的希腊海岛更受欢迎。谁让廉价机票、廉价啤酒以及廉价性爱确实勾人。在今日的捷克共和国，卖淫合法，故而首都布拉格有着众多脱衣舞俱乐部、按摩店以及色情场所。捷克旅游局曾宣称：每逢周末，布拉格五分之一的罪案皆由举办告别单身派对[②]、喝得烂醉的英国人所犯（2004）。而据英国外交部公布的数据来看，尽管比之希腊，到捷克度假的英国人数仅为前者的三分之一，弄丢的护照数量却远超前者。虽然今日的塔林[③]和里加[④]后来者居上，布拉格已不再是欧洲唯一的"买醉之都"，林立的爱尔兰酒吧仍是布拉格的一大特色，包括都柏林人、奥雷利同乐吧、帕迪吧、欧布莱恩吧、墨菲[⑤]吧、好伙计吧、詹姆斯乔伊斯[⑥]（从前

---

① 位于西波西米亚，比尔森意为"肥沃的土地"。
② 指一对新人结婚以前，伴郎（或伴娘）召集好友为准新郎（或准新娘）各自举办的"最后的单身疯狂日"。
③ 爱沙尼亚共和国首都。2011年当选欧洲文化之都，离芬兰首都赫尔辛基约八十公里。
④ 拉脱维亚首都，北欧地区波罗的海国家中最大、最繁忙的城市。
⑤ 以北爱尔兰影视演员詹姆斯·约瑟夫·墨菲（1928—2014）命名。
⑥ 爱尔兰诗人、作家（1882—1941），后现代文学的奠基者之一，其作品及"意识流"手法对世界文坛影响巨大。

的"莫莉马龙"①)酒吧以及旧城广场上的卡弗里运动吧等等在内②,不一而足。1990年代,鸡尾酒吧在布拉格迅速崛起。跨入二十一世纪后的头十年,曾于捷克斯洛伐克共和国时期流行的葡萄酒吧和精酿啤酒吧亦卷土重来。新灯坊的"艰难时期"(Zlý časy)酒吧据说是"布拉格啤酒文化的启蒙地",店内有四十八种相对小众的本土桶装啤酒可供顾客选择。皇家葡萄园的"啤酒极客"、新城区的"敬请留意"(Nota Bene)、查理镇的"酿酒厂俱乐部"(Pivovarský klub)以及添枝坊的"露齿狗"(Zubatý pes)等亦然。船锚商场(Kotva)的

塔蒂亚娜·斯瓦托谢娃的壁画:博胡米尔·赫拉巴尔故居外的"赫拉巴尔墙",堤道街(Na Hrázi),仁爱镇。

---

① 爱尔兰流行歌曲,其虚构的女主人公莫莉是十七世纪都柏林街头的鱼贩。
② 奥雷利(O'Reilly)、帕特里克的昵称"帕迪"(Paddy)、欧布莱恩(O'Brian)、卡弗里(Caffrey)都是典型的爱尔兰姓或名。

屋顶酒吧"方舟船"（T-anker）除能俯瞰旧城区的美丽红顶外，另提供九种生啤及百余种瓶装啤酒。

[185]

虽其酒单品类繁多，但在大众旅游时代，年轻人的饮酒和生活方式已不同于往日，何况自 2017 年起实施的《室内公共场所禁烟条例》对捷克的传统啤酒屋造成了莫大的冲击，导致其生存维艰，至少在布拉格的历史城区确然如此。1499 年就已开业的弗莱科夫斯基[1]酒吧（U Fleků）有"八个大厅和一座花园，能容纳一千两百余名顾客"，如今招待的却多是坐长途巴士前来此地的外国游客。圣乔治街上的维耶沃达[2]酒吧（U Vejvodů）是间不起眼的家常小馆，曾是最受光复老布拉格俱乐部成员青睐的聚会地点，后经装修，成为眼下"手风琴演奏者不时踱至桌边，老波西米亚乐队偶有表演"的"四不像"。相形之下，佩尔施泰因街转角处的小熊酒吧（U Medvídků）在保持传统特色方面做得极好，其啤酒泵边的长桌座位终年为老主顾保留着。自 1466 年起开门营业的"小熊"以清冽的百威啤酒和地道的捷克美食著称——捷克的百威地区（Budweis）是百威啤酒（Budweizer）的原产地，捷克人认为只有来自那里的啤酒才有资格被称为"百威"[3]。中心城区尚保有昔日风貌并持续吸引当地人光顾的酒吧还包括旧城区的石板酒吧、鲁道夫酒吧；新城区哈瓦特[4]街（Charvátova）上的小鹿酒吧（U Jelínků）；小城区聂鲁达街上的公猫酒吧（U Kocoura）以及城堡区洛雷托广场的黑牛酒吧

[186]

---

[1] 以 1762 年时的店主雅各布·弗莱科夫斯基命名。
[2] 以捷克斯洛伐克作曲家、欧洲最流行的管弦乐作品之一——《啤酒桶波尔卡》的作者耶罗米尔·维耶沃达（1902—1988）命名。
[3] 注册百威商标的安海斯 – 布希啤酒厂是一家美国公司（后与比利时的英博集团合并），因此捷、美两国的啤酒生产厂商打了近百年的官司，后裁定捷克百威并未侵犯美国百威啤酒的商标权，因这两种啤酒的口味截然不同，不会被消费者弄混。
[4] 以捷克指挥家普舍美斯·哈瓦特（1930—2005）命名。

(U Černého vola)。而捷克的多数酒馆能否重现辉煌，取决于它们能否转型成为美食酒吧，就像颇受好评的"酒馆连锁"(Lokál) 试图做到的那样——长街(Dlouhá) 上占地极广的酒馆连锁分店便值得一试；"葡萄园议会"(Vinohradský parlament) 酒吧同样出彩，其佐以蒜香酸奶油酱的自制薯条绝对不容错过。

捷克的啤酒和酒吧是传奇，捷克的文人亦如是。比尔·克林顿访问布拉格时（1994），曾向总统瓦茨拉夫·哈维尔提出会见博胡米尔·赫拉巴尔——二十世纪末捷克最伟大作家的请求。哈维尔把话带到，赫拉巴尔听后对他说："你知道上哪儿找我。"于是哈维尔将堂堂的美国总统领到了旧城区胡斯街上的金虎酒吧（U Zlatého tygra）。人称"捷克乔伊斯"的赫拉巴尔擅长意识流写作，其风格与散漫的酒吧对话当真有异曲同工之妙。而除非离开布拉格到乡间①

金虎酒吧，胡斯街，旧城区。作家博胡米尔·赫拉巴尔曾是这里的常客。

---

① 指位于波西米亚中部的灌木镇（Keřsko）。

度假，不然长住市郊仁爱镇的赫拉巴尔每天都会前往心爱的金虎酒吧，风雨无阻。1980年代末，为建公交车站之故，赫拉巴尔位于仁爱镇的旧居即将遭到拆除（赫拉巴尔夫妇已于1974年迁入了骒马坊的高层公寓楼）。1990年，捷克艺术家塔蒂亚娜·斯瓦托谢娃在赫拉巴尔的旧居原址上作了一幅壁画，起名为"赫拉巴尔墙"。七年后，赫拉巴尔从仁爱镇公牛医院的五楼窗口跌落身亡，这又是一起可疑的布拉格抛窗事件——据说赫拉巴尔当时想喂鸽子，探出身后不慎失足；可是他多年以前便在《魔笛》(1989)中这样写道："有多少次我想就这样纵身一跃，从五楼的窗口往下跳……但我的守护天使总在最后一刻挽回了我。"赫拉巴尔常在作品中提及金虎酒吧，《魔笛》便是其一。

金虎酒吧依然故我，它既不时髦，也不媚俗。若想一进门就有座位，早一点到总没错，通常人们会排着队等待酒吧开门（每天下午三点起营业，全年无休）。"金虎"的招牌"啤酒奶酪"(pivní sýr)诚然令人难忘，把奶酪同黄油、洋葱、芥黄酱还有辣椒粉一道拌匀，抹在上好的黑麦面包上，咬一大口，再佐以布拉格最好的比尔森原麦啤酒，当真是人间珍馐、顶级享受。

15

埃米尔·克拉利切克作品（1912）：立体主义路灯，荣曼广场，新城区。背景中位于（不远处）瓦茨拉夫广场、以玻璃幕墙为主体的建筑是巴塔鞋业大楼，曾入选1932年纽约现代艺术博物馆的"国际现代建筑展"。

第十五章

立体主义者的塑造梦

世界上唯一一盏立体主义风格的路灯就竖立在巴塔鞋业大楼和圣母雪地殿背后的那个街角,距荣曼广场仅几步之遥。这盏于1912年投入使用的路灯由埃米尔·克拉利切克设计,其多边形的水泥灯柱酷似现代主义雕塑大师康斯坦丁·布朗库西创作的《无尽之柱》——虽是纽约现代艺术博物馆的珍藏,《无尽之柱》(初版)却比克拉利切克的路灯晚了近十年才诞生。照博物馆方面的话说:"《无尽之柱》那直白、简洁、块面化的风格为现代抽象雕塑奠定了基调。"相比之下,克拉利切克同样出色且更早问世的作品(因其原型已破败不堪,如今的这盏路灯是复制品)在当代艺术史上似乎未获应得的荣耀。如此看来,冷战时期的布拉格对现代主义艺术的贡献已多为世人所遗忘,然而立体主义风格对布拉格市井生活的影响之深——从家居装潢到书籍装帧,从海报设计到舞台布景……远超任一西方城市。即便从世界范围内看,立体主义能得如此广阔之发展,且其重要建筑得以留存至今者,除布拉格外亦不作他想。虽然并非每一个布拉格人都对立体主义艺术青睐有加,譬如卡雷尔·泰格就表现得颇为不屑,他曾在《捷克斯洛伐克之现代建筑》(1930)一书中称立体主义作品"仅是浪漫主义者堆砌的空中楼阁"。可是泰格的这一结论显然过于武断——多年以来,立体主义建筑(纽约现代艺术博物馆将之定名为"国际主义风格"建筑)一再回暖、引领潮流,倒是泰格心心念念的功能主义楼房因气质冷峻、不近人情而难免显得过时。

1907年,毕加索在巴塞罗那创作出《阿维尼翁的少女》(Les Demoiselles d'Avignon),就此开启了立体主义的先河。在接下来的几年中,年轻的捷克艺术家通过阅读相关杂志、到巴黎交流访问以及揣摩文森斯·克拉马什自毕加索的代理商丹尼尔–亨利·卡纳维勒处购得的精美画作(后统一由布拉格国家美术馆于贸易博览会馆展出)了解立体主义为何物。1911年,受立体主义启发,"艺术家团体"(Skupina výtvarných umělců)自马内斯美术家协会脱离出来、自立门户,其成员有画家(文森斯·贝内什、埃米尔·菲拉、安东尼·布勒斯卡、约瑟夫·恰佩克、瓦茨拉夫·施帕拉等);雕塑家(奥托·古弗兰);作家(卡雷尔·恰佩克、弗朗齐谢克·兰格);评论家(文森斯·克拉马什、瓦茨拉夫·维勒姆·什特赫)以及建筑师(帕维尔·雅纳克、约瑟夫·戈恰尔、约瑟夫·霍和尔、弗拉季斯拉夫·霍夫曼)。朝气蓬勃的艺术家团体还创办了自己的期刊《艺术月刊》(1911—1914),并先后于布拉格市民会馆、慕尼黑和柏林三地举办了共六场展览。其首次展会(1912)的亮点是奥托·古弗兰的雕塑作品《焦虑》(1911),其余展出的家具、陶瓷和玻璃制品以及建筑模型同样精彩。雅纳克和戈恰尔用棱角分明的特制墙板装饰市民会馆,将其新艺术风格的大厅也打造成了展会陈列空间的一部分。此后,一鸣惊人的艺术家团体还陆续展出了布拉克、毕加索、安德烈·德兰与胡安·格里斯等大家的作品。

1912年末,恰佩克兄弟、瓦茨拉夫·施帕拉和弗拉季斯拉夫·霍夫曼四人选择离开艺术家团体,重回马内斯美术家协会;但

第十五章 | 立体主义者的塑造梦

这不代表他们反对立体主义艺术，而是对如何诠释这一流派有着不同的见地。比起由毕加索和布拉克开创、后由埃米尔·菲拉发展至鼎盛的分析立体主义，此四人更乐于接受相对开明的巴黎"黄金分割派"（Section d'Or）的理论。自 1895 年起定居巴黎的捷克画家弗朗齐谢克·库普卡是黄金分割派的领军人物——纽约现代艺术博物馆的首任馆长阿尔弗雷德·巴尔称库普卡为"西欧纯抽象绘画的开山鼻祖"。同为黄金分割派活跃人士的法国评论家亚历山大·默瑟留亦不遑多让，他曾协同马内斯美术家协会策划了一战前的最后一场（也是迄今为止最大型的）立体主义作品展"现代艺术"（1914）。亚历山大·阿基本科、康斯坦丁·布朗库西、罗伯特·德劳内、阿尔伯特·格雷茨、让·梅金杰等人的作品均在"现代艺术"展中亮相。可惜随即到来的第一次世界大战令立体主义艺术家风行云散：古弗兰加入了法国外籍兵团；菲拉逃难到了荷兰；库普卡先是在法国兵团服役，后自愿成了捷克斯洛伐克军团的一员。

乱世出俊杰。对认定艺术家的行为同样应当"合情合理"的人而言，捷克立体主义画家中最有天赋、最具原创性的博胡米尔·库比什塔难免争议，也令人困惑。比如他在《老布拉格意象》（1911）中利用查理大桥一景（仅有内波穆克的青铜像入画）及其周边环境塑造出非典型的"立体主义空间"一事。又比如他拒绝加入布拉格的艺术家团体，宁愿和德累斯顿的桥社（Die Brücke）表现主义艺术家一同展出作品一事。1918 年，库比什塔因罹患西班牙大流感而不治身亡。同流感病毒一样，或许捷克立体主义令人印象深刻的一点就是它的"不洁"——至少在西方社会看来确实如此。捷克的立体主义艺术家欢欢喜喜和德国的表现主义者"夹缠不清"，二者的作品从表现手法到情感内容都互相渗透、多有掺杂，甚至到了部分艺术史学家将其统称为"立体表现主义"的程度。因此布拉格（立体主义）艺术家团体的第二次展览囊括了赫克尔、基什内尔、穆勒、

[190]

约瑟夫·霍和尔设计：霍德公寓，内克兰街，高堡。

施密特－鲁特罗夫等多名德国表现主义艺术家的约二十幅作品，便不算咄咄怪事了。艺术家团体的第四次展览（1914）干脆邀请表现主义画家爱德华·蒙克做特邀嘉宾，也堪称水到渠成。蒙克借马内斯美术家协会的东风举办的早期个人作品展（1905）对"立体主义一代"之崛起有着巨大的促进作用，即便是亦步亦趋追随毕加索的菲拉也坦言："若没有蒙克，则不会有立体主义。"

故此若称布拉格的立体主义建筑师为表现主义建筑师，其实恰如其分——帕维尔·雅纳克便是一例。雅纳克曾表示：尽管"所谓的现代主义（风格之流行）……有效避免了伪历史建筑大行其道"，但"我们对于建材的运用仍然显得平庸，缺乏一种真正的诗意"。雅纳克相信建筑不只是建材的简单堆砌，而要追求"通过塑造表达情感"，设计师应"竭力使建材一体化，好让建筑的每一个部分都拥有律动的生命力和积极的张力"。在雅纳克看来，为了达成这一目标，设计师需超脱基本构造之外（譬如大量使用直角），而改用在埃及金字塔、印度神庙、暹罗[①]宝塔、中式飞檐或

---

① 对泰国（สยาม）的古称。

以哥特式大教堂为代表的"北方风格教会建筑"中常见的"三翼面、对角线或曲线构图"。雅纳克对十七至十八世纪盛行的巴洛克风格也赞赏有加,称"其圆柱、门廊立柱和附属教堂的高塔均以对角线构图向中轴看齐,打破了原本呆板的平面结构,就仿佛建筑突然活了过来,并自下而上生长,或自外向内收拢"。既如此,则大力"维新"的捷克立体主义先驱(譬如雅纳克)同时是坚决"守旧"的光复老布拉格俱乐部的主要成员,也就不那么叫人诧异了。

　　与雅纳克共进退的戈恰尔亦支持"通过塑造表达情感",他所设计的黑色圣母屋(如今东方大咖啡馆和捷克立体主义博物馆的所在地)极为现代,却在周围各样巴洛克式建筑的映衬下丝毫不显突兀。除了拐角窗栅栏中的小小圣母像(为其原址遗存,黑色圣母屋因此得名),整栋房子可谓"天然去雕饰"。乍一看,除二楼和三楼向内收缩(呈微微的梯形)以外,黑色圣母屋的外立面工工整整、平淡无奇。然而细查之下便会发觉设计师的苦心:推崇立体主义的戈恰尔运用多面体(顶点稍有凸起的多边形建材)创造出三维效果,使得整幢建筑的外墙在视觉上略微向外鼓突,而二楼和三楼的窗户也因此愈发显得往里凹陷。黑色圣母屋只是小试牛刀,内克兰①街(Neklanova)上的霍德公寓(由约瑟夫·霍和尔设计,1913—1914)则把对多面体的应用发挥到了极致——其所铺设的幕墙石材均不沿垂直平面对齐,这让公寓的外立面看起来有如水波流转,充满了动感。捷克艺术和建筑史学家罗斯提斯拉夫·施瓦哈赞叹道:"(霍德公寓)转角阳台上的纤细立柱好似从晚期哥特式教堂移植过来的一般,与其上小巧的钻石拱顶②构成了一个个完整的空间。"除备受

---

① 位于高堡,以普舍美斯王朝(据科斯马斯记载)的王子内克兰命名,是农夫普舍美斯的后人、波西米亚第一任公爵博日沃伊一世的先祖。
② 晚期哥特式建筑的典型风格,多用于教堂,其拱顶利用凹凸设计形成仿佛钻石切割面的复杂几何图案。

奥托卡·诺沃提尼设计：布拉格教师合作公寓，克拉什诺霍斯卡街，旧城区。

好评的霍德公寓外，霍和尔还设计了拉辛河堤上立体主义风格的三层复式公寓，以及莉布丝街（Libušina）的克瓦洛维奇①别墅（1912—1913）。

　　立体主义那既摩登又古典、看似冲突实则异常和谐的美也体现在新城区烈火街的钻石公寓（由埃米尔·克拉利切克设计，1912—1913）、赫拉夫卡桥（由帕维尔·雅纳克及弗朗齐谢克·曼茨尔设计，饰有奥托·古弗兰所作之浮雕，1909—1912）以及旧城区克拉什诺霍斯卡街（Elišky Krásnohorské）的布拉格教师合作公寓（由奥托卡·诺沃提尼设计，1919—1921）。位于马萨里克河堤的马内斯楼（1930）亦出自诺沃提尼之手，旗帜鲜明地展现了极简的功能主义风格，又兼有立体主义之巧思——以巨型玻璃和水泥外墙承托其

---

① 以捷克作曲兼指挥家卡雷尔·克瓦洛维奇（1862—1920）命名。

上建于十六世纪晚期的洋葱式水塔（1588—1591），古为今用、今古相融，既是对布拉格民族元素（genius loci）的悉心改造，又是对捷克传统风貌的绝佳承袭；并且同布拉格的众多建筑一样，马内斯楼在不同的时代曾服务于不同的政治目的。"正常化"期间，捷克斯洛伐克的秘密警察正是在这栋楼里监视着对岸瓦茨拉夫·哈维尔家的一举一动。

[193]

和卡雷尔·泰格"堆砌空中楼阁"的言论不尽相符，捷克的设计师乐于走出象牙塔，将其灵感运用到日常生活当中。泰格曾讥讽布拉格的立体主义艺术家"把台灯、橱柜、书桌设计成乱糟糟的样式，既不美观也不实用，扶手椅东倒西歪，花瓶或者高脚杯一碰就倒"。然而这些"既不美观也不实用"的设计品如今已成令收藏家趋之若鹜的珍宝。对普罗大众来说，若有心购置，则可在捷克立体主义博物馆又或现代主义展馆买到几可乱真的仿品——位于皇家葡萄

奥托卡·诺沃提尼设计：马内斯楼，马萨里克河堤。

园馆内的现代主义展馆实乃包罗"新艺术、功能主义、布鲁塞尔时期①直至今日捷克立体主义风格设计品"的宝库。而回顾其历年作品,可清楚看到布拉格的艺术家对充满想象力、不失俏皮又与周围环境高度统一的立体主义建筑风格做了多番尝试。他们从未摈弃现代主义,相反,他们充分利用现代主义、积极探索当时的最新科技能为他们的创作带来的各种可能。戈恰尔之所以大胆且坚定地设计出黑色圣母屋那独树一帜的外墙,恰因彼时兴起的钢筋混凝土结构已能为建筑提供更为稳固的支撑,免除了戈恰尔的后顾之忧。

一个世纪以来,正是由于科技的迅猛发展,使得建筑设计(及建材本身)的多样性从梦想照进了现实,且令帕维尔·雅纳克所主张的"通过塑造表达情感"得以"飞入寻常百姓家"。这一"表达"亦在许多地标性建筑——譬如毕尔巴鄂②的古根海姆博物馆(由弗兰克·盖里③设计)及伦敦的瑞士再保险公司大楼(由诺曼·福斯特设计)上有着明确的体现。有趣的是,瑞士再保险公司大楼(因其外型而得昵称"小黄瓜")的设计灵感来自"绿鸟塔楼"模型(1996),其作者正是捷克籍立体主义建筑师约翰·卡普利茨基。伦敦的另一知名建筑——由肯·沙特尔沃思设计的市政厅(福斯特建筑事务所的又一力作)同样以卡普利茨基多年前的方案为蓝本④。而赫赫有名的(伯明翰)塞尔福里奇百货公司和(伦敦)罗德板球场媒体中心大楼则由卡普利茨基亲自操刀,无怪乎此二者洋溢着"通过塑造表达情感"的生命力。如此,卡雷尔·泰格恐怕要大失所望了:布拉格立体主义设计师的"塑造梦"久经时间考验,非但没有破灭,且显得相当有先见之明。

---

① 指1958年的布鲁塞尔世博会。
② 西班牙北部沿海城市,意为"河口"。
③ 犹太裔加拿大-美国后现代主义及解构主义建筑大师。
④ 伦敦市政厅以卡普利茨基的"斑点楼"(1985)和"绿楼"(1990)设计为原型。

16

约瑟夫·福克斯及欧德里希·泰尔设计：贸易博览会馆，英雄大公街，后生坊。

第十六章 /

当之无愧现代风

在回顾捷克斯洛伐克的先锋艺术时,建筑艺术史专家肯尼斯·弗兰普顿留意到了这样一种矛盾,他在《当之无愧现代风》[①]一文(1993)中特别指出道:"西欧的现代主义史学家断不会提及捷克斯洛伐克的贡献……然而现代主义(建筑师)又以在捷克斯洛伐克赢得威望为荣,且此威望无可比拟、他国莫敢匹敌。"弗兰普顿进而列举道:和"贝加莫、巴塔、太脱拉、斯柯达、爱威亚等本土集团自主研发生产出电话机、相机、摩托车、轿车、铁路机车、战斗机……"一样,"创意别具一格"的捷克斯洛伐克见证了"逾两百栋优秀的现代主义建筑的落成。自其1918年建国到1939年亡国[②],短短二十年间,高堂广厦拔地而起"。即便是在后来的共产主义时期,这股现代建筑"创意别具一格"的风潮也从未真正消失过。

1923年,八位捷克斯洛伐克建筑师(其中便有布拉格建筑师俱乐部的成员)出席了在德国魏玛市举行的首届包豪斯国际建筑

---

① 最早的后共产主义时期论文集邀稿。
② 此处指为纳粹德国瓜分、亡国前的捷克斯洛伐克第一共和国。

展，深受启发。1924—1925 年，上述成员于荣曼街的莫扎特学院（由约翰·柯帖拉设计，1912—1913）组织开展了一系列讲座。除弗兰克·劳埃德·赖特和奥古斯特·佩雷未能成行外，勒·柯布西耶、阿梅代·奥占方、包豪斯学校的创办人瓦尔特·格罗皮乌斯、荷兰建筑师雅各布·约翰内斯·皮特·奥德以及生于摩拉维亚的阿道夫·路斯等现代主义大师无不如约而至。设计了穆勒别墅①（1928—1930）的阿道夫·路斯曾发表《装饰与犯罪》（1910）宣言，堪称现代主义美学的高文典册。路斯的讲座结束后翌年，原布拉格"纯粹四人"（立体主义建筑师雅罗斯拉夫·弗拉格纳、卡雷尔·洪济、爱福生·林哈特、维特·奥布勒泰尔）与"志同道合"的耶罗米尔·克雷采以及贝德里赫·弗耶斯坦共组旋覆花社建筑师分社（简称"旋建"），当仁不让成为社团内最活跃的分支。而捷克斯洛伐克人的活跃不单表现在向包豪斯建筑展"取经"上，也表现在积极参与国际现代建筑协会（Congrès Internationaux d'Architecture Moderne）的事务上。曾针对苏联构成主义建筑在莫扎特学院开办讲座的卡雷尔·泰格受包豪斯学校校长汉斯·迈耶（马克思主义者）的邀请，还专门开设了"建筑社会学"课程（1930）。泰格同时是《构建》②（Stavba）期刊的编辑，奥地利裔美国建筑师理查德·约瑟夫·诺伊特拉盛赞《构建》"极有胆识，在国内外均影响深远……若能得以在美国大量发行，实为吾辈之幸事"。

年轻的捷克斯洛伐克共和国（及其私企）之所以要大兴现代主义建筑，主要是为表明其志得意满、不再受奥匈帝国摆布的现状。因国家建设和重振民族文化的需要，捷克斯洛伐克的先锋设计师获得了其西欧同求之不得的、举足轻重的社会地位。1928 年，

---

① 位于布拉格市郊的御林坊。
② 由布拉格建筑师俱乐部创办。

勒·柯布西耶再度访问布拉格。在目睹了由约瑟夫·福克斯及欧德里希·泰尔设计的贸易博览会馆（1924—1928）落户后生坊后，柯布西耶向卡雷尔·泰格吐露道："对我来说，见规模如此庞大的建筑从图纸变为现实，极富教育意义……我也应当追求更大规模、更高层次的作品，可惜到目前为止——当然也囿于经费不足，我只勉力造出了几栋小房子。"确实，"规模庞大"的贸易博览会馆足有八层楼高，其大厅和中庭都使用天然采光，是柯布西耶眼中"意义非凡、不可或缺的现代主义建筑"。1974年，会馆遭大火焚毁，后于1980年代末重建，并自1993年起成为国家美术馆的现代艺术展馆，可谓名实相副、求仁得仁了。除贸易博览会馆以外，柯布西耶还参观了黑麦街（Žitná）上构成主义风格的基督教女青年会大楼（由欧德里希·泰尔设计，1926—1929）以及烈火街的奥林匹克百货公司（由耶罗米尔·克雷采设计，1923—1926）。基于"旋建"时期的建筑常以江河湖海为主题，则奥林匹克百货公司的三层楼宇呈后缩之势，好似远洋邮轮的甲板，便不足以为奇了。上述两幢建筑至今仍在，尽管基督教女青年会大楼于1929—1932年间进行了重建，致其临街外墙与泰尔最初的设计已不尽相同。

德国建筑大师密斯·凡德罗受德意志工艺联盟（Deutsche Werkbund）的委托，在斯图加特打造了样板式的白院住宅区（Weissenhofsiedlung），并于1927年起对外开放。布拉格的建筑设计师受此启发，在捷克斯洛伐克工业同盟的授意下，于勇士坊的山地建造了实用功能主义风格的"巴巴住宅区"（1931—1936）。可俯瞰布拉格盆地秀美风光的巴巴住宅区由三十三栋别墅及三条并行的街道组成。负责整个项目的帕维尔·雅纳克特意钦点了当时最顶尖且年龄跨度较大的建筑师（除荷兰人马特·斯坦外，团队中的其余建筑师均为捷克人），以确保别墅区的风格"存大同，求小异"，在共同的功能主义的外衣下显露每一位设计师的独特品位。雅纳克设计了包括自家住宅在内的三栋别墅（约 1882）；约瑟夫·戈恰尔包揽了另外四栋别墅的设计（约 1880）。兹德涅克·布拉谢克（约 1904）、雅罗斯拉夫及卡雷尔·费舍尔兄弟（约 1904 及 1905）、汉娜·库切洛瓦-萨维斯卡（约 1904）、弗朗齐谢克·泽伦卡（约 1904）等新秀设计师在巴巴住宅区面向公众开放时（1932 年 9 月 7 日）尚且不满三十岁；安东尼·赫伊桑（约 1901）与拉迪斯拉夫·扎克（约 1900）亦不过刚及而立。巴巴住宅区大量使用钢筋混凝土等现代建材，其三十三栋别墅中仅一栋建有平顶（兼做天台）；别墅内部多为开放式空间，采用一体式精装修。拉迪斯拉夫·扎克设计的扎奥①拉莱克、切涅克及海莱因别墅尤其新颖，他将每户人家的厨房改造成了"小型工作台……以能高效完成烹饪等任务为前提"。客厅"比传统所见的更大……与就餐或休闲区无缝对接"，独立的小卧室"则参考船员舱房及布置合理的酒店房间的设计……可供想要独处的家庭成员不受打扰地工作或阅读"。和斯图加特及维也纳的同类型住宅区不一样，布拉格的巴巴住宅区并未受到二战炮火的波及。

捷克斯洛伐克工业同盟打造巴巴住宅区的初衷是"在功能主义风格的指导下，以更先进的建筑科技、更合理的建筑方案拓展健康生活的新空间，从而改善工薪阶层的居住条件"。但在捷克斯洛伐克共和国时期，巴巴住宅区的别墅远非真正有房屋改善需求的"工薪阶层"所能负担得起。与斯图加特的白院住宅区正相反，巴巴住宅区内无联排屋、无公寓楼、无简易公共设施，因此被以卡雷尔·泰格为首的捷克左翼人士视为"资本主义的试验田"。巴巴住宅区也确为中高档小区，其居民除高级公务员和企业家外，还包括帕维尔·雅纳克、画家西里尔·布达、装饰艺术博物馆馆长卡雷

---

① 指捷克斯洛伐克教育部长雨果·扎奥拉莱克。

第十六章 | 当之无愧现代风　　235

现代主义别墅，巴巴住宅区，勇士坊，布拉格。

尔·海莱因、鞋带制造商艾米丽·帕里契科娃-米尔杜瓦、小说家瓦茨拉夫·雷扎克、民族剧院院长斯坦尼斯拉夫·洛姆、电台记者爱德华·利希、作曲家卡雷尔·巴林克、音乐学家博胡米尔·切涅克、出版商瓦茨拉夫·博拉切克、历史学家尤里乌斯·古鲁克列什、捷克理工学院工程学教授约翰·科什塔尔、仁爱镇中学校长瓦茨拉夫·林达（与立体主义雕塑家奥托·古弗兰乃连襟）、社会学家安东尼·乌里什，以及查理大学医学院院长约翰·比奥莱哈拉德克（1937—1938）。而上述人士选择（且完全有能力）购置巴巴住宅区的别墅，既从侧面说明了二战前捷克斯洛伐克的知识分子较高的社会地位（和相应雄厚的经济基础），又表明了巴巴住宅区文明进步的程度；尽管其中一栋别墅的户主——印刷厂厂长（捷克人）路德维希·包茨乃激进的法西斯分子，后在1945年因"通敌叛国"被政府枪决。

在巴巴住宅区的三十三位户主当中，拉迪斯拉夫·苏特纳或许是当时最知名的本土设计师（其别墅由欧德里希·斯塔利督造）。以"信息设计[①]先驱"的身份为西方社会所铭记的苏特纳涉猎广泛，其作品涵盖玻璃及陶瓷制品、书籍装帧、海报设计和展会布置等各领域。由苏特纳打造的餐盘及茶具套装既轻且雅，堪称现代主义风格的经典之作。他同时是"合作艺术品"连锁（Družstevní práce）的总监，在布拉格、布尔诺、布拉迪斯拉发及其他捷克（斯洛伐克）城市经营有"美丽小屋"（Krásná jizba）商店。"合作艺术品"是与英格瓦·坎普拉德的"宜家"（1943）或特伦斯·康兰的"栖息地"（1964）相当的行业领跑者，旨在"出售制作精美、具高度手工艺价值的艺术品"。1937年，为迎接巴黎国际现代生活艺术与技

[①] 指继承自平面及产品设计，以数据统计为媒介进行"有性能的信息传递"的设计方式。

第十六章　当之无愧现代风　　237

拉迪斯拉夫·苏特纳设计（1931）：《活着》杂志封面，合作艺术品商店。

术展（Exposition Internationale des Arts et Techniques dans la Vie Moderne），苏特纳还与耶罗米尔·克雷采携手设计了斩获大奖的捷克斯洛伐克国家馆。两年后，苏特纳飞往纽约，监督该功能主义风格的场馆为世博会之故再行搭建。当时"希特勒已占领波西米亚和摩拉维亚，捷克斯洛伐克名存实亡，然而其国家馆仍屹立不倒且对外开放"。此后，苏特纳便留在了美国，先后改良了当地的文字铸排、道路交通标志以及电话目录的排版设计。苏特纳也是提议将美国的区号（以括号形式）插入电话号码的第一人。

而同苏特纳相比，与巴巴住宅区扯上关系的人多数没那么走运。苏克①和巴林克别墅（以及"装潢风格轻快明亮"的巴兰德坊露天餐厅）的设计师汉娜·库切洛瓦－萨维斯卡在二战爆发后流亡到了瑞典首都斯德哥尔摩（她的丈夫曾是捷克斯洛伐克驻瑞典大使），后客死他乡（1944），年仅四十岁。扎达别墅（及解放剧院舞台布景）的设计者弗朗齐谢克·泽伦卡和芒克别墅的室内装潢设计师奥托卡·费希尔命丧奥斯威辛集中营。同为犹太人的弗朗齐谢克·芒克（芒克别墅的主人）则是布拉格贸易博览会馆的馆长，他

---

① 指约瑟夫·苏克（1874—1935），捷克斯洛伐克作曲家、小提琴家，安东尼·德沃夏克的女婿。

于1939年携家眷逃往美国。约翰·比奥莱哈拉德克因参与地下（反纳粹）抵抗运动两次入狱，但顽强存活了下来，在战后当选为查理大学校长及社会民主工党副主席（1945—1948）。捷共取得"二月革命"的胜利后，比奥莱哈拉德克遂移民英国。至1970年代，扎奥拉莱克及林达两家也选择了移民。

从1948年起，由捷克斯洛伐克共产党接管的巴巴住宅区经改头换面（改造工程常十分粗暴），变为了"七十二家房客"世代同堂的居所。至2003年，原被认定为"城市遗产"的巴巴住宅区（1993）已位列捷克共和国的"濒危历史建筑名单"，其所面临的最主要威胁来自"居民的日常活动"。但不论如何，在欧洲同类型的实验性住宅区中，巴巴住宅区依然是保存得最为完好的，也是当代布拉格一颗常遭埋没的宝石，纵然蒙尘，尚且放光——趁它还在，你我当加倍珍惜。

查理大道楼，克列什街，查理镇。

第十七章

旧貌新颜查理镇

　　旅游手册应当会告诉你：查理镇镶嵌在维特山与伏尔塔瓦河之间，西邻新城区，东接仁爱镇，自瓦茨拉夫广场搭地铁（或乘短途有轨电车）只需三站便能抵达。旅游手册不会告诉你的是：共产主义倒台后，虽不再作为工业重地，但查理镇的服务业开始蓬勃发展，其多媒体和创意产业亦欣欣向荣，在布拉格独领风骚。旅居布拉格十二年的美国专栏作家埃文·瑞尔在《纽约时报》（2012）上发表文章，坦承即便是他"亦对查理镇的巨大变化感到吃惊……且哪怕是当地居民也难免因这座城市日新月异的改观而心生意外"。埃文·瑞尔"去年（2011）五月曾到（查理镇）新开张的红辣椒餐厅吃午饭。在布拉格，自诩'正宗'的越南馆子委实不少，然而'红辣椒'确是其中最地道的一家：米皮春卷外脆里糯、牛肉米粉酸甜开胃……"这家开设在主干道克列什①街（Křižíkova）上的红辣椒餐厅让埃文·瑞尔对查理镇刮目相看。

---

① 以捷克发明家、电气工程师、企业家弗朗齐谢克·克列什（1847—1941）命名。

距"红辣椒"不过两百米的扎布兰斯基[①]（U Zábranských）运动酒吧却没能沾上什么光。资深导游柯亚娜在 2017 年版的《旅行指南》中仅仅给了扎布兰斯基两颗星，称它"（提供的）酒菜口味平庸、毫不出奇，就是一间烟雾缭绕的酒吧而已。唯一值得称道的，大约是直播体育节目的电视屏幕很大这一点了"。然而"扎布兰斯基"绝不只是一间直播体育赛事的平庸酒吧，其大门外的铭牌上曾刻有如下字样："1920 年 9 月 15 日，布拉格的工人阶级代表于此地召开具历史意义的重要会议，社会民主工党（左派）建党，并在此基础上分离产生了捷克斯洛伐克共产党。"九个月后，在不远处的海贝什[②]街（Hybešova），捷克斯洛伐克共产党于"国民之家"（Národní dům）——如今的布拉格广播电台所在地举行了建党大会。而索科洛沃街[③]（Sokolovská）上的"人民之家"（Lidový dům）则是捷共驻布拉格的秘书处（1923—1938），后为建设地铁佛罗伦萨站于 1970 年代早期予以了拆除。伟大领袖克莱门特·哥特瓦尔德及其党羽（人称"查理帮"）正是在人民之家制定了将捷共"布尔什维克化"[④]的方针。1929 年 2 月，查理帮在第五次党员大会上获揽大权。此后，已当选为党中央总书记的哥特瓦尔德在捷克斯洛伐克议会首度发表讲话，直言不讳道："我们有必要到莫斯科去，向'布尔什维克'好好讨教，看要如何把你们治得服服帖帖的。"孕育了捷共萌芽（社会民主工党）的扎布兰斯基酒吧则保持了其一贯的红色传统，

[①] 以捷克斯洛伐克画家、坚决拥护共产主义革命的阿道夫·扎布兰斯基（1909—1981）命名。
[②] 以社会民主工党领袖约瑟夫·海贝什（1850—1921）命名。
[③] 得名自二战期间（1943 年 3 月 8 日）的索科洛沃战役，捷克斯洛伐克独立步兵营与苏联红军在（乌克兰）索科洛沃地区战胜了纳粹军队。
[④] 在俄语中意为"多数派"，是社会民主工党的一个派别，指党内应建立以少数"职业革命家"为核心、多数党员对其绝对服从的组织模式，即民主集中制。

于 1931 年 4 月 29 日见证了布拉格苏联之友协会的成立。三十多年后（1968 年 2 月），竭力反对亚历山大·杜布切克改革的亲苏派亦在扎布兰斯基酒吧共商对策，抵制"我们党的指导思想、党内外及新闻媒体所宣扬的修正主义和清算斗争"。

如此又过去十年，1979 年 2 月 23 日，布拉格的首个摇滚演唱会在扎布兰斯基酒吧举行。布拉格之春时期的"即兴乐团"（Extempore）现场翻唱了英国摇滚乐队①的多首歌曲。即兴乐团同时深受布拉格的"宇宙塑胶人"乐队、"地下丝绒"乐队以及弗兰克·扎帕②的影响，因反对政府集权统治的立场而长期游走在所谓"正统文化"的边缘。1989 年捷克前政府倒台后，顿感群龙无首、惶惶不可终日的民众多将其愤懑发泄在了盲目的排外上，扎布兰斯基酒吧故而背负了新的臭名——瓦茨拉夫·哈维尔称之为"大写的文化赤字"、"后共产主义时期精神上的贫瘠"。哈维尔解释说："不能因为来了几个摇滚明星或身穿天价礼服的名模，让人觉得热闹、觉得好看了，就管这儿叫'文化圈'。什么是'有文化'？哪怕从最广义的角度来看，也取决于一些别的东西。譬如那群光头愤青究竟在扎布兰斯基酒吧嚷嚷什么，譬如有多少吉普赛人在布拉格轻则受伤、重则丧命，譬如我们的同胞是否仅仅因为邻居的肤色与自己的不同就对他们歧视、迫害，无所不用其极。"

1993 年，伊万·赫拉斯发行了歌曲《查理镇》，很快成为当年的大热门。《查理镇》的音乐录影带是黑白的，画质粗糙，初始可见火车轰鸣行经黑铁桥，旋即镜头一转，只见一位妙龄女郎自筒子楼探出身来，正倚着脏兮兮的窗框吞云吐雾。赫拉斯在《查理镇》中唱道：黑铁桥有如天堑，将查理镇挡在了欧洲之外。这首歌把布拉

---

① 诸如扼杀者（The Stranglers）、火线（Wire）、被遗忘的一代（Generation X）等。
② 美国前卫摇滚作曲家、先锋唱作人（1940—1993）。

格郊外古老的查理镇描绘成了吉普赛人的聚集地,说镇上回荡着手鼓声,充满了神秘的、来自东方的异域气息。1990 年代时,查理镇确有成千上万的吉普赛人居住,但随着地铁乙线在克列什街和荣军小区路段的扩建,这一情形发生了转变。何况除地铁以外,政府还下令将罗汉①河堤(Rohanské)并入主干道,分流了索科洛沃街上过于繁忙的交通,亦使得市民出行(前往机场和市区高速公路)更为便捷。如此一来,查理镇的基础设施进一步改善,而吉普赛人也不得不因"市政建设"的需要搬离了此地。待 2002 年 8 月 12 至 13 日的洪水决堤时,查理镇的道路改造工作正如火如荼进行着,无情的洪灾却将查理镇淹没在了三米深的水中,许多建筑被毁,许多人(尤其是穷人)无家可归,镇政府不得已对居民进行了疏散。可在排外人士看来,这场百年难遇的特大洪水倒让他们欢喜(coup de grâce),因为它彻底冲走了吉普赛人留下的痕迹——他们也多数再没能重返旧地。至 2015 年,布拉格的吉普赛人口数比之 1990 年的三万人下降了一半,仅为一万五千人,他们通常聚居在仁爱镇、杰式卡镇或地铁乙线终点站——黑桥镇(Černý Most)上新建的吉普赛人社区内。

除道路交通以外,查理镇变化最大的乃是它的老厂房。(西班牙)加泰罗尼亚建筑师里卡多·博菲尔设计了芝加哥联合航空公司大楼以及东京银座的资生堂大厦,后于 1999 年将位于克列什街和达姆②街(Thámova)拐角处的捷科达工厂总部(约始建于 1930 年)改建为了查理宫。这栋功能主义风格、旧瓶装新酒的建筑如今隶属查理镇房地产集团,后者曾骄傲地宣称:"本改造项目最大的特点便是将传统结构与现代设计完美结合了起来……利用灯光和空

---

① 以岛主之一、知名工匠约瑟夫·罗汉(1896—?)命名。
② 以捷克诗人、剧作家瓦茨拉夫·达姆(1765—1816)命名。

第十七章 旧貌新颜查理镇

多瑙河楼，河镇（建筑群），查理镇。

间施展出神奇的魔法。"查理宫因此和"跳舞的房子"双双赢得了布拉格市长颁发的 1990—2000 年度最佳建筑奖。此后，博菲尔携手让－皮埃尔·卡尔尼奥改造了毗邻查理宫的另一老楼——这栋始建于 1890 年代的庞然大物曾是捷科达的钣金锅炉锻造车间。博菲尔与卡尔尼奥用熠熠生辉的钢铁和玻璃结构支撑起厂房旧有的砖墙，将之摇身变为了查理大道楼，并因这一出奇制胜的改建赢得了 2001 年度的最佳房产和建筑奖，可谓实至名归。博菲尔在查理大道楼的开幕仪式上说道："这是个不小的挑战，谁让已历经百年风雨的厂房有着自己的灵魂呢？我试图在新与旧之间寻找平衡点，好让这个地方在焕发生机的同时不至于丢失了从前的回忆。"2004 年，博菲尔（及其建筑公司）加盖了查理大道二号楼，并在一个街区外的佩纳[①]街（Pernerova）上兴修了获2014年度最佳房产和建筑奖的查理论坛楼。该楼拥有八层办公区域、可容纳三千人同时就座的多功能礼堂和近两千平米的经济出版社编辑室（其总部位于另一间翻新后的捷科达老厂房内）。经济出版社旗下发行有《经济新闻报》（*Hospodářské noviny*）、《尊重》（*Respekt*）杂志、《经济学人》（*Ekonom*）期刊等，常被誉为"捷克共和国独立媒体最后的堡垒"。

2005年时，查理大道楼又部分改建为了查理工作室（由阿尔贝托·迪·斯泰法诺设计），内有十七间工坊、画廊、捷克当代艺术档案馆、《艺术家》杂志社（*Umělec*）及神圣出版社（*Dīvus*）的办公室。查理工作室由非营利组织"未来"（Futura）负责管理，和后生坊的民意[②]（Dox）当代艺术展览中心以及大卫·切尔尼在欢笑坊创办的"见面工厂"同为布拉格当代艺术的重要基地，同时也是外国艺术家云集之所。2016至2017年，因土地产权变更之故，查理工作室迁往了昔日查理军营（Kasárna Karlín）的所在地。因国防部始终未能将之私有化，"集咖啡馆、画廊、电影院、剧院、音乐酒吧、游乐场于一身"的查理军营渐成布拉格新的文化中心。尽管依照市政规划来看，布拉格的最高法院可能最终落户于此，但由于目前尚缺乏资金，所以至少在未来十年内，查理军营仍是各地艺术家的避风港。

说到港湾——查理镇的滨水区同样发生了翻天覆地的变化。由崭新的防洪堤坝守卫着的布拉格河镇（始建于上世纪九十年代的综合建筑群）坐落在罗汉河堤与伏尔塔瓦河之间。这里曾是布拉格的首个码头，为开通从伏尔塔瓦河至德国汉堡（经易北河）的航线而

---

① 以继承约阿希姆·巴兰德衣钵的捷克斯洛伐克古生物学家雅罗斯拉夫·佩纳（1869—1947）命名。

② 源自希腊语doxa（δόξα），意为"共同的信念"或"流行的观点"。

第十七章 | 旧貌新颜查理镇

查理要点楼、多瑙河楼、尼罗河楼（自左向右），查理镇。

建（1822）。在其全盛时期，每年有近三百艘船只在此装卸货物。然而1920年代末，政府下令填河造陆，将罗汉岛与陆地相连（遂有罗汉河堤），码头则就此了无影踪。多年以后，河镇中心竖起了三幢宏伟的办公楼，以三角形分布，皆继承了滨水区一以贯之的主题——河流。距离黑铁桥最近的十一层建筑名为多瑙河楼（2003），呈三棱锥形，其顶点指向西方，仿如尖尖的船头。一旁七层楼高的尼罗河楼（2006）则围绕巨大的不锈钢螺旋梯而建，以其"出色的采光、玻璃结构的中庭和新型高科技建材"闻名。这两栋大楼的设计者分别为美国福克斯联合公司（屡获大奖的上海环球金融中心便出自其手）和法国阿法建筑公司（卢浮宫金字塔的承建商）。而完成三角接力的亚马逊河楼（2010）则由丹麦的施密特–哈默–拉森建筑事务所设计（曾督造有"黑钻"之美誉的哥本哈根皇家图书馆）。参与了亚马逊河楼建设的布拉格本地建筑公司——优异工作

[208]

室（Atrea）的负责人乔治·库寇里称：亚马逊河楼"显然受到文艺复兴时期墙面釉雕手法以及捷克立体主义风格的启发"。

此三栋建筑都采用高效节能的设计，并最大限度利用了天然采光。另一幢环保大楼——查理要点楼（2011）位于罗汉河堤的对面，由布拉格本土建筑公司"巧匠"（DaB）倾心打造。组成要点楼外立面的红白灰三色中空壁柱不单起到装饰的作用，且自伏尔塔瓦河循环输送着河水，从而显著降低了建筑内部的温度。查理要点楼所在的地块呈略带弧度的三角形，楔子一般插入罗汉河堤与滨水街（Pobřežní）的夹角，建筑师对这一地形巧加利用，令查理要点楼看似"建在早已消失的伏尔塔瓦群岛①之上"，既调和了"高耸的多瑙河楼那尖锐的线条、提振了旧查理镇上松散住房的精气神"，又与两者和谐共融、毫不冲突。查理要点楼不单赢得了好几个颇具分量的国内奖项，且获得了2012年度国际房地产投资展览会颁发的最佳办公及商业发展奖。目前有约一千二百名维也纳联合保险集团（Kooperativa poisťovňa）以及捷克商业保险公司（Česká podnikatelská pojišťovna）的员工在大楼内工作。

今日在查理镇工作及生活的人们已和二十乃至五十年前的大为不同。吉普赛人走了，查理镇（以及绝大部分布拉格）看似重新成了"无产阶级"的天下。取代吉普赛人定居查理镇的捷克人（和日渐增多的外籍人士）则通常比当地百姓更年轻、富有，也受到过更好的教育。尽管这一地区并未完全丢失其十九世纪时的风貌——在优雅的查理镇广场、利奇卡②（Lyčkovo）广场及围绕凯泽尔③

---

① 指1920年代为填河造陆而与罗汉岛相连的耶路撒冷岛和仁爱镇岛，如今地名依旧，三座岛屿本身已不复存在。
② 以二战时的民族英雄、为刺杀海德里希的伞兵提供援助的捷克斯洛伐克医生布热季斯拉夫·利奇卡（1903—1942）命名。
③ 以奥匈帝国的首位捷克籍财政部长约瑟夫·凯泽尔（1854—1901）命名。

（Kaizlovy）公园而建的安静住宅区仍可见一斑——查理镇到底还是为新人群的新需求做出了与时俱进的重大改变。现在的查理镇不仅有各类银行、诊所、药店、超市、杂货店、理发店、（越南人开的）便利商店，还有专为雅痞及文艺青年打造的生活及休闲场所。

这里有面包店、熟食店、葡萄酒庄、室内设计工作室。这里有自带酒馆的肉铺（"成品肉市"）、蔬菜沙拉店（"绿色工厂"）、有机食品商店、保健品专卖店和自行车铺。这里有健身房、桑拿馆、瑜伽教室、养生俱乐部。这里有茶室、素食餐厅、咖啡馆、啤酒屋。查理镇上的咖啡馆据说能做出布拉格最好的意式浓缩咖啡；文青圣地"我的那杯咖啡"更是凭借一己之力使得"查理镇名声大噪，一跃成了布拉格的威廉斯堡[①]"。至于酒馆的选择就更多了——游客既可在隧道旅馆（Hostinec U Tunelu）畅饮最传统的捷克啤酒，也可

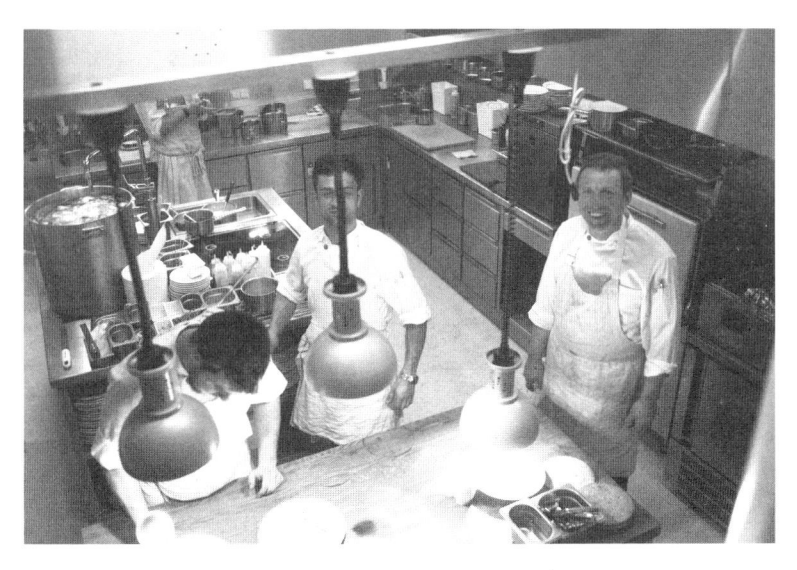

溪水餐厅的主厨，佩纳街，查理镇。

---

① 美国弗吉尼亚州的独立市，曾为殖民地，现为热门旅游景点之一。

在时兴的酿酒厂俱乐部品尝各类生啤，抑或在任一葡萄酒吧享用陈年佳酿（诚意推荐以"继承奥地利帝国时期之口感"而著称的"绿威林"白葡萄酒吧）。若想饱餐一顿，则"酒馆汉堡"（Lokál Hamburk）那香气四溢的烤鸭、炖牛肉和炸猪排必能让人食指大动；大口吃肉的同时佐以鲜爽的桶装比尔森原麦啤酒，怎一个美字了得。此外，查理镇也提供中餐、印度菜、日本菜、越南菜、意大利菜、格鲁吉亚①菜（"汤店"）、地中海菜（"波尔图餐厅"）、美式快餐（"彼得汉堡酒吧"）甚至加拿大菜——"车库餐厅"对魁北克地区的特色美食"肉汁奶酪薯条"（poutine）加以改进，变出了各种新花样，在布拉格的漫漫冬夜来上一份，足以驱散寒意。

不过若论创造力，则非查理镇的捷克料理餐厅莫属，譬如水晶酒馆和溪水餐厅（Eska），皆属个中翘楚。尤其是自2015年落户查理论坛楼的溪水餐厅，取用本地新鲜食材，烹饪手法又格外大胆，令祖传配方绽放了第二春。大厨马丁·史丹格的招牌菜是其貌不扬实则其味无穷的燀灰土豆、熏鱼、干蛋黄和酸牛奶。在溪水餐厅，早饭可自取——巨大的公用桌面摆满新鲜出炉的面包和糕点，改良后的捷克传统小吃"开口三明治"（chlebíčky）更是甘美无匹。"看似寻常的食材经我们之手，保管让你'相见不相识'。"溪水餐厅在其官方网站上信誓旦旦道。而与餐厅一街之隔又仿佛百万光年之外的，正是"回首沧桑已数番，感怀无尽又何言"的扎布兰斯基酒吧。

---

① 位于黑海之滨的东欧国家，北邻俄罗斯，是前苏联领导人斯大林的故乡。

18

沙坝镇市场入口，莉布丝坊。

第十八章

小河内

捷克人常称布拉格的沙坝镇为"小河内",多少带着点轻蔑。沙坝镇本位于越南西北部,毗邻黄连山(Hoàng Liên Son),自然风光极为优美,是著名的旅游胜地。而布拉格的沙坝镇则建于莉布丝坊[1],最初是一家禽类养殖加工厂,后改为了大型越南综合市场(1999—2000)。旅游手册对沙坝镇要么只字不提,要么一笔带过,但若想在布拉格一窥绝大多数外国游客(以及许多本地人)不常领略的别样风情,沙坝镇绝对值得一去——坐地铁丙线至公鸭站(Kačerov),再换乘公交113路到凯歌小区站(Sídliště Písnice)下,随后步行可达。如果不介意资费稍贵,也可坐计程车直接前往。

布拉格的沙坝是真正意义上的飞地——镇中有镇,堪称神奇。若非有双语(捷克语-越南语)路标,游客定以为自己身处越南老街抑或胡志明市的宾太市场(Chợ Bình Tây)。沙坝镇的喧闹因而是越南式的,它散发的气味亦是越南式的。沿街铺有波纹铁皮屋顶的仓房、各式简陋的小店和摊位出售从新鲜蔬果、水产肉禽、凯蒂猫

---

[1] 莉布丝坊坐落在布拉格最南郊,1968年方才并入主城区。

(Hello Kitty)玩具到仿冒大牌手包等一系列商品。卖越南手编篮子的店家在人行道上摆了一溜水妖像(vodníci)——在捷克人尽皆知的民间故事里,抽着烟斗、看似闷闷不乐的水妖每日坐在河边,河床上则摆着他的茶壶。水妖总要借机溺毙粗心的过路人,再把他们的魂魄扣在茶壶里。不过沙坝镇可没有性情乖僻的水妖,有的是林立的理发店、美容院、赌坊、博彩小店、批发女式内衣和皮手套的铺子。这里也有会计师和律师事务所、旅行社、诊所、托儿所、健身房、西联① 分行以及佛堂。这里还有各类餐馆,从宽敞的大饭堂到仅供立足的小吃店,可谓应有尽有;食物虽做了改良,但毕竟算得上地道,且价格要比在布拉格市中心的越南餐厅就餐便宜得多。跨入店门,迎接你的可能不是菜单,而是店家的招呼:"我们有牛肉、鸭肉——鸭肉是最好的!要喝啤酒,自己开冰箱拿。"尽管时有(捷克)当地人前来一饱口福,但沙坝镇的游客向来稀少,会说英语的人同样不多。

2015年1月,捷越友谊协会"河内俱乐部"在其官网上刊登了对哈密·伍贡叶诺娃的采访内容。1994年生于布拉格、双亲皆为越南人的哈密对记者表示:"我确实会到沙坝镇采购食材,但我的男朋友是捷克人,我们平常都做捷克菜(譬如炖牛肉)或者意大利面吃。"1980年,哈密的父亲来到捷克斯洛伐克,不久成了捷克贸易公司在越南的代理,闲暇时做捷越双语翻译,又或为报纸撰写文章。哈密的母亲来到捷克斯洛伐克的时间要更晚一些,她在布拉格的一家餐馆谋到了差事,再后来便和哈密的父亲相遇了。接受采访时,在查理大学主修"越南研究"的哈密因学校放假,暂时回家与父母同住。哈密还告诉记者:和捷克朋友外出喝酒时(她的朋友绝大多数都是捷克人),她说无比纯正的捷克语(丝毫听不出越南

---

① 国际汇款公司。

口音)。不过等回到家,情况就变得稍稍复杂了一些。"什么样的家长会眼看孩子在酒吧流连到凌晨两点还不管不问?"哈密的母亲质问道。她对哈密的生活方式和她的捷克男友很是不满,虽然她最终接受了女儿的选择。

"我和爸爸妈妈用越南语对话。"哈密解释道,"我还有个弟弟,他也生在布拉格,和他说越南话就很困难了。所以我们两个私下说捷克语,在爸妈面前说越南话。"哈密的父亲视布拉格为"第二故乡",捷克语也说得有板有眼,但哈密的母亲不行,至今不能用捷克语自如地与人交谈。哈密说她自己的越南话"也相当糟糕,直到进了大学、从基础学起才稍微好了那么一点"。尽管儿时回过两次越南,四年前又回去了一趟,但哈密仍然感到"浑身不自在,我在越南就是个外国人……和外公外婆相处倒没有问题,但我无法和同龄人交流,比如我的表弟表妹——不单单是因为语言上的障碍,主要还是因为我们没有共通点"。在被问及自认是捷克人还是越南人时,哈密答道:

> 我从没有细想过这个问题,总是得过且过,觉得"我应该算是捷克人吧"。但是高中毕业前的那段日子,尤其是等进了大学("越南研究"系)以后,事情就不一样了。

沙坝镇市场一景,莉布丝坊。

正如父母亲是第一代移民的那些孩子，我也经历了身份认同的危机。我没法再漠视我身体里的那部分越南基因，我意识到如果我仅仅糊弄说"我应该算是捷克人吧"，那是自欺欺人——我既是捷克人，又是越南人，现在我已经接受了这样的事实，接受了这样的"我"。

2015年，捷克统计局的官方数据表明：捷克共和国的越南籍常住人口从2009年的逾六万降至六年后的近五万七千，即便如此，他们仍是捷克境内第三大的少数民族（位居一、二的少数民族分别为斯洛伐克人和乌克兰人），且在捷克组成了欧洲第三大的越南人社群[①]。除吉普赛人以外，越南人是捷克唯一的非白人群体。尽管多年来争议不断，但捷克的越南人依旧获得了相应的合法地位；2013年，越南语甚至被列为布拉格的通用语之一。2011年的一项民意调查显示：在受访的越南人当中，有近两成生于捷克（虽然这不意味着他们能自动获得公民身份），剩余百分之七十五的人依然保留了其越南国籍。和许多西方国家所面临的情形并不相同，前来捷克（斯洛伐克）的越南人往往不是难民。他们在共产主义时期首次抵达捷克斯洛伐克，通常是为交流访问或公办出差之故，本是一心打算学成即返、报效祖国的。

到1980年代中期，已有约两万八千名越南人定居捷克斯洛伐克。其中一些参与了推动"正常化"进程的所谓"灰色经济"建设，也让部分腐败的官员因此赚得盆满钵盈。这些人靠走私成本低廉的假货（譬如仿名牌的最新款牛仔裤或电子手表）为生，自老家将"山寨品"偷运入捷克斯洛伐克，再转手卖给黑市，以此牟利。捷前政府倒台后，认为"此地不宜久留"的越南人相继回国，尽管仍

[①] 欧洲最大以及次大的越南人社群分别在法国和德国。

第十八章 ｜ 小河内

"我们有牛肉、鸭肉——鸭肉是最好的！"：沙坝镇的家常菜。

有约一万人选择了原地观望。而同时期（东欧剧变）自东德、波兰及匈牙利移居（更确切说是偷渡）至捷克斯洛伐克的越南人则源源不断，令其总人数不减反增。扎根新土地的越南人白手起家，从在市场摆摊或到小店打杂开始，经过十多年的奋斗，至二十一世纪初（后人称之为"天下金雨"的时代），他们当中的一部分人先富起来了。勤劳肯干的越南人在捷克人歇息时依旧开门营业，他们相信"吃得苦中苦，方为人上人"，总是教育自己的后代用功读书、敬老尊贤，既堪称捷克少数民族的典范，也和"好逸恶劳、不思进取"的吉普赛人形成了鲜明的对比……哈密却对这样的说法并不买账，她气愤愤地告诉记者道：许多越南人家的孩子"对学习压根不上心"，而捷克人对吉普赛人的刻板印象皆因媒体的误导所致。

[215]

千禧年后，捷克惊现史上最大的越南移民潮：仅 2007 年一年就有逾四万越南人获居留许可。2008 年末，捷克政府令严把签证关，这才将新一轮的移民大浪挡在了外头。捷克境内激增的越南人口改变了其越南社区的特性,也使得后者同捷克社会的关系日益紧张起来。因为最新一拨移民多来自越南中部及红河三角洲地带,在老家是面朝黄土背朝天的种地人,他们来到捷克,是为寻找(想象中的)发财致富的好机会;而对肯雇佣他们的当地人来说,自然是想榨取廉价劳动力。尽管持有所谓的"企业家"签证,但许多越南移民实为"契奴",欠为他们安排通关文件和移民渠道的蛇头一大笔钱。这些人初来乍到,语言不通,完全仰赖雇主"大发慈悲",因此极易走上歪门邪道,为还债兼生存而被迫贩毒、走私或卖淫。2009 年,马丁·瑞沙维在获奖纪录片《梦想之地》(*Země snů*)中如实反映了这部分越南移民的困境,其刻画可谓入木三分,令人喟叹。

若以瑞沙维的视角来看,布拉格的沙坝镇既是越南移民问题的象征,也是问题本身。"我们允许先富起来的这部分越南人为虎作伥——帮忙从自己的国家'引荐'自己的同胞前来捷克当牛做马,还美其名曰'造福广大人民群众'?"罗曼·克里斯托弗在发表于《人民新闻》的一系列文章(2010)中措辞强硬地质问道。"以极低廉的价格在越南市场买到活虾,又或能喝上一碗美味的越南浓汤,的确令人舒爽。但若要无视这样的事实、面不改色地继续吃喝:即某个倒楣的越南青年大约是把肾卖给了蛇头,方才有到此地卖虾做汤的机会——我们需要的可不光是好胃口,还有硬心肠。"克里斯托弗所言"越南青年卖肾案件"近来正在布尔诺接受开庭审理。而和词锋犀利的克里斯托弗不同,捷越友谊协会"河内俱乐部"的创设者之一——伊娃·佩乔瓦则担忧越南移民貌似"山穷水尽"的窘境可能"引发捷克民众新一轮的恐慌及排外情绪"。2004 年,查理大学越南研究系的师生建立了河内俱乐部,旨在为布拉格的越南移民提供法律援助,并为增进捷越人民之间的互相了解贡献绵薄之力。因此身为河内俱乐部志愿者的哈密·伍贡叶诺娃每每到沙坝镇去,不单是为采购越南食材,也为"陪同沙坝镇上的越南人到相关机构办理各种手续,由我做随行翻译"。哈密如此解释道,"我们帮助的对象既有刚来捷克的越南人,也有已在捷克多年但只生活在沙坝镇的越南人——所以他们不了解捷克,在这个国家住了快十年,却从不踏足别的地方,没机会用捷克语,也不知该如何填写各类文件。"哈密按下未表的,是没有人应当"生活"在沙坝镇(何况一住就是十年),因为沙坝镇根本不是居民区。

年仅十九岁的越南裔捷克少女范氏兰在其小说《白马黄龙》(*Bílej kůň, žlutej drak*)的开场白中写道:"这是一段发生在波西米亚、关乎种族主义的故事,也是一部越南社区在捷克土地上兴衰起伏的历史。我是捷克人,生于斯,多半亦会眠于斯。"《白马黄龙》赢得了2009年度图书俱乐部颁发的重量级"新人作家奖"。范氏兰真好比哈密的代言人,这本书就仿佛哈密的自传,只不过后来人们发觉:所谓的"范氏兰"是捷克作家约翰·岑比耶克的假名。人到中年的岑比耶克说他之所以要这么做,是为了呼吁人们"切实重视捷越问题"(何况研究青少年用语并模仿其口吻写作是岑比耶克的一大爱好)。然而岑比耶克设下的这场骗局(及其连锁反应)到底激怒了不少人,其中便包括罗曼·克里斯托弗。他写道:"(还以为是)才华横溢的少数民族子女踏入了捷克文学的新阵地,结果呢?用捷克语写作的越南美少女鬼影没见着一个,倒是那些越南废物和瘾君子蠢蠢欲动,不断骚扰沙坝镇附近的居民。镇政府忍无可忍,甚至放话说要组建民兵团,干脆把沙坝镇变成布拉格的第二个隔都。"克里斯托弗"眼里容不下一粒沙子",他的这股怒火事出有因,但也可能在无意中煽动伊娃·佩乔瓦不愿看到的、"捷克民众新一轮的恐慌及排外情绪"。何况让怒火蒙蔽了双眼的克里斯托弗应当承认:哈密·伍贡叶诺娃就是他所说的"才华横溢的少数民族子女";而越南的年轻人也不全是"废物和瘾君子"。

[217]

和土生土长的哈密不一样，2007年起移居布拉格的谭辛迪来自旧金山，是美籍越南人。谭辛迪此前在波黑[①]待了一年，极少见到亚洲面孔，因此刚来布拉格时，"终于能和同胞说上越南话，也终于可以大快朵颐家乡的牛肉粉汤，让我又惊又喜……不过再热闹的筵席也有曲终人散之时，我与捷克共和国的蜜月期同样如此"。谭辛迪自嘲道，她很快明白过来：在捷克，身为越南人是件复杂的事，而越南人在捷克当地人心目中的印象（以及地位）同样十分微妙。"和萨拉热窝不同，那里的亚裔多半住在郊区，你可以对他们选择性忽视，但布拉格的越南人无处不在——每个街区都有越南人开的便利店（potraviny）或者布料店，抬头不见低头见。一条典型的布拉格街道上必定有典型的越南人开的那么一家典型的杂货铺。"谭辛迪在三年后向《布拉格每日观察报》吐露道，"突然之间，我可以对常年生活在旧金山的墨西哥人感同身受了。"

[①] 全称"波斯尼亚和黑塞哥维那"，是前南斯拉夫国家，首都萨拉热窝。

19

弗兰克·盖里及弗拉多·米卢尼茨设计：跳舞的房子，伊拉塞克广场，新城区。

第十九章

跳舞的房子

"跳舞的房子"位于拉辛河堤与伊拉塞克广场的拐角处,是现今布拉格的主要景点之一。因其不规则的双塔造型仿如一对蹁跹佳偶,设计师(弗兰克·盖里及弗拉多·米卢尼茨)曾戏称跳舞的房子为"弗莱德与琴吉"[1]。然而起初的时候,当地人对这栋"曲里拐弯、飞扬跋扈"的建筑并不友好;一经落成,跳舞的房子便一举摘得了1996年度美国《时代》周刊颁发的"最佳设计奖",却未能入围当年的捷克优秀本土建筑评选。直到四年以后,它方才以"1990—2000年度杰出建筑设计"的名头(和里卡多·博菲尔缔造的查理宫一道)获颁布拉格市长奖。盛名之下,仍有批评家指出:跳舞的房子"与周边环境格格不入"。曾盛赞霍德公寓的建筑史学家罗斯提斯拉夫·施瓦哈并不同意这种看法,施瓦哈辩称:"若以此标准来衡量,则无论是彼得·巴勒、约瑟夫·莫克还是克利安·伊格纳·丁岑霍费都难以达标……因为他们的设计皆不假思

---

[1] 指弗雷德·阿斯泰尔与琴吉·罗杰斯,上世纪三、四十年代美国最知名的双人舞搭档。

索打破了所谓'大环境的和谐'。"何况就在拉辛河堤对岸——当奥托卡·诺沃提尼为十六世纪的施特卡[①]水塔（Šítkovská）加诸风格鲜明的功能主义结构、将之改建为日后的马内斯楼（1930）时，这一"大环境的和谐"已然被打破。以布拉格"艺术家团体"的评论家瓦茨拉夫·维勒姆·什特赫为首的"反对派"毫不掩饰他们对马内斯楼的敌视，形容它为"全布拉格最糟糕的建筑"。而跳舞的房子所招致的评论不单有失偏颇，且带有明显的排外色彩，有人甚而在游客留言手册上这样写道："布拉格还是我们捷克人的吗？"这般质问的人或许忘了，"已成捷克首都之必然象征的布拉格城堡之所以能有今日恢宏的外观"，皆归功于维也纳建筑师尼古拉·帕卡西。身为特蕾莎女皇御用设计师的帕卡西祖籍意大利，师从法国古典主义，效力于奥地利哈布斯堡王廷，重建了布拉格城堡内的主要建筑——不论从哪个角度看，连作为"今日捷克首都之必然象征"的布拉格城堡恐怕都和"他们捷克人"无甚干系。

[220]　　因此对跳舞的房子过于主观的批评，多少都言过其实。与对岸有着圆润洋葱顶的马内斯楼水塔遥相呼应，跳舞的房子那线条妩媚的窗框和仿佛正翩翩起舞的双塔格局与强调动感的立体主义以及巴洛克风格有着异曲同工之妙，却又并非对此二者的简单模仿。约瑟夫·帕佐特称之为由弗拉多·米卢尼茨开创的"二十世纪新巴洛克风格"。米卢尼茨出生于南斯拉夫，原是捷克理工学院的教授，1990年时凭借"跳舞的房子"最初的设计稿拿下了项目招标。弗兰克·盖里在两年后加入了建筑师团队，因开发商认为有"具备国际影响力的"盖里的加盟将有助于该项目顺利获得政府的各项批文。据米卢尼茨回忆，跳舞的房子起初有三个版本。第一版"类似

[①] 以附近的磨坊主约翰·施特卡命名。到1601年，该水塔（水站）已能为新城区提供四分之三的用水。

于'追忆莫斯科似水年华'",所以建筑下部主体打算采用（源自前苏联的）社会写实主义风格的檐口① 以及象征昔日波西米亚王国之辉煌的科林斯② 立柱，而"建筑上部那三分之一则以最简洁朴素的造型示人……仿佛正脱下繁复外衣、任其堆叠脚边的舞女，以此比喻见证了帝国哀荣和共产主义兴衰的捷克斯洛伐克正经历一场新的蜕变"。第二个版本力图表现"我们的社会热情高涨，因此整幢建筑像一枚饱满的豆荚，鼓鼓囊囊的，好像要把角角落落都撑破了一样"。第三个版本则预备把房子设计成袒胸露乳的"圣女贞德的模样③，且直指风云变幻的布拉格中心城区"。"虽然确属异想天开，但最终，跳舞的房子的设计方案去其糟粕、取其精华，正是这三个版本的集大成者——我的灵感就是这么来的，不管它们听上去有多荒谬。"米卢尼茨早前还告诉布拉格电台（1990）道："我希望跳舞的房子能真实反映捷克斯洛伐克社会的现状。"

米卢尼茨亦于电台访问中透露：他在绘制跳舞的房子初稿时，曾将其阳台设计成"如滚石乐队的红唇吐舌标识般朝马内斯楼和（布拉格）城堡方向凸起的样式"。而这一貌似"不着边际"的效仿其实事出有因。基思·理查兹④ 在自传《日子》中如此写道："'铁圈'巡演临近尾声之时，我们做到了（或至少我们以为自己做到了）在精神上解放布拉格……当时，写有'石头滚进，坦克滚出'⑤

---

① 指结构外墙体和屋面结构板交界处的水平部件。
② 即哥林多立柱，为古希腊三种建筑风格中最华丽的一种。
③ 此处应指法国浪漫主义画家欧仁·德拉克洛瓦为纪念1830年法国七月革命而作的《自由引导人民》（*La Liberté guidant le peuple*）。画的正中是戴着弗里吉亚帽、坦胸露乳的自由女神，她右手上扬，挥动旗帜，正号召身后的人民起来革命。德拉克洛瓦画的并非十五世纪的法国民族英雄圣女贞德，但常有人认为他在画中传递了贞德的意象。
④ 英国词曲创作人，滚石乐队的创始成员之一。
⑤ 拆解了滚石乐队的名称，表达了布拉格民众渴望和平变革、拒绝武装干涉的心声。

的海报贴满了全城。""滚石"是丝绒革命之后首支于布拉格演出的大牌西方乐队,乐队成员欣然义演(将演唱会的收益捐献给了慈善机构),并自西德搭乘总统专机抵达了布拉格。1990年8月18日,滚石乐队当着总统、第一夫人奥尔嘉以及近十一万观众的面,在盛况空前的御林宫馆做了现场表演。在此之前,"捷克斯洛伐克人已剪下滚石乐队的巨型'红唇吐舌'标志,贴在了可鸟瞰布拉格历史城区的山头,仿佛要再三强调他们同过去'划清界限'的决心。"《纽约时报》如此评论道。事实上,捷克斯洛伐克民众不偏不倚将红唇吐舌标志贴在了当年曾俯视旧城区的斯大林像的原址之上。而布拉格与"红唇吐舌"的故事还在继续。1995年,滚石乐队再度巡演至布拉格("巫毒闲混"),照常在御林宫馆演出。乐队为感谢总统的盛情,自费请其御用"照明大师"帕特里克·伍德罗夫(2012年伦敦奥运会开幕及闭幕式上的火炬手)为布拉格城堡的四座大厅安装了全新的灯光设备,其中包括大名鼎鼎的弗拉季斯拉夫大厅和西班牙厅。"完工以后,我们给了瓦茨拉夫一只小小的遥控器,是白色的,上面贴了红唇吐舌的标记。"理查兹在自传中描述道,"瓦茨拉夫边走边点亮了整座宫殿,于是突然之间,晦暗的大厅里原本死气沉沉的雕像仿佛活了过来一样。瓦茨拉夫欢天喜地试着不同的按钮,不断露出又惊又喜的夸张表情。能看到堂堂一国总统流露这样孩子气的一面,很是难得;而我看到之后暗想:'嘿呀,我还挺喜欢这家伙。'那就更难得了。"

除却滚石以外,同为英国摇滚乐队的披头士(及其所代表的亚文化①)对捷克斯洛伐克的影响也异常深刻。布拉格最知名的地下乐团"宇宙塑胶人"在1974年秘密录制了首张录音室专辑(四年

---

① 又称非主流文化或次文化,指从母文化中衍生出的特殊价值观和行为,是对主流文化的积极改进或消极反抗。

第十九章 | 跳舞的房子　　267

宇宙塑胶人（摄于 2010 年 11 月 4 日）。

后于法国发行），他们将之命名为《埃贡邦迪[①]的快乐之心俱乐部禁令》，既致敬了披头士的经典曲目《佩珀军士的孤独之心俱乐部乐队》，又玩了一把文字游戏。[②] 捷克诗人兼哲学家埃贡·邦迪乃上世纪四十年代布拉格超现实主义团体的领军人物，也是博胡米尔·赫拉巴尔的好友，多次为宇宙塑胶人乐队填词。而欣赏滚石和披头士之风采的总统亦是地下乐团（包括宇宙塑胶人所仰慕的美国先锋音乐人弗兰克·扎帕及捷克"地下丝绒"乐队）的拥趸。此外，总统还会见了地下丝绒乐队的主创路·瑞德，与之成为了一生的至交；用瑞德自己的话说——"当真是不可思议"（1990）。但这并非

---

① 指兹比涅克·费舍尔（1930—2007），"埃贡·邦迪"为其笔名。
② 此处的"禁令"（banned）和"乐队"（band）在英语中为同音异义词。

情侣在列侬墙边接吻，大修道院广场，小城区。

做戏，他确实久仰瑞德的大名。振聋发聩、敢为天下先的摇滚乐队（地下丝绒又或宇宙塑胶人也好，滚石又或披头士也罢）在厉精更始的现代布拉格拥有举足轻重的地位，矗立于小城区的列侬[①]墙便是明证。1980 年 12 月，列侬在纽约遇刺身亡后，布拉格人自发建起了这堵纪念墙。当地警察反复清除墙上的涂鸦，而青年学生锲而不舍一再留言作画，直到曾建锁链下方之圣母堂的马耳他骑士团成为纪念墙所在地的拥有人，遂放任民众前来，感今怀昔。1990 年初，我途经此墙，见其最醒目处誊写着披头士所作《山巅愚公》的完整歌词。

布拉格同西方亚文化的关联不只体现在音乐上。1965 年 4 月末，美国诗人艾伦·金斯伯格（"垮掉的一代"）到访布拉格，被

[①] 指披头士乐队的创始成员约翰·列侬（1940—1980）

第十九章 | 跳舞的房子

正举行劳动节庆祝活动的当地学生选为了"五月之王"[①]（Král Majáles）。一周后，始终紧迫盯梢的警察逮捕金斯伯格，将其押上了开往伦敦的班机。金斯伯格在飞行途中挥笔写下诗作《五月之王》："资本家给无产阶级汽油弹，给装着现金的行李箱/他们预备给什么？无非是处心积虑、脑满肠肥；不外乎满口谎话、秘密监视。"金斯伯格所批判的，岂不正是"兴，百姓苦；亡，百姓苦。"（"Plus ça change, plus c'est la même chose."）他随即又写道："王孙走马长楸陌，贪迷恋、少年游。"[②]这多半也是他忽遭驱逐的原因——当局认为"似恁疏狂，费人拘管"的金斯伯格"严重腐化捷克斯洛伐克的青少年"。被迫离境二十五年之后，"五月之王"金斯伯格方受布拉格市长之邀，重回故地（"夺回属于我的纸王冠"），并在查理大学哲学系举办了诗朗诵会。定居布拉格的澳大利亚诗人、小说家兼文化理论家路易斯·阿曼德在其著作《五月之王归来》（2010）中记录了丝绒革命以来捷克文坛"兼容并蓄、东西合璧"的景况。阿曼德写道："对许多人而言，金斯伯格的归来……标志着捷克新文化运动的开端，在同为作家的捷克总统的推波助澜下，造就了美国驻捷克新闻记者艾伦·利维所称的布拉格'九十年代之左岸'的盛况。"

如果说彼时的捷克斯洛伐克人曾将西方的亚文化视为其治国救命之良方，则西方社会亦怀"我见青山多妩媚"的渴慕，乃奉布拉格为寻常人等莫能企及的文化圣地。故而 1993 年 12 月刊登于《纽约时报》的某篇文章有此一问："1990 年代的布拉格是否就是 1920 年代的巴黎[③]？"文章还估计：彼时定居布拉格的美国青年人数约

---

① 布拉格市民会在 5 月 1 日当天为票选出的"五月之王"和"五月之后"戴上花冠。二战时，该传统仪式一度中断，后经学生呼吁，于 1965 年恢复。
② 此处借用柳永词作《少年游·九》。
③ 上世纪二十年代，西欧经济持续繁荣，各国艺术家汇聚巴黎，造就了文学艺术蓬勃发展的"咆哮年代"（Années folles）。

在四千至三万之间——其巨大的不确定性正是独属上世纪九十年代的鲜明特征。在移居布拉格的外籍人士当中，不仅有作家、音乐家、艺术家，还有计算机程序员、投资分析师和效力于布拉格斯巴达篮球队、身高逾两米的非洲裔美国外援——中锋亨利·艾布拉姆斯。美国企业家丽莎·弗兰肯伯格及肯特·哈里路克合力创办了全英语发行的《布拉格周报》（1991—2013）。在其全盛时期，《周报》的每期印数可达四万份。美国驻捷克记者艾伦·利维自《周报》创刊起便担任编辑，直至去世（2004），其骨灰后撒入了伏尔塔瓦河。美国作家约翰·布鲁斯·休梅克在当时尚未大修的市民会馆后门开了一间酒吧，名为"渴狗"。澳大利亚创作歌手尼克·凯夫为此写了一支同名的曲子，收录在新专辑《让爱进来》当中。艾伦·金斯伯格和乔·史楚默（英国摇滚乐队"碰撞"的主唱）均在渴狗登台献演过。1994年，渴狗酒吧因"卫生不达标"被勒令关门整顿。而就在一年前（1993），自美国移居布拉格的罗杰斯夫妇（斯科特·罗杰斯及玛科塔·扬古）在后生坊开设了"环球书店咖啡馆"。美国科幻小说家布鲁斯·斯特林如此形容它道："店里的布拉格顾客很好辨认——他们多半穿一袭黑衣，一边啜饮卡布奇诺，一边在笔记本上匆匆写着什么。"开张当年，环球书店咖啡馆便举行了艾伦·金斯伯格、英国小说家马丁·阿米斯以及捷克文人伊万·克利马、路德维克·瓦楚里克、亚希姆·托波尔和犹太裔捷克小说家阿尔诺什·卢斯蒂格的读书会，一时风头无两。2000年，因地皮易主，环球书店咖啡馆被迫迁往伏尔塔瓦河对岸，再不复从前的辉煌。

但不论如何——撇开捷克语和德语作品不谈，英语创作已在布拉格文坛占有一席之地。1992年，美国学者霍华德·塞登伯格在其位于欢笑坊的公寓内萌发了创建"扭勺出版社"的念头，并在付诸实践后陆续翻译出版了卡雷尔·希内克·马哈的长诗《五月》以及维耶特茨拉夫·纳兹瓦尔、博胡米尔·赫拉巴尔等多位捷克、波兰和匈牙利作家的作品。自 1997 年始,"扭勺"亦推出了定居布拉格的英语作家路易斯·阿曼德、约书亚·科恩、特拉维斯·杰普森等人的新作。布拉格的英语作家每周日晚相聚皇家葡萄园的"欢乐外汇俱乐部"（Radost FX）, 在如期举行的"炖牛肉读书会"（1993—2002）上切磋琢磨、彩笔生花。布拉格的英语社区不甘落后, 组织起的各类庆典和剧团活动令人眼花缭乱, 英语文学俱乐部欣欣向荣, 英语杂志期刊横空出世: 譬如《品味》（*Yazzyk*）、《眼开眼闭》、《书报亭》（*Trafika*）、《拙作》、《乐观主义月刊》、《布拉格书评》、《虚幻咖啡馆》、《布拉格文学评论》、《书页》（*BLATT*）、《佳境》（*VLAK*）等。分别成立于 2005 年和 2011 年的布拉格文学出版社（Litteraria Pragensia）以及骏马出版社（Equus）后来者居上; 尤其是"骏马", 追求"在创作上有新突破的同时, 始终对'双重边缘化'保持敏感。所谓'双重边缘化', 即（捷克的英语文学）既为英美主流文学出版业所冷落, 也遭捷克狭隘民族主义观念的抵制一事"。此外, 骏马出版社在其官方网站上补充道: "我社虽积极主张海纳百川、有容乃大的创作理念及（与之相匹配的布拉格）城市精神……然而在各型各类的政治意识形态面前——民族沙文主义（所谓'继承光荣传统'）也好, 极权主义（不论是左翼还是右翼）也罢, 我们的主张仍显得薄如蝉翼。"

[225]

艾伦·金斯伯格在《五月之王》中写道: "何其美哉, 五月王国! 浮生一梦, 朝荣夕灭。"同象征不屈和反叛的"五月王国"一样, 艾伦·利维所谓的"九十年代之左岸"也很快归于幻灭。这"王国"和"左岸"不过是文人想象的产物, 但谁说他们所竭力反抗的"各型各类的民族沙文主义和极权主义"不是人心之投射呢? 在卸下总统职务八年以后, 瓦茨拉夫·哈维尔溘然长逝（2011）。曾推行斯大林主义的捷共统治者有多决绝, 哈维尔的继任人——瓦茨拉夫·克劳斯和今日的捷克总统米洛什·泽曼就有多坚定, 誓要仿

[226]

2011年12月23日，瓦茨拉夫·哈维尔国葬：神圣救主堂外悬挂标语，上书"谢谢你，瓦茨拉夫！"，十字军广场，旧城区。

效恺撒[①]，重建"捷克人之捷克"。克劳斯和泽曼或许已然忘记，我们却要始终记得：就在不久以前，地处欧洲十字路口的布拉格曾再度向世界敞开胸怀，任大川奔涌、清风自来。

---

① 公元前44年，恺撒成为终身独裁官，象征着罗马（民主）共和制的结束以及（帝国）中央集权制的开端。

涂口红的雕塑，王朝街（Dinastiá）[①]。

---

① 此处印刷有误，为译者之推断。

附录

观光地点

旧城区和老犹太区

　　旧城区堪称中世纪之街道、庭院、小巷和广场的迷宫。城区正中央是旧城广场，上有老市政厅和（南墙外的）天文钟，另有胡斯纪念碑、金斯基宫、圣尼古拉教堂和泰恩堂等。相对较小的广场——小广场（Malé náměstí）、泰恩广场、伯利恒广场（伯利恒教堂所在地）以及水果市场（城邦剧院、查理学院以及黑色圣母屋所在地）同样风景如画，正如烤面包街、骑士街、圣米迦勒街（Michalská）、胡斯街、百合街（Liliová）、查理街和其他许多街道一样。市民会馆位于共和国广场，火药塔则毗邻共和国广场。鲁道夫学院、装饰艺术博物馆、帕拉赫纪念碑等坐落在十九世纪筑起的河堤上。此外，旧城区的知名景点还包括克莱门特学院、圣艾格尼丝修道院、圣凯瑟琳教堂、圣加仑教堂、圣雅各伯圣殿以及圣方济各教堂。若你对立体主义艺术感兴趣，可前往克拉什诺霍斯卡街上的布拉格教师合作公寓（由奥托卡·诺沃提尼设计）。分隔新、旧城区的国民大道亦有看头，上有民族剧院（及附属民族剧院的野兽派风格建筑"新舞台"）。新艺术风格的话题沙龙展览馆及布拉格保险公司大楼也位于同一条街上；而已成步行街的护城河街是布拉格主要的购物中心。至于并入旧城区的老犹太区（约瑟都）的建筑已

[228]

多在1895—1914年的隔都大清洗中被拆除，取而代之的是以巴黎街为中心建造起来的高档公寓楼（分离派风格）。从前的犹太隔都仅剩老犹太公墓、犹太市政厅及一系列犹太会堂（石板会堂、老新犹太会堂、尼古拉会堂、高大会堂、梅塞尔会堂以及西班牙会堂）可供游人参观。

新城区

1348年，查理四世下令围绕查理广场（牛市场）、瓦茨拉夫广场（马市场）以及干草市场兴修布拉格新城区。查理广场是新市政厅和浮士德屋的所在地，国家博物馆和圣瓦茨拉夫纪念碑则坐落在瓦茨拉夫广场之上。新城区多有历史建筑（譬如以马忤斯修道院、圣母雪地殿、查理教堂以及圣彼得教堂），但其现代建筑蜚声海外、更为驰名——譬如瓦茨拉夫广场的欧罗巴大酒店、朱庇特酒店、彼得公馆、瑞士莲大楼以及巴塔鞋业大楼。另有威尔逊街的国家歌剧院、火车总站和（原）联邦议会大楼；荣曼街的亚得里亚宫和莫扎特学院；马萨里克河堤的雷霆协会大楼和马内斯楼；雷瑟尔①街（Resslova）的"跳舞的房子"；爱尔兰街的中央酒店；河床街的捷克斯洛伐克军团银行和白天鹅百货公司……等等。新城区中心建于二十世纪初的迂回拱廊也很值得探索，其中知名的有沃迪奇卡街的新拱廊（从前解放剧院的所在地）和瞭望拱廊、护城河街的百老汇拱廊，以及瓦茨拉夫广场的阿尔法拱廊（Alfa）、灯笼拱廊和王冠拱廊（Koruna）。

---

① 以发明螺旋桨的德意志－捷克作家、林业专家约瑟夫·雷瑟尔（1793—1857）命名。

高堡

圣马丁圆形教堂、圣彼得与圣保罗宗座圣殿、高堡公墓及约瑟夫·瓦茨拉夫·梅塞贝克所作的古斯拉夫英雄雕像(萨玻伊和斯拉佛)均坐落在高堡。其山脚下则有约瑟夫·霍和尔设计的立体主义风格别墅(莉布丝街 3 号、拉辛河堤 6—10 号)以及霍德公寓(内克兰街 30 号)。

伏尔塔瓦河大桥

但凡往布拉格一游者,有着哥特式桥塔和(多为)巴洛克式雕像的查理大桥是其必到的景点。若对艺术感兴趣,则马内斯桥、新艺术风格的切赫桥以及立体主义风格的赫拉夫卡桥(上有奥托·古弗兰所作浮雕和约翰·斯托尔萨所作人物群像"劳作"及"人性")同样引人入胜。

小城区

小城区有着许多文艺复兴风格和巴洛克风格的宫殿,首当其冲的便是华伦斯坦(Valdštejnské)广场上占地巨大的华伦斯坦宫。若想暂时逃离都市的喧嚣,则智者乐水——安营岛、恶魔河(Čertovka)以及临河大修道院(Velkopřevorské)广场上的列侬墙是上佳的选择;仁者乐山——有着饥饿墙、舒恩伯宫花园[①]、洛布科维奇宫花园[②]以及瞭望塔的石头林山再理想不过,其陡峭的街道和沿山路盘旋而上的台阶令沿途(通往小城广场)的绝妙风光一览无

---

① 自 1924 年以来和作为美国驻捷克(斯洛伐克)大使馆的舒恩伯宫一起向公众开放。
② 是作为德国驻捷克大使馆的洛布科维奇宫的一部分。

[230] 余。小城区另有供奉布拉格耶稣圣婴像的胜利圣母玛利亚教堂、锁链下方之圣母堂以及丁岑霍费设计的圣尼古拉教堂恭候大驾。

城堡区

圣维特主教座堂、布拉格城堡和其花园至少需要花费一天的时间好好游览。而和布拉格城堡一样，御林宫修道院也拥有令人赞叹的美景。城堡区内静谧而美好的新界亦不容错过。城堡周围的区域则以华美的广场和宏伟的宫殿著称，譬如城堡广场上的施瓦岑贝格宫、马丁尼兹宫、托斯卡纳宫、斯登堡宫、总主教宫以及洛雷托广场上的切宁宫。与洛雷托广场同名的洛雷托教堂是布拉格最精巧别致的小教堂。

郊区

梁木坊修道院、特洛伊宫、白山坊的星星夏宫以及欢笑坊的波尔图别墅均坐落于此。（紧邻中心历史城区的）布拉格近郊有着令人瞩目的近当代建筑，包括夏日平原上的捷克斯洛伐克国家馆（为1958年布鲁塞尔世博会之故所建）；后生坊的布拉格展览馆和贸易博览会馆；勇士坊的巴巴住宅区；御林坊的穆勒别墅；查理镇的查理大道楼、查理宫、查理论坛楼、查理要点楼以及河镇建筑群；皇家葡萄园的圣心教堂和胡斯公理会教堂；添枝坊的圣瓦茨拉夫教堂；杰式卡镇的民族纪念碑和电视塔等。骑士坊和新犹太公墓也位于杰式卡镇，其中埋葬着卡雷尔·哈夫利切克·波罗弗斯基及弗朗茨·卡夫卡等多位布拉格名人。游客若有闲暇，不妨到莉布丝坊的沙坝镇（"小河内"）越南市场一逛；特洛伊宫坊的植物园、布拉格动物园以及少女谷自然保护区也是散心极好的去处。

博物馆和艺术馆

国家博物馆（Národní muzeum）

瓦茨拉夫广场 68 号（Václavské náměstí 68）
www.nm.cz

始建于 1818 年的国家博物馆是捷克共和国内历史最为悠久的博物馆。其主楼于 1890 年起正式对外开放，展出有地质学、动物学、古生物学和人类学的各类藏品。国家博物馆的圆顶万神殿内有著名捷克人士的胸像及雕塑；新楼则是自然历史展区。国家博物馆旗下另有多座子博物馆，包括展出有亚非两大洲及印第安土著文物、位于伯利恒广场 1 号（Betlémské náměstí 1）的纳普勒斯泰克[1]博物馆（Náprstkovo）；位于诺沃提尼天桥 1 号（Novotného lávka 1）的斯美塔那博物馆；位于新城区查理街[2] 20 号（Ke Karlovu 20）的德沃夏克博物馆；位于卡普勒街 10 号（Kaprová 10）的耶谢克纪念馆——系由弗朗齐谢克·泽伦卡以功能主义风格装潢的私人公寓，内有图书室和各类音像资料，展示了解放剧院的驻场作曲家雅罗斯拉夫·耶谢克的生平；位于展览馆街 422 号（Výstaviště 422）的（国家博物馆）石雕展馆则展出了曾屹立布拉格街道的石雕作品，包括陆军元帅拉德茨基的纪念碑和圣母玛利亚纪念柱等在内；位于金斯基花园 98 号（Kinského zahrada 98）、有着丰富民俗馆藏的捷克民族博物馆原为金斯基家族的私宅（夏宫）；位于帕拉茨基街 7 号（Palackého 7）的帕拉茨基和利格博物馆就设在翁婿俩曾生活过的小楼里，以纪念十九世纪捷克政坛的这两位风云人物。

---

[1] 由捷克政治家、慈善家、爱国主义人士华伦斯坦·纳普勒斯泰克（1826—1894）捐赠。
[2] 有别于旧城区的查理街（Karlova）。

布拉格城市博物馆（Muzeum hlavního města Prahy）

河床街 52 号（Na Poříčí 52）

en.muzeumprahy.cz

河床街上的城市博物馆主楼始建于 1896 到 1898 年间。其最著名的展区（品）包括"史前布拉格""中世纪布拉格""巴洛克时期的布拉格"以及安东尼·朗威尔所作（1826—1837）的布拉格旧城、小城和城堡区的微缩模型。城市博物馆在具有重要文化意义的建筑当中另设有展区，包括哥特式的"金环之家"（Dům U Zlatého prstenu）——是"查理四世之布拉格"的永久展区（泰恩街 6 号）；展出有"消失的岩下坊"的漂流木市场（海关大楼旧址）曾是中世纪的布拉格放排人、船夫和渔民往来贸易之地（拉辛河堤 30 号）；此外，由阿道夫·路斯设计、位于城堡水塔街 14 号（Nad Hradním vodojemem 14）的穆勒别墅（1928—1930）以及由奥托·罗瑟梅尔设计、位于第五节电池街 50 号（U Páté baterie 50）的罗瑟梅尔别墅（1928—1929）亦属城市博物馆之展区。

国家技术博物馆（Národní technické muzeum）

教堂街 42 号，夏日平原（Kostelní 42, Letná）

www.ntm.cz/en

记录了"波西米亚王冠领土"之上科技发展历程的技术博物馆令人印象深刻。对交通史感兴趣的游客还可前往栗下街 14 号（Pod Kaštany 14）的布拉格汽车博物馆（详情参见 www.automuseums.info/czech-republic/automuseum-praga）进行参观。御林坊帕托什卡[①]街 4 号（Patočkova 4）、由旧电车厂改造而成的公共交通博物馆

---

① 以捷克斯洛伐克哲学家约翰·帕托什卡（1907—1977）命名。

（详情参见 www.dpp.cz/en/urban-mass-transit-museum）也是很好的选择。

布拉格犹太人博物馆（Židovské muzeum v Praze）

www.jewishmuseum.cz

始建于 1906 年，有多个永久性场馆，皆位于老犹太区。梅塞尔会堂内展出"波西米亚王冠领土上的犹太人（十到十八世纪）"；西班牙会堂内展出"波西米亚和摩拉维亚之犹太史（十九到二十世纪）"；石板会堂内则展出"特蕾莎堡（集中营）的儿童绘画（1942—1944）"——这大约是整个布拉格最令人心碎的展品。

卡夫卡博物馆

砖厂街 2 乙号（Cihelná 2b）

www.kafkamuseum.cz

于 2005 年起对外开放。大卫·切尔尼的雕塑作品《涌流》就位于其正门外。

国家美术馆（Národní galerie v Praze）

旧城广场 12 号（Staroměstské náměstí 12）

www.ngprague.cz/en

国家美术馆有着捷克共和国内为数最多的艺术收藏品。美术馆有多处永久性展区，皆位于布拉格重要的历史建筑当中：圣艾格尼丝修道院展出有"中世纪波西米亚及中欧艺术（1200—1550）"（仁慈街 17 号）；斯登堡宫展出有"从古至巴洛克时期的欧洲艺术"，可见丁托列托、提埃波罗、埃尔·格列柯、戈雅、鲁本斯、范戴克及伦勃朗等人的杰作（城堡广场 15 号）；施瓦岑贝格宫展出有

"自鲁道夫至巴洛克时期的波西米亚艺术",可见鲁道夫二世的宫廷画家之遗作(城堡广场2号);萨尔姆宫(Salmovský palác)展出有"自新古典主义至浪漫主义风格的十九世纪艺术",可见包括约瑟夫·马内斯等在内的捷克十九世纪绘画和雕塑大家的作品(城堡广场1—2号);金斯基宫展出有"亚洲艺术",可见来自日本、中国(含藏区)、韩国及东南亚各国的文物(旧城广场12号);贸易博览会馆则展出有"十九、二十及二十一世纪艺术",可见捷克象征主义、印象派、立体主义、超现实主义以及欧洲现代主义画家——譬如塞尚、高更、梵高、布拉克、毕加索、蒙克、克里姆特、席勒、科科施卡、米罗及阿丰斯·穆夏等人的各类杰作(英雄大公街47号)。

布拉格城市美术馆(Galerie hlavního města Prahy)

en.ghmcz

展出十九至二十世纪捷克艺术的布拉格城市美术馆设有多个场馆,分别位于十三世纪晚期始建的哥特式石钟楼(旧城广场13号);市立图书馆二楼(圣母玛利亚广场1号);由捷克象征主义雕塑家及建筑师弗朗齐谢克·比莱自行设计建造(1910—1911)的比莱楼(密茨凯维奇[①]街1号)和摄影之家(革命大道5号)。

装饰艺术博物馆(Uměleckoprůmyslové muzeum)

十一月十七日[②]街2号(17. listopadu 2)

www.upm.cz

展出捷克应用艺术作品的主要博物馆;另在黑色圣母屋设有

---

① 以波兰浪漫主义诗人亚当·密茨凯维奇(1798—1855)命名。
② 这一天被定为捷克(斯洛伐克)的丝绒革命胜利日和国家民主自由日。

捷克立体主义艺术的永久展区（水果市场 19 号），详情参见 www.czkubismus.cz。

安营岛博物馆

索瓦[①]磨坊街 2 号（U Sovových mlýnů 2）

www.museumkampa.com/en

这座私人博物馆位于安营岛上的索瓦磨坊，集中展出了以弗朗齐谢克·库普卡、奥托·古弗兰和乔治·科拉什为主的中欧当代艺术家的作品。

穆夏博物馆（Kaunický palác）

绅士街 7 号（Panská 7）

www.mucha.cz/en

展出新艺术风格画家阿丰斯·穆夏作品及其生平的私人博物馆。

苏德克工作室（Atelier Josefa Sudka）

跑马道街 30 号（Újezd 30）

www.sudek-atelier.cz/en

是二十世纪捷克最具影响力的摄影师之一——约瑟夫·苏德克的工作室。

此外，布拉格城堡骑术学校（详情参见 www.hrad.cz/en/culture-at-the-castle）、华伦斯坦骑术学校（详情参见 www.ngprague.cz/en/

---

① 以布拉格面粉厂（又称"索瓦磨坊"）命名，其创始人为弗朗齐谢克·奥特科莱克（1817—1876）。

objekt-detail/waldstein-riding-school)、鲁道夫学院（详情参见 www.galerierudolfinum.cz/en）以及市民会馆（详情参见 www.obecnidum.cz/en/gallery）的（非永久性）画廊也是布拉格重要的艺术品陈列区。

当代艺术馆

民意当代艺术展览中心

普佩[1]街1号,后生坊(Poupětova 1, Holešovice)

www.dox.cz/en

系由捷克建筑师伊万·克鲁帕用旧工厂改造的多功能艺术空间,提名2008年度(欧盟)密斯凡德罗当代建筑大奖。内有逾三千平米的展区及咖啡馆、书店和设计品商店等。天台上可旋转的巨大红色骷髅出自大卫·切尔尼之手。

见面工厂

玻璃厂街15号,欢笑坊(Ke Sklárně 15, Smíchov)

www.meetfactory.cz/en

此当代艺术中心由大卫·切尔尼创建于2001年。2002年的布拉格大洪水迫使见面工厂撤出了后生坊,后于2007年落户欢笑坊(利用旧厂房改建)。内有三间画廊,每年举办约二十场展览,也提供乐队演出及戏剧表演。

未来当代艺术中心

霍勒契卡[2]街49号,欢笑坊(Holečkova 49, Smíchov)

www.futuraproject.cz/en

"未来"在欢笑坊的画廊是一个三层楼的展示空间,设有国内

---

[1] 以捷克酿酒大师弗朗齐谢克·安德烈·普佩(1753—1805)命名。
[2] 以捷克作家、记者、翻译家约瑟夫·霍勒契卡(1853—1929)命名。

外艺术家的各类作品展。其花园中则竖立着大卫·切尔尼的雕塑作品《热脸贴冷屁股》。

查理军营（Kasárna Karlín）

第一军团街 2 号，查理镇（Prvního pluku 2, Karlín）

kasarnakarlin.cz

查理军营"集咖啡馆、画廊、影院、剧场和音乐酒吧于一身"，秉承查理工作室之精神，是布拉格的当代艺术中心。

文娱演出场所：戏剧、芭蕾、歌剧

民族剧院（Národní divadlo）

国民大道 2 号（Národní 2）
www.narodni-divadlo.cz/en/national-theatre
始建于 1883 年，为优秀历史建筑。

新舞台（Nová scéna）

国民大道 4 号（Národní 4）
www.narodni-divadlo.cz/en/new-stage
附属民族剧院（由卡雷尔·普拉格设计，1978—83），如今是（魔灯剧院）黑光剧团的常驻地。

城邦剧院（Stavovské divadlo）

铁矿街 24 号（Železná 24）
www.narodni-divadlo.cz/en/estates-theatre
又称"国民剧院"（有别于"民族剧院"），是布拉格最古老的剧院，落成于 1783 年。

国家歌剧院（Státní opera）

威尔逊街 4 号（Wilsonova 4）
www.narodni-divadlo.cz/en/state-opera
建于 1888 年，最初名为"新德意志剧院"。2016 年起进行内部整修。

[236]

查理音乐剧场（Hudební divadlo Karlín）

克列什街 10 号，布拉格八区（Křižíkova 10, Prague 8）
www.narodni-divadlo.cz/en/karlin-music-theatre

建于 1881 年，在国家歌剧院大修期间承接其部分剧目的演出任务。

音乐厅

鲁道夫学院（Rudolfinum）

帕拉赫广场（náměstí Jana Palacha）

www.rudolfinum.cz/en

其巨大的德沃夏克厅是捷克爱乐乐团的常驻地。小厅则用于举办室内音乐会。

市民会馆（Obecní dům）

共和国广场5号（náměstí Republiky 5）

www.obecnidum.cz

市民会馆的斯美塔那厅是布拉格交响乐团的常驻地。

当代多媒体中心

雅典卫城宫（Palác Akropolis）

库贝利克①街 27 号，杰式卡镇（Kubelíkova 27, Žižkov）

www.palacakropolis.com

承诺"以音乐、戏剧、舞蹈、当代马戏、各类展览、艺术工坊、巡回研讨之夜以及庆典活动激活你的五感"——这一位于杰式卡镇的先锋艺术及独立文化中心多年来被票选为"布拉格最佳音乐俱乐部"。

十字俱乐部

煤气厂街 23 号，后生坊（Plynární 23, Holešovice）

www.crossclub.cz/en/contact

其内部装修采用蒸汽朋克②风格，为多元文化中心，提供国内外的现场音乐（朋克、斯卡③、乡村摇滚）及电子音乐（高科技舞曲、丛林舞曲、硬核舞曲）表演；亦通过戏剧、读书会、研讨和点映式④"展现跨类别的亚文化"。

小城俱乐部（Malostranská beseda）

小城广场 21 号（Malostranské náměstí 21）

www.malostranska-beseda.cz/en

---

① 以捷克斯洛伐克指挥家、作曲家拉斐尔·库贝利克（1914—1996）命名。
② 流行于上世纪八十至九十年代初的科幻题材，对距今已较遥远的工业革命时代的科技进行了极大的夸张，创建出一种架空文明。
③ 源自牙买加的传统曲风，后成为拉丁美洲流行音乐的重要组成部分。
④ 指选择在个别影院放映观众指定的影片。

位于小城市政厅原址,如今既是酒吧和咖啡馆,又是音乐及戏剧俱乐部。

杰式卡货运火车站(Nákladové nádraží Žižkov)

柴利夫斯基街 2 号(Jana Želivského 2)

nadrazi.nfa.cz/en

原为露天仓库(始建于 1936 年),后改为有露天影院、剧场、展览馆、音乐厅、艺术工坊及咖啡馆的综合文娱场所。

内政部(Vnitroblock)

工人街 32 号,后生坊(Dělnická 32, Holešovice)

www.facebook.com/vnitroblock

由工业区改建而成的多功能艺术空间,融合了多种风格,是布拉格最年轻的当代文化中心,内有设计品商店、咖啡馆、舞蹈工作室、艺术品展区及电影院。

爵士乐俱乐部

雅戈泰[①]（Agharta）

铁矿街 16 号（Železná 16）

www.agharta.cz

布拉格最大的爵士乐俱乐部，位于旧城区一间十四世纪的地下室（因此得名"雅戈泰"），自 1991 年开业以来全年无休。

堡垒（Reduta）

国民大道 20 号（Národní 20）

www.redutajazzclub.cz/en

这一传奇地带始建于 1957 年，据说是中欧最早的爵士乐俱乐部。

爵士码头

雅纳切克广场 2 号（Janáčkovo nábřeží 2）

www.jazzdock.cz/en

自 2009 年初开张至今，是伏尔塔瓦河左岸极其时髦的现代爵士乐俱乐部。

[①] 西方神秘主义文学创造出的地下乌托邦王国，据说位于地球的核心，拥有更先进的技术文明。

摇滚乐俱乐部

摇滚咖啡馆

国民大道 20 号（Národní 20）

www.rockcafe.cz/en

是布拉格历史最悠久、占地最广大的摇滚乐俱乐部，定期举办国内外各类摇滚乐现场演出。

灯笼音乐酒吧

沃迪奇卡街 36 号，灯笼拱廊（Pasáž Lucerna, Vodičkova 36）

www.musicbar.cz/en

每周五和周六晚皆有现场乐队演奏上世纪八、九十年代最受欢迎的迪斯科乐曲。

舞厅和迪吧

布拉格的舞厅和迪吧众多，现枚举一二：

天桥（Lávka）

诺沃提尼天桥 1 号（Novotného lávka 1）

www.lavka.cz/en

查理温泉（Karlový Lázně）

诺沃提尼天桥 13 号（Novotného lávka 13）

www.karlovylazne.cz/en

黎明（Roxy）

[239]

长街33号（Dlouhá 33）

www.roxy.cz/en

麦加（Mecca）

铁道街3号，后生坊（U Průhonu 3, Holešovice）

www.mecca.cz

欢乐外汇（Radost FX）

贝尔格莱德[①]街120号，皇家葡萄园（Bělehradská 120, Vinohrady）

www.radostfx.cz/en

复古音乐厅

法国街4号，皇家葡萄园（Francouzská 4, Vinohrady）

www.retropraha.cz

---

① 塞尔维亚首都，意为"白城"。

酒店住宿

洲际酒店

巴黎街 30 号（Pařížská 30）

www.icprague.com

豪华酒店，位于时尚的巴黎街，是捷克野兽派风格的标志性建筑。

巴黎饭店

市民会馆街 1 号（U Obecního Domu 1）

www.hotel-paris.cz/en

得完美重建的新艺术风格酒店。1935 年，安德烈·布勒东夫妇和友人保罗·艾吕雅曾在此下榻。

跳舞的房子酒店

伊拉塞克广场 6 号（Jiráskovo náměstí 6）

www.dancinghousehotel.com/en

后共产主义时期的布拉格最知名的建筑。

约瑟夫酒店

诸塘街 20 号（Rybná 20）

www.hoteljosef.com

位于旧城区心脏地带的现代酒店，时髦而有格调。

塔下酒店（Pod Věží）

桥塔街 2 号（Mostecká 2）

www.podvezi.com

是查理大桥小城区一侧的历史建筑中难得的现代风格酒店。

金井酒店

金井街 4 号（U Zlaté studně 4）

www.goldenwell.cz

小城区的精品酒店，位于布拉格城堡的围墙之下。

心晴酒店（MOODs）

圣克莱门特街 28 号（Klimentská 28）

www.hotelmoods.com

旧城区富有现代感的精品酒店。

复古萨克斯酒店

圣约翰山街 3 号（Jánský vršek 3）

www.hotelsax.cz/en

精品酒店，位于小城区分外美丽的圣约翰山街。

苏菲小姐酒店

蜜瓜街 3 号（Melounova 3）

miss-sophies.com/prague/newtown

位于新城区相对安静的区域，价格公道。

布拉格城市公寓

www.prague-city-apartments.cz
提供设施完善的市中心假日房出租服务，房源可靠。

餐厅、美食酒吧、熟食店

米其林星级餐厅

品尝（La Degustation）

圣加斯多罗街 18 号（Haštalská 18）

www.ladegustation.cz/en

主营新潮捷克菜。

田野

仁慈街 12 号（U Milosrdných 12）

www.fieldrestaurant.cz/en

主营新潮捷克菜。

卡戎[①]（Alkron）

圣史蒂芬街 40 号（Štěpánská 40）

www.alkron.cz

主营捷克传统精品菜肴，须穿着正装。

米其林必比登推荐（地道小馆，超值体验）

天乐（Divinis）

泰恩街 21 号（Týnská 21）

www.divinis.cz/en

---

① 希腊神话中冥王哈迪斯的船夫，负责将死者渡过冥河。"卡戎"之称谓（Al-Kro）系酒店设计师兼持有人阿洛伊斯·格拉夫塔（Alois Krofta）用自己的姓名玩的文字游戏。

主营意大利菜。

山椒（Sansho）

圣彼得街 25 号（Petrská 25）

sansho.cz

改良后的亚洲全食① 餐馆。

肉与甜甜圈（Maso a Kobliha）

圣彼得街 23 号（Petrská 23）

www.masoakobliha.cz

提供包括缓生② 肉类、小菜、啤酒、甜甜圈等在内的当季美食。

溪水（Eska）

佩纳街 49 号，查理镇（Pernerova 49, Karlín）

eska.ambi.cz/en

主营新潮捷克菜，早午饭一级棒。

［242］

枝梧竹（SaSaZu）

窑炉河堤 306 号（Bubenské nábřeží 306）

www.sasazu.com/en

位于后生坊，主营各类东南亚菜式。

光环（Aureole）

城市大厦 27 楼，星辰街 2 乙号，圣潘克拉斯坊（City Tower,

---

① 指将鸡鸭猪牛羊等各部位（包括内脏）逐一入菜的环保行为。
② 指不食用催生激素、自然生长的家禽（畜）。

27th floor, Hvězdova 2b, Pankrác）

www.aureole.cz/en

主营亚洲菜，位于捷克共和国最高的建筑内。

越过山丘（Na Kopci）

报表街 20 号，欢笑坊（K Záverce 20, Smíchov）

www.nakopci.com

主营法国菜和捷克菜。

美食酒吧

氛围集团（Ambiente）旗下的"酒馆连锁"包括"品尝"、"溪水餐厅"、"冷杉咖啡馆"和"我们的肉铺"（Naše Maso）在内，被布拉格人誉为"改良版的捷克经典民肴馆"。酒馆连锁在布拉格另有五家分店，包括旧城区的长街三十三号店（Dlouhá 33）以及查理镇索科洛沃街 55 号（Sokolovská 55）的酒馆汉堡店（详情参见 lokal.ambi.cz/en）。若想一尝更为传统的捷克美食，则邮票社（Kolkovna）美食酒吧是价廉物美的可靠选择。它在布拉格市中心共有三家分店，一家是护城河街 10 号（Na Příkopě 10）的萨瓦兰[①]店（Savarin），一家是海关街 4 号（V Celnici 4）的海关店（Celnice），还有一家是胜利街 7 号（Vítězná 7）的奥林匹亚店（Olympia）。位于皇家葡萄园王冠街 1 号（Korunní 1）的"葡萄园议会"酒吧同样出类拔萃（详情参见 www.vinohradskyparlament.cz/en）。

熟食店、肉铺酒馆

捷克熟食店（lahůdky）多出售肉食（包括火腿）、奶酪、蔬菜沙

---

① 以法国美食家让·安泰姆·布里亚-萨瓦兰（1755—1826）命名。

拉、糕点和其他现做的各类小吃，既可堂食，也可外带。开口三明治是捷克的传统特色点心，在主打此类三明治的店家当中，位于荣曼街34号（Jungmannova 34）的"金十字"（Zlatý Kříž）是最有名的百年老字号（详情参见 typicalczechdeli.cz/classic）。在金十字，顾客点单后可站于柜台边食用三明治，并以啤酒佐餐，好不惬意。而长街39号（Dlouhá 39）的"姊妹熟食店"麻雀虽小，五脏俱全，同样很受当地人的欢迎，且店家对开口三明治加以大胆改良，做出了精美的新花样（详情参见 www.chlebicky-praha.cz）。姊妹熟食店对面便是位于长街美食拱廊内的"我们的肉铺"（详情参见 nasemaso.ambi.cz/en），既是肉店，又是酒馆，还提供现卖现烤及加热肉食的贴心服务，因此顾客云集。

[243]

物美价廉的小吃店

后生坊市场（Holešovické tržiště）五号大厅内、窑炉河堤306号的长安饭店（Tràng An）是布拉格最早且最优的越南餐馆。马哈街22号（Máchova 22）的爪哇联合（Jávanka & Co）则位于皇家葡萄园，服务周到，是品尝正宗印尼菜的好地方（详情参见 www.facebook.com/javankaandco）。同样位于皇家葡萄园的佳肴汉堡酒馆在罗马街29号（Římská 29），据说那里出售的汉堡是全布拉格最好吃的（详情参见 www.dish.cz/en）。

酒吧

小熊酒吧（U Medvídků）

佩尔施泰因街 7 号（Na Perštyně 7）
umedvidku.cz/en
传统捷克酒吧，食物分量十足，啤酒百里挑一。

金虎酒吧（U Zlatého tygra）

胡斯街 17 号（Husova 17）
www.uzlatehotygra.cz/en
不时髦，不媚俗，作家博胡米尔·赫拉巴尔在世时几乎每日必往的地方。

公猫酒吧（U Kocoura）

聂鲁达街 2 号（Nerudova 2）
传统捷克酒吧，位于小城区中心地带，是游客的必经之地。

黑牛酒吧（U Černého vola）

洛雷托广场 1 号（Loretánské náměstí 1）
www.facebook.com/ucernehovola
优质的传统捷克酒吧，位于布拉格城堡附近。

自由船酒吧（T-Anker）

船锚商场，共和国广场 8 号（OD Kotva, náměstí Republiky 8）
www.t-anker.cz/en/about

风景绝佳的文青酒吧,位于船锚商场楼顶,可俯瞰旧城区。

艰难时期(Zlý časy)

切斯特米尔街①5 号,新灯坊(Čestmírova 5, Nusle)

www.facebook.com/zlycasy

号称"布拉格啤酒文化的启蒙地",店内提供四十八种散装生啤。

酿酒厂俱乐部(Pivovarský klub)

克列什街 17 号,查理镇(Křižíkova 17, Karlín)

www.pivovarskyklub.com

文艺青年的天堂。

海明威酒吧

斯韦特拉街 26 号(Karoliny Světlé 26)

www.hemingwaybar.cz/bar-praha

"调酒上好,烈酒众多。"

酒表(Vinograf)

干草市场 23 号(Senovážné náměstí 23)

vinograf.cz/?lng=en

葡萄酒品类繁多、应有尽有。

---

① 以捷共中央书记处书记、布拉格之春的支持者、外交官切斯特米尔·齐萨什(1920—2013)命名。

绿威林（Veltlin）

克列什街 115 号，查理镇（Křižíkova 115, Karlín）
www.veltlin.cz
奥地利（哈布斯堡王朝）的白葡萄酒之光。

咖啡馆

斯拉维亚大咖啡馆（Velká kavárna Slavia）

斯美塔那广场 2 号（Smetanovo nábřeží 2）

www.cafeslavia.cz

布拉格历史最悠久的咖啡馆之一，一度是异见人士的聚会地点，街景一流。

国民咖啡馆（Národní kavárna）

国民大道 11 号（Národní 11）

www.narodnikavarna.cz

二十世纪初知名的文学咖啡馆，后得以照原样重建。

卢浮宫咖啡馆

国民大道 22 号（Národní 22）

www.cafelouvre.cz/en

环境优雅，是布拉格知识分子钟爱的聚会场所，据说爱因斯坦曾是这里的常客。

冷杉咖啡馆

胜利街 5 号（Vítězná 5）

cafesavoy.ambi.cz/en

有奢华的内部装潢、味美至极的西点，还提供布拉格最令人垂涎的炸牛排。

东方大咖啡馆

水果市场 19 号（Ovocný trh 19）

www.grandcafeorient.cz

其内部装修最初采用布拉格立体主义风格，后得以一丝不苟地重建了起来。

市民会馆咖啡馆（Kavárna Obecní dům）

共和国广场 5 号（náměstí Republiky 5）

www.kavarnaod.cz/kavarna-obecni-dum-2

新艺术风格的经典之作，虽游客众多，但确实不容错过。

帝国咖啡馆

河床街 15 号（Na Poříčí 15）

www.cafeimperial.cz/en

可见极尽奢靡的装饰艺术风格的内饰。由捷克知名电视主厨推出每日菜单，食物质优味美。

超级背包客咖啡馆

修道院街 18 号（Opatovická 18）

www.facebook.com/supertrampcoffee.cz

咖啡出色。

我的那杯咖啡（Můj šálek kávy）

克列什街 105 号，查理镇（Křižíkova 105, Karlín）

www.mujsalekkavy.cz/en

"轻而易举令查理镇名声大噪,一跃成为布拉格的威廉斯堡。"

美食客(Au Gourmand)

长街 10 号(Dlouhá 10)

www.augourmand.cz

旧城广场边的法式西饼屋。

纪念品商店

皇家葡萄园馆（Vinohradský Pavilon）

皇家葡萄园街 50 号（Vinohradská 50, Vinohrady）
pavilon.cz/en
室内装潢设计商店，位于改建后的厂房内，分为"专卖店"（Stockist）和"现代派"（Modernista）两个门面。后者尤其出众，出售各类捷克家具及古董灯具。

立体主义设计（Qubus）

www.qubus.cz/index.php/cs
有两家分店，分别位于镜框街 3 号（Rámová 3）和（后生坊）民意当代艺术展览中心内。出售玻璃和陶瓷制品、灯具以及由捷克当代艺术家设计的各类摆件。

砖厂概念商店

砖厂街 2 乙号（Cihelná 2b）
www.cihelnaprague.com
出售捷克制造的当代玻璃和陶瓷制品、珠宝、灯具以及家具。

牛仔头

圣十字街 30 号（Konviktská 30）
www.denimheads.cz
另类的时尚精品店。

靴子六六

鞋匠街 4 号；克列什街 18 号，杰式卡镇（Skořepka 4 and Křížkovského 18, Žižkov）

botas66.com/en

创建于 1960 年代的捷克本土运动鞋潮牌。

莎士比亚父子书店

劳西茨神学院街 10 号（U Lužického Semináře 10）

www.shakes.cz

出售各类英语著作（包括二手书在内）。

环球书店咖啡馆

施特罗斯[①]街 6 号（Pštrossova 6）

globebookstore.cz

布拉格最早的英语书店，有逾一万种书籍、报刊和杂志可供阅览及出售。

卡 - 夫 - 卡艺术书店（K-A-V-K-A）

克罗钦[②]街 5 号（Krocínova 5）

www.kavkaartbooks.com/en

出售精美的海外艺术与建筑类书籍。

---

① 以布拉格企业家、第一任捷克籍市长弗朗齐谢克·瓦茨拉夫·施特罗斯（1823—1863）命名。
② 以十六世纪的布拉格市长瓦茨拉夫·克罗钦（1584—1605）命名。

后生坊市场

窑炉河堤 13 号（Bubenské nábřeží 13）

www.prazska-trznice.cz

由旧厂房改造而成，硕大无朋，内有地道的亚洲小吃店。其二十二号厅是布拉格最大的水果市场。周一至周六开放，全年无休。

河滨农夫集市

拉辛河堤（Rašínovo nábřeží）

www.farmarsketrziste.cz/en

布拉格最时兴的农贸市场，位于岩下坊滨水区，每周六八点至十四点营业。

其余推荐

书籍

[澳]路易斯·阿曼德(编),《废除布拉格》:《论著与干预》,布拉格:2014。(对寻常游客难得一见的"别样布拉格"的启发性研究。)

[英]理查德·伯顿,《布拉格之文化史》,北安普敦(马萨诸塞州):2014。(对布拉格文化史的绝佳概述,内容翔实、别具慧眼、充满洞见。)

[美]皮特·德梅茨,《黑金布拉格》,伦敦:1998。(尤侧重对布拉格的德意志人及犹太裔的历史综述,相当出彩,同类型的英语著作无出其右者。)

[意]安吉洛·马里亚·里佩利诺,《神奇的布拉格》,大卫·牛顿·马里内利(译),伯克利(加利福尼亚州):1994。(由杰出的意大利籍斯拉夫语学者里佩利诺撰写,将布拉格的"民族元素"呈现得极为丰沛且满有诗意。)

[英]德里克·塞耶,《波西米亚海岸》,普林斯顿(新泽西州):1998。

《二十世纪之都布拉格》,普林斯顿(新泽西州):2013。(我本人的相关著作。)

电影

薇拉·希蒂洛娃(导),《雏菊》(*Sedmikrásky*),1966。讲述了两位同名少女的叛逆青春,曾因"尺度问题"在捷克斯洛伐克被禁播。

米洛什·福曼（导），《金发女郎之恋》(*Lásky jedné plavovlásky*)，1965。描绘了捷克斯洛伐克某鞋厂青年女工的爱与愁。

乔治·门泽尔（导），《被严密监视的列车》(*Ostře sledované vlaky*)，1966。改编自博胡米尔·赫拉巴尔的短篇小说，描绘了纳粹占领时期捷克斯洛伐克某乡村火车站内的小人物。该片荣获1968年度的奥斯卡最佳外语片奖。

《效忠英王》(*Obsluhoval jsem anglického krále*)，2006。改编自博胡米尔·赫拉巴尔的同名小说，同样由在捷克"电影新浪潮"时期（发轫于1960年代）崭露头角的鬼才导演门泽尔执导，讲述了曾是（布拉格）巴黎饭店侍应生的约翰·迪特大起大落的一生。

大卫·昂德里克（导），《寂寞者日记》(*Samotáři*)，2000。都市喜剧，讲述了布拉格的七名男女（互为朋友、同事或前任爱侣）以为亲密实则疏离、以为熟悉却又陌生的情感关系。

约翰·斯维拉克（导），《旅行》(*Jízda*)，1994。"表现上世纪九十年代之精神"的捷克公路电影。该片荣获1995年度的水晶地球仪奖[①]。

《给我一个爸》(*Kolya*)，1996。讲述了东欧剧变时期（1988）人到中年、穷困潦倒的捷克大提琴家不得不照看年仅五岁的苏联小男孩的故事。该片荣获1997年度的金球奖最佳外语片奖以及奥斯卡最佳外语片奖等多项殊荣。

网站

"布拉格官方旅游网站"——提供各类实用的资源，其所罗列

[①] 为"查理温泉国际电影节"的最高奖项。该电影节每年在捷克的查理温泉镇举行，是中欧及东欧地区最具影响力的电影盛事。

的景点按地区划分,可查看并下载地图、交通路线图、对知名建筑和历史古迹的介绍等等。(详情参见 www.prague.eu/en)

"维特鲁威[①]:布拉格古迹与建筑插图指南"——该网站内容详尽,可谓建筑爱好者的宝库。(详情参见 pragitecture.eu)

"布拉格滋味"——来源可靠且时时更新的博客,一切同布拉格的美食相关而旅游指南绝口不提的有用讯息(譬如城市各角落深藏不露的私房菜馆)都能在该网站上找到。(详情参见 www.tasteofprague.com/pragueblog)

"中东欧新视点"——布拉格国际关系学院的官方博客,显示实时动态。(详情参见 ceenewperspectives.iir.cz)

小说(若它们当真只是小说的话)

路易斯·阿曼德,《组合密码》,布拉格:2016。

雅罗斯拉夫·哈谢克,《好兵帅克》,塞西尔·帕洛特(译),伦敦:2000。

博胡米尔·赫拉巴尔,《效忠英王》,保罗·威尔森(译),伦敦:1990。

希达·马格里乌斯·科瓦里,《无罪推定》,亚历克斯·祖克尔(译),纽约:2015。

米兰·昆德拉,《笑忘书》,艾伦·阿谢尔(译),纽约:1996。

约翰·聂鲁达,《布拉格轶事》,迈克尔·亨利·海姆(译),伦敦:1993。

《卡夫卡短篇小说集》,埃德温·缪尔等(译),纽约:1993。

亚希姆·托波尔,*姐妹*,亚历克斯·祖克尔(译),北黑文(康涅狄格州):2000。

[①] 为"查理温泉国际电影节"的最高奖项。该电影节每年在捷克的查理温泉镇举行,是中欧及东欧地区最具影响力的电影盛事。

译后记

我们这一代人("八〇后""九〇后")对布拉格的第一联想多半源自当年那首传遍街头巷尾的《布拉格广场》:"琴键上透着光／彩绘的玻璃窗／装饰着哥特式教堂／……我就站在布拉格黄昏的广场／在许愿池投下了希望／那群白鸽背对着夕阳／那画面太美我不敢看。"当年的我们却并不清楚:《布拉格广场》的歌词不太准确——布拉格既没有布拉格广场,广场上也没有许愿池。

和相对不那么严谨的流行歌词不同,《布拉格》的作者德里克·塞耶是专业学者,所以他的这本书几乎可以当做历史课本来读。虽然塞耶的视角(对历史事件的解读)不乏主观性,但比起强调趣味,他还是更重视还原史实,因此对相关主题缺乏学术兴趣或不习惯看学术类书籍的读者可能会觉得塞耶的文笔过于平淡。而身为历史学教授,塞耶的确有一个丝毫不令我意外(但到底让我有些头疼)的习惯,那就是他喜欢写很长、很长的句子,把很多、很多的数据罗列在一块儿,如果在译文中完全照搬塞耶的风格,不免会让一时难以适应的读者有"信息量爆炸"的错觉,并或多或少地催生阅读疲劳。也或许因为塞耶不以读者的感受为首要考虑,故而《布拉格》在句和段的衔接上(至少在我看来)做得比较随性,且偶有作者话只说一半,需原文读者自行补完的"开放式造句"。以上这两个因素的叠加致使我在翻译本书时做了迄今为止最大胆也最自由的各种尝试——因为读者的观感和体验对我来说至关重要,因此我在尽量确保"信"(忠实)的基础上要做到"达"(通顺),就需要先厘清原文的内在逻辑关系,然后适当调换前后文的顺序或重新组织语句,使之晓畅明白,上下文过渡自然。有鉴于塞耶的整体写作风格偏书面化，我也尽力把译文打磨得规整、简练、典雅。

我在翻译的过程中经常遭遇的另外一项挑战是——越是专业素养过硬的专家和学者越是会假定读者的知识储备基本与他的相当（或只是略逊一筹），塞耶也不例外，因此会在行文时不自觉地语焉不详，乃至于对相关的背景不做任何交代。每当这时就需要译者出来"救场"，在译作中做适当的补充，以免读者如堕云雾。我在《布拉格》当中的操作是酌情把部分注释掺入了原文，力求处理得不着痕迹，譬如圣内波穆克殉道的始末，譬如尼古拉斯·阿列什表现星星夏宫的画作《白山》的细节，譬如"温顿列车"背后的故事，譬如对地铁天使站（原莫斯科站）的墙面装饰画的描绘等等。当然这种做法也受到一定的限制，通常是在囿于格式而无法在文中进一步展开说明的时候——例如塞耶为不同章节取的名称就各有出处（反对一切！、金杯毒酒、当之无愧现代风等），又例如博胡米尔·赫拉巴尔所引用的"普罗米修斯"（出自希腊神话）和"燃烧的荆棘"（出自《圣经旧约·出埃及记》）的象征意义等，便只能通过脚注的方式加以阐述了。

此外，我在书中对地（路）名的翻译多取其意而舍其音，这一点想必读者能鲜明地感受到。虽然有过犹豫，但我在反复权衡后下定了决心，把凡是能找到出处的名称都意译了出来，因此读者会了解到：布拉格有古老的烤面包街（Celetná），而非仅仅根据英语发音习惯翻译过来的、不知所谓的采莱特纳街。我之所以选择这样做，部分原因是《布拉格》涉及大量的人名和地名（很多还是曾用名），在不同的时期和地区有不同的译法，如果单纯采取音译，实在容易让人晕头转向。我想不怎么熟悉欧洲历史的读者一开始可能都有这样的感受，那就是历朝历代的君王名号是如此相似，而欧洲的人名和地名有时又像火车厢一样长，恐怕刚看明白一些了，若是搁下书来，过一阵再读，已经又不记得谁是谁了。这种情形下译者能做的，往往是在人名前适当添加定语，提醒读者此人的特点（譬如绰号或者最突出的事件），以帮助读者在脑海中构建起一张人物关系图，通过合理的重复来加深读者对某一概念或情节的印象。

和其他许多作品一样，《布拉格》也包含了各类文字游戏，内容涵盖德语、意大利语以及上世纪的流行文化等，恕我在此不一一赘述，留待我们的读者自行评判。同样需要留待读者评判的还有本书对诗歌的翻译。诗是修辞、意象和韵律的结合体，无法在译入语里完全重现，这导致不少译者认为诗歌是不可译的，只能是再创作。《布拉格》便引用了包括大名鼎鼎的纪尧姆·阿波利奈尔和（相对）名不见经传的伊丽莎白·珍妮·韦斯顿等人在内的诗作。试以韦斯顿的诗为例，因其原作以拉丁语写成，标题直译过来是《少女诗》（*Parthenicon Libri*），但考虑到韦斯顿在诗作出版时的年纪（二十四岁）恰是我们传统文化中所称的"花信之年"，我于是把诗的标题译成了《花信词》。至于诗的内容——因书中的"原作"（本身已是译文）和追求对仗的汉语律诗毕竟很不一样，我对诗歌语言的音韵之美和节奏把握得如何，还烦请读者不吝赐教。

说回《布拉格》本身——布拉格虽然是欧洲访问量最大的城市之一，但多数游客对它（尤其是它那错综复杂的历史）其实并不了解。所以德里克·塞耶的这本既可作为历史读本，又可充当旅行指南的《布拉格》很是实用，它简明扼要也全面细致地回顾了这座城市从诞生直到今日（2018年）的情状。读过《布拉格》再游览布拉格，一定会有不一般的体验。最后插一句题外话：《布拉格广场》的歌词有一点没弄错，布拉格确实有"拥挤的剧场"和"安静小巷一家咖啡馆"，至于广场上的哥特式教堂究竟是哪一座，看过了《布拉格》的读者自会有答案。

金天
2020年10月

大事年表

约前 700	波伊人（凯尔特分支）定居布拉格
约前 100	日耳曼人驱逐波伊人
约 500—550	斯拉夫部落迁居波西米亚
约 800	大摩拉维亚公国成立
863	拜占庭传教士西里尔和美多德抵达大摩拉维亚公国
约 883	美多德为首任波西米亚公爵博日沃伊一世及妻卢德米拉施洗
880 年代	博日沃伊一世兴修布拉格城堡
约 906	马札尔人入侵，大摩拉维亚公国灭亡
935	波列斯拉夫一世杀害兄长瓦茨拉夫一世（圣瓦茨拉夫）篡位
973	布拉格荣升主教区
997	布拉格主教沃耶帖赫（圣亚德伯）于东普鲁士被害
1096	第一次十字军东征及布拉格犹太人大屠杀
1135	索别斯拉夫一世修筑布拉格城堡之石墙及堡垒
1212	《金玺诏书》封奥托卡一世为神圣罗马帝国选帝侯（世袭头衔）
1231	瓦茨拉夫一世于旧城区筑防御工事
1278—1283	勃兰登堡藩伯奥托五世占领布拉格

1306	瓦茨拉夫三世卒,普舍美斯王朝一脉断绝
1310	卢森堡的约翰一世称王布拉格
1344	布拉格荣升总主教区
1348	查理四世建查理大学及新城区
1389年4月18日	复活节(犹太人)大屠杀
1393	内波穆克遇害(1729年蒙封圣徒)
1415年7月6日	胡斯被处以火刑
1419年7月30日	布拉格第一次抛窗事件
1420—1434	胡斯战争
1434	七椴镇战役
1436	签订《巴塞尔契约》
1448	滩下镇的乔治称王布拉格
1483	起义反抗乌拉斯洛二世
1526	斐迪南一世当选国王,波西米亚与哈布斯堡家族结盟
1547	起义反抗斐迪南一世,被镇压
1575	路德宗、新稳健派与合一弟兄会缔订《波西米亚信条》
1609	鲁道夫二世承认《波西米亚信条》,颁宗教宽容敕令
1618年5月23日	布拉格第二次抛窗事件,致波西米亚新教同盟举事
1620年11月8日	白山战役
1621年6月21日	二十七名新教领袖于旧城广场被处死
1624	费迪南二世强硬推行天主教
1627	新《宪章》终结波西米亚的独立主权

1631—1632	萨克森人占领布拉格
1648	瑞典军队攻占并洗劫布拉格城堡区和小城区
1653	查理大学与克莱门特学院合并为查理 - 费迪南大学
1740—1743	在奥地利王位继承战争中,布拉格为法兰西 - 巴伐利亚联军占领
1757	布拉格在七年战争中为普鲁士军队占领并遭轰炸
1781—1790	约瑟夫改革
1783	国民剧院(城邦剧院)落成
1784	约瑟夫二世合并四区,变布拉格为直辖市
1791	神圣罗马皇帝利奥波德二世加冕;克莱门特学院举办第一届工业展览会
1799	布拉格艺术学院成立
1806	布拉格工艺大学成立
1818	国家博物馆落成
1846	资产阶级俱乐部成立
1848	"民族之春"欧洲革命
1850	犹太隔都并入布拉格五区
1860—1861	《十月敕令》和《二月特许状》恢复宪政
1861	捷克人取得市议会多数席位,选出首任捷克市长
1862	雄鹰体育协会成立;德意志赌场落成;临时剧院落成
1881	民族剧院落成,遭焚毁后于 1883 年重建

1882	最后一批德意志市议员辞去职位；查理-费迪南大学解体
1888	新德意志剧院落成
1891	银禧博览会
1894—1914	隔都大清洗
1918年10月28日	捷克斯洛伐克宣布独立
1920年11月	布拉格反德及反犹暴动
1921年5月14—16日	捷克斯洛伐克共产党成立
1922	兼并附近三十八个小镇，大布拉格市成立
1938	签订《慕尼黑协定》（9月30日）；捷克斯洛伐克共产党被迫解散（10月20日）
1939	斯洛伐克割让苏台德地区（3月14日）；纳粹德国吞并波西米亚和摩拉维亚（3月15日）；全国大学无限期停课（11月17日）
1941年10月16日	第一批在布拉格的犹太人被送往集中营
1942年5月27日	莱因哈德·海德里希遇刺（八天后死于败血症）
1945	布拉格起义（5月5日—8日）；苏联红军解放布拉格（5月9日）
1945—1946	近三百万波西米亚德意志人遭驱逐
1946	捷克斯洛伐克共产党成为大选及流亡政府时期的最大党派
1948	"二月革命"政变
1950	米拉达·霍拉科娃受审、遇害
1952	斯兰斯基案件

1968	亚历山大·杜布切克担任捷克斯洛伐克共产党第一书记（1月5日）；华约成员国入侵，终结"布拉格之春"改革（8月21日）
1969	古斯塔夫·胡萨克代替杜布切克出任捷克斯洛伐克共产党第一书记（4月17日）；"正常化"进程开始
1977	瓦茨拉夫·哈维尔等异见人士发表《七七宪章》
1989	丝绒革命（11月17日）；哈维尔当选总统（12月29日）
1990	公民论坛赢得大选
1992—1993	捷克斯洛伐克于1992年12月31日午夜解体，分裂成为捷克共和国与斯洛伐克共和国
1999	捷克共和国加入北约
2004	捷克共和国加入欧盟

索引[1]

修道院与托钵修会 abbeys, convents and monasteries 18, 57-59, 64, 83, 94, 97, 100, 169
 梁木坊修道院 Břevnov 28, 30, 77, 85, 98, 100, 230
 以马忤斯修道院 Emmaus 43, 58, 89, 137, 143, 162, 228
 圣艾格尼丝修道院 St Agnes 35-37, 100, 162, 228, 232
 圣乔治（本笃会）托钵修会 St George 28, 100
 御林宫修道院 Strahov 12, 32, 46, 58, 79, 98, 230
布拉格艺术学院 Academy of Fine Arts 102, 119
炼金术 alchemy 70, 75-76
尼古拉斯·阿列什 Aleš, Mikoláš 25, 73, 107, 111, 119, 127, 129, 134, 156, 174
拱廊 arcades 127, 136, 158-159, 229
擢布拉格为总主教区 archbishopric of Prague 42, 52, 60, 68, 83
建筑风格 architecture
 装饰艺术风格 art deco 137, 194, 246
 新艺术风格 art nouveau 18, 119, 123, 127-129, 177, 189, 228-229, 234, 239, 245
 巴洛克风格 Baroque 18-19, 31, 52, 82, 91, 93-98, 159, 174, 190-191, 220, 229-232
 立体主义风格 Cubist 18, 134-135, 176, 187, 190-194, 208, 220, 228-229, 245
 哥特式 Gothic 18, 31-32, 35-37, 40-41, 46, 51-52, 61, 64, 82, 98, 187, 190, 192, 229, 231, 233
 现代主义风格 modernist 18, 43, 54, 126-127, 134-135, 137, 140-141, 156, 162-165, 169, 178, 187, 190-202, 206, 219, 231
 民族风格 national style 134-135
 新哥特式 neo-Gothic 31, 51, 97, 113, 143
 新文艺复兴式 neo-Renaissance 118, 124, 126
 文艺复兴式 Renaissance 18, 61, 69-70, 72-73, 82, 91, 93, 180, 208, 229
 罗马式 Romanesque 18, 28, 31-32, 52
艺术家团体与协会 art groups and societies
 艺术协会 Artistic Society 119
 桥社 Die Brücke 190
 捷克斯洛伐克超现实主义团体 Czechoslovak Surrealist Group 136
 旋覆花社 Devětsil 135-136, 144, 174-176, 178-179, 196-197

---

[1] 本索引条目后数字指原书页码，即本书边码。斜体数字指原书插图页码。

（立体主义）艺术家团体 Group of Fine Artists 174, 189-190

马内斯美术家协会 Mánes 119, 153, 189-190, 192-193, 219-220, 229

天文学 astronomy 67, 76, 97, 130

天文钟 astronomical clock 41, 48-49, 61, 228

奥地利帝国（奥匈帝国）Austria, Austrian Empire 17-18, 38, 52, 65-66, 77, 86, 89-91, 99, 102, 108, 114, 121, 127, 130, 132, 134, 149, 196, 209

醒觉的爱国人士 awakeners 102, 106, 110-113, 182

布拉格耶稣圣婴像 Bambino di Praga 82-83, 230

巴兰德坊 Barrandov 137, 140, 200

战事 battles

不列颠战役 Britain 148

克雷西会战 Crécy 43

天仓战役 Domažlice 59

七椴镇战役 Lipany 60

摩哈赤战役 Mohács 65

摩拉维亚平原战役 Moravian Field, on the Marchfeld 38

磨坊山战役 Mühlberg 67

维特山战役 Vítkov 58, 139, 182

白山战役 White Mountain 17-18, 73, 85-86

爱德华·贝内什 Beneš, Edvard 130-131, 141, 145, 148-149, 151

擢布拉格为主教区 bishopric of Prague 28, 31, 34

《波西米亚信条》Bohemian Confession 70, 82

波西米亚王国 Bohemian Estates 60-61, 63-68, 70, 82-83, 85-87, 89-90, 101, 105-106, 114

波西米亚境内的德意志人 Bohemian Germans 19, 32-35, 38, 45-46, 56-58, 66, 68, 72, 76, 82, 86-87, 102, 107, 111, 114-120, 122, 127, 131-133, 141, 148-149, 173, 176-177, 183

关隘坊 Braník 121-122

大桥 bridges 14, 18, 32, 45, 73, 109, 112, 115, 122-123, 134, 137, 143, 155, 161-162, 192, 204-205, 207, 229

查理大桥 Charles 18, 44, 46-47, 50-52, 62-63, 87-88, 94-95, 97, 150, 178, 180, 190, 229, 240

"山镇"布尔诺 Brno 143-144, 200, 216

窑炉坊 Bubeneč 24, 122, 180

手鼓坊 Bubny 117, 122, 145

布达佩斯 Budapest 17, 64, 115

资产阶级 burghers, bourgeoisie 18, 34, 41, 46, 48, 56, 58-59, 65, 87-88, 90, 93-94, 113-114, 127, 132, 198

咖啡馆 cafés and coffee-houses 18, 120, 127, 129, 169, 173-180, 191, 207, 209, 224, 229, 234-235, 237, 242, 245-247, 246

约瑟夫·恰佩克 Čapek, Josef 112, 143, 189

索　引

卡雷尔·恰佩克 Čapek, Karel 20, 112, 174, 189
查理学院 Carolinum 44, 65, 68, 83, 103, 118, 162, 228
大教堂 cathedrals
　　圣西里尔和圣美多德主教座堂 Sts Cyril and Methodius 144
　　圣彼得与圣保罗宗座圣殿（高堡）Sts Peter and Paul, Vyšehrad 31, 43, 100, 112, 229
　　圣维特主教座堂 St Vitus 7, 12, 14, 15, 23, 25, 28, 31, 36, 42-43, 64, 67, 69-70, 83, 91, 126, 230
　　泰恩前之圣母玛利亚教堂 Týn 32, 40-41, 46, 52, 61-62, 64, 76, 88, 228
捷克（波希米）Čech (Bohemus) 23-24, 107
墓地 cemeteries
　　棺木坊公墓 Košíře 99
　　新犹太公墓 New Jewish 154-155, 230
　　老犹太公墓 Old Jewish 18, 21, 51, 75, 126, 228
　　骑士坊公墓 Olšany 99, 116, 157, 230
　　高堡墓地 Vyšehrad 112, 141, 166, 229
审查制度 censorship 89, 100-101, 114, 130, 156, 160
查理四世 Charles IV 17, 31, 42-50, 52, 97, 100, 122, 174, 228, 231
《七七宪章》Charter 77 160, 166, 168, 204
约瑟夫·霍和尔 Chochol, Josef 189, 191-192, 229
卡雷尔·肖特克城伯 Chotek, Supreme Burgrave Count Karel 109
教堂与礼拜堂 churches and chapels 14, 18, 28-29, 32, 45-46, 52, 58, 79, 82-83, 89, 91, 97-98, 100, 126, 135, 216, 228, 230
　　伯利恒教堂 Bethlehem 52-56, 156, 162, 228
　　克莱门特学院附属礼拜堂 in Clementinum 71, 96-97, 225
　　胡斯公理会教堂（皇家葡萄园）Hussite, Vinohrady 135, 230
　　查理教堂 Karlov, St Charles the Great 46, 98, 100, 228
　　圣心教堂（皇家葡萄园）Sacred Heart, Vinohrady 134-135, 230
　　圣加仑教堂 St Gall 35, 41, 52, 98, 106, 228
　　圣乔治宗座圣殿（城堡区）St George, Hradčany 28-29, 91
　　圣雅各伯圣殿 St James the Greater 34, 59, 98, 228
　　圣马丁圆形教堂（高堡）St Martin's, Vyšehrad 31, 33, 229
　　圣母雪地殿 St Mary of the Snows 45, 57, 187, 228
　　圣尼古拉教堂（小城区）St Nicolas, Lesser Town 58, 95, 97, 230
　　圣尼古拉教堂（旧城区）St Nicolas, Old Town 52, 57, 98, 228
　　圣彼得教堂 St Peter 34, 82, 228-229

市议会 city council 99, 115, 118, 122, 129, 132-133
克莱门特学院 Clementinum 68, 71, 89, 97-98, 109, 118, 228
弗拉多·克莱门蒂斯 Clementis, Vladimír (Vlado) 105
比尔·克林顿 Clinton, Bill 175, 186
俱乐部与协会 clubs 119-120, 153, 160, 224
    美国女子俱乐部 American Club of Women 119
    （布拉格）建筑师俱乐部 Architects' 195-196
    资产阶级俱乐部 Burghers' 113, 119-120, 129
    光复老布拉格俱乐部 Club for Old Prague 122, 174, 185, 191
    立宪俱乐部 Constitutional 114
    苏联之友协会 Friends of the Soviet Union 204
    德意志赌场 German Kasino 120, 127, 132, 149, 170
    波西米亚、摩拉维亚和西里西亚之德意志人团结协会 Germans from Bohemia 114
    河内俱乐部 Klub Hanoi 212, 216
    雷霆协会 Hlahol 119, 229
    爱国经济协会 Patriotic Economic Society 109
    爱国友人艺术会 Patriotic Friends of Art 102
    波西米亚皇家协会 Royal Society 102, 110
    雄鹰体育协会（雄鹰体协）Sokol 119, 130, 140, 153
    运动俱乐部 sports 119-120, 224
夸美纽斯 Comenius 88, 101, 125, 129
商业建筑 commercial buildings
    亚得里亚宫 Adria Palace 134-135, 167, 229
    跳舞的房子 Dancing House 143, 206, 218-220, 229, 240
    凤凰宫 Fénix Palace 140
    查理镇的商业建筑 in Karlín 171, 205-210, 230
    话题沙龙展览馆 Topič 127, 176, 228
共产主义 communism 15-19, 24, 36, 46, 54, 59, 98, 104-105, 129, 150-168, 175, 177, 195, 203-204, 214, 222-223, 226
捷克斯洛伐克共产党（捷共）Communist Party of Czechoslovakia (KSČ) 15, 46, 54, 104-105, 129, 132, 139, 141, 144-145, 148, 150-165, 167, 193, 203-204
《巴塞尔契约》*Compacts of Basel* 60, 62, 64, 66
企业 companies
    巴塔鞋业 Bat'a 137, 140, 187-188, 195, 229
    捷科达集团 ČKD 121-123, 157, 167, 206-207
    瑞霍夫铸造厂 Ringhoffer 109-110, 121
    拉斯顿工厂 Ruston 109-110, 121
    斯柯达集团 Škoda 137, 195

索 引

太脱拉集团 Tatra 121, 137, 195
集中营 concentration camps 143-146, 154, 200, 232
财产没收与土地征用 confiscations and expropriations 58, 68, 75-76, 88, 90-91, 105, 148-149
康斯坦茨 Constance 54, 57, 107, 125
加冕大典 coronations 43, 58, 67, 70, 83, 86, 90, 102-103, 109
科斯马斯 Cosmas 23-28, 31-32, 38, 77
捷克理工学院 ČVUT (Prague Institute of Technology) 118, 144, 199, 220
捷克 Czech
　艺术与科学学院 Academy of Arts and Sciences 119
　语言 language 23, 42, 46, 52-53, 58, 67-68, 71, 89-90, 99, 101-102, 106, 110-113, 117-121, 174, 181-183, 213-214, 216-217
　文学 literature 68, 88, 90, 101-102, 110-111, 119-120, 160, 186, 217, 224
　国歌 national anthem 106, 149, 166, 169, 174
　国家美术馆 National Gallery 36, 189, 197, 232-233
　民族复兴运动 National Revival 101-102, 110-111, 182-183
　共和国 Republic 16, 91, 146, 159, 168, 173, 184, 202, 207, 214-217, 231-232, 242
捷克斯洛伐克 Czechoslovakia 15-17, 20, 36, 92, 111, 125, 130-141, 143-145, 148-149, 151, 153-154, 156-157, 161, 163, 165, 167-168, 173-174, 187, 195-196, 199-200, 204, 212, 214, 220, 223

《达利米尔纪事》Dalimil's Chronicle 23, 25, 38, 42, 101, 173
抛窗事件 defenestrations 17-18, 57, 86, 151, 186
勇士坊 Dejvice 24, 137, 163, 197, 199, 230
布拉格主教提特马 Dětmar, Bishop of Prague 28
乔治·丁斯比尔 Dienstbier, Jiří 168
克里斯托弗·丁岑霍费 Dientzenhofer, Christoph 97-98, 230
克利安·伊格纳·丁岑霍费 Dientzenhofer, Kilián Ignác 93, 97-98, 105, 144, 219, 230
异见人士 dissidents 15-16, 160, 168, 175, 179, 245
约瑟夫·多布罗夫斯基 Dobrovský, Josef 101-103
亚历山大·杜布切克 Dubček, Alexander 17, 156-157, 168, 204
安东尼·德沃夏克 Dvořák, Antonín 98, 112, 231, 236

选举 elections 15-16, 114, 118, 131-133, 141, 150-151, 168, 173
阿洛伊斯·埃利亚什将军 Eliáš, General Alois 144
普舍美斯王朝的伊丽莎白公主 Eliška Přemyslovna 41-42, 59, 129

河堤 embankments 9, 11, 14, 18, 47, 109, 119, 134, 137, 143, 157, 166, 178-179, 192-193, 205-208, 219, 228-229, 231, 248

移民 emigration 19, 61, 68, 85, 88, 91, 116, 130, 139, 141, 145, 148, 154, 160, 173, 194, 200

《主显日宣言》*Epiphany Declaration* 129

欧洲联盟（欧盟）European Union (EU) 16, 159, 168

处决 executions 18, 64, 66, 87-88, 105, 144-145, 148, 153-154

展览 exhibitions 160, 200
 布鲁塞尔世博会 'Brussels Expo' 155-156, 194, 230
 建筑与工程展 'Exhibition of Architecture and Engineering' 60
 国际现代生活艺术与技术展 'Exposition internationale des arts et techniques dans la vie moderne' 200
 工业展览会 Industrial 109
 银禧博览会 'Jubilee Exhibition' 121-122, 179
 纽约世界博览会 'World's Fair', New York 200
 地下展 underground 160
 另见艺术家团体 see also art groups

《二月特许状》*February Patent* 116

斐迪南一世 Ferdinand I 65-71, 76, 78

斐迪南二世 Ferdinand II 83, 86-89, 91

斐迪南五世（又称费迪南一世）Ferdinand V (aka Ferdinand I) 108, 114-115, 127

费迪南二世（施蒂里亚大公）Ferdinand of Tyrol 69

电影 film 137, 156, 159-160, 177, 207, 216, 235, 237, 269-270

火灾 fires 18, 31-32, 38-39, 58-59, 65, 69, 85, 100, 106, 183, 197

洪灾 floods 31-32, 47, 205, 207, 234

米洛什·福曼 Forman, Miloš 160

加强防御工事 fortifications 25-26, 28, 31-32, 34, 38, 43-46, 51, 59, 64, 66, 91, 99, 109, 122, 124, 229, 240

《布拉格四章》*Four Articles of Prague* 58-59

雅罗斯拉夫·弗拉格纳 Fragner, Jaroslav 44, 54, 162, 196

弗朗茨一世 Francis I 108-109, 134

弗朗茨·约瑟夫一世 Francis Joseph I 115-116, 133-134

弗朗齐谢克·布拉茨基 Pražský, František 38, 173

尤里乌斯·伏契克 Fučík, Julius 144

约瑟夫·盖布茨克 Gabčík, Jozef 144

弗兰克·盖里 Gehry, Frank 194, 206, 218-220

德意志（德国）Germany 17, 24, 27, 32, 36, 38, 42, 57, 66-67, 70, 76, 85-86, 93, 111, 114-115, 133, 141-149, 156, 159, 166, 177, 181, 190, 214, 220

艾伦·金斯伯格 Ginsberg, Allen 223-225

索 引

约瑟夫·戈恰尔 Gočár, Josef 134-135, 140, 174, 176, 189, 191-192, 194, 197

西西里《金玺诏书》Golden Bull of Sicily 34

《魁魅》Golem 71

克莱门特·哥特瓦尔德 Gottwald, Klement 54, 104-105, 139, 150-151, 156, 204

经济大萧条 Great Depression 121, 131, 133

奥托·古弗兰 Gutfreund, Otto 134, 174, 189, 192, 199, 229, 233

哈布斯堡 Habsburgs 17-18, 38, 41, 65-66, 83, 89, 91, 102, 133-134, 244

瓦茨拉夫·汉卡 Hanka, Václav 111-112, 114, 119, 133

雅罗斯拉夫·哈谢克 Hašek, Jaroslav 19, 151, 172, 175

瓦茨拉夫·哈维尔 Havel, Václav 15-16, 19, 36, 129, 137, 159-161, 165, 166-168, 173, 179, 186, 193, 204, 220-226

卡雷尔·哈夫利切克·波罗弗斯基 Havlíček Borovský, Karel 110-111, 114-116, 118, 124, 145, 230

康拉德·亨莱因 Henlein, Konrad 133

莱因哈德·海德里希 Heydrich, Reinhard 144-145

阿道夫·希特勒 Hitler, Adolf 17, 133, 141-142, 145-146, 200

后生坊 Holešovice 10, 60, 109, 117, 121-122, 124, 126, 137, 140, 196, 207, 224, 230, 234-235, 237, 239, 242-243, 246-248

"嘴上无毛"普洛科普 Holý, Prokop 59-60

神圣罗马帝国 Holy Roman Empire 17, 27-28, 31-32, 34, 38, 43, 57, 66, 70

米拉达·霍拉科娃 Horáková, Milada 153

医院 hospitals 73, 98-99, 137, 143, 186

酒店 hotels 127, 136, 140, 161, 163, 177, 229, 239-240

房屋 houses

 巴巴住宅区 Baba villas 197-202

 黑色圣母屋 Black Madonna 176, 191-192, 194, 228, 233

 霍和尔公寓 Chochol villas 192, 229

 钻石公寓 Diamant 192

 浮士德屋 Faust 75, 143

 霍德公寓 Hodek apartments 191-192, 229

 穆勒别墅 Müller Villa 195, 231-232

 彼得公馆 Peterka 127, 229

 布拉格教师合作公寓 Prague Teachers' Cooperative apartments 192, 228

住房计划 housing schemes 16, 137, 197-202, 161, 205, 230

博胡米尔·赫拉巴尔 Hrabal, Bohumil 19, 157, 184-186, 222, 224, 243

城堡区 Hradčany 7, 12-14, 15, 18, 25-26, 28, 31-32, 38, 41-42, 46, 58-59, 64, 67, 69-70, 73, 76, 78, 85, 87, 89, 91, 93, 98-99, 109, 115, 155, 177, 182, 186, 230-231

匈牙利 Hungary 17, 28, 38, 57, 62, 64-66, 86, 133, 141, 148, 156, 166, 215, 224

饥饿墙 Hunger Wall 46, 229

约翰·胡斯 Hus, Jan 53-57, 67, 101, 106-107, 118, 125, 129, 145, 228

古斯塔夫·胡萨克 Husák, Gustáv 157, 168

胡斯党人 Hussites 57-62, 66-67, 88, 101, 111, 118, 135, 139, 182, 230

皇家禁猎区 Hvězda Game Park, Stromovka 72

工业 industry 90-91, 100, 108-110, 113, 117, 121-123, 131, 137, 143, 148, 153, 162, 195-196, 198, 203, 206-207, 230, 234-235, 237, 246, 248

入侵 invasions 17, 83, 141-142, 146, 152, 156-157, 159, 160

意大利社区 Italian community 34, 71, 77, 106, 219

圣约阿希姆坊 Jáchymov 153

莱奥什·雅纳切克 Janáček, Leoš 182-183

帕维尔·雅纳克 Janák, Pavel 93, 134-135, 140, 162, 167, 174, 189-192, 197-198

爵士乐 jazz 135-136, 175, 237-238

约翰·叶森纽斯 Jesenius, Jan 76, 87

米莲娜·叶森斯卡 Jesenská, Milena 132, 143, 177

耶稣会 Jesuits 54, 68, 70, 89, 94, 97

犹太人 Jews 15, 18-19, 32, 34-35, 51, 64, 71-73, 77, 100, 113, 115, 117, 120, 122-123, 132-133, 144-147, 154, 176-177, 200, 224

隔都（约瑟都）ghetto (Josefov) 15, 32, 51, 58, 64, 71, 74-75, 100, 115, 122-123, 146, 228, 232

纳粹大屠杀 Holocaust 19, 144-147, 200

老犹太区议会 Jewish Community Council 71

犹太市政厅 Jewish Town Hall 15, 74-75, 132, 228

屠杀与暴乱 pogroms and riots 32, 51, 58, 64, 100, 113, 115, 120, 132, 153-154

作家 writers 71, 176-177, 224

阿洛伊斯·伊拉塞克 Jirásek, Alois 25-26, 31, 48, 71, 111, 120, 129, 137, 156, 174

滩下镇的乔治 Jiří of Poděbrady 61-63, 66, 88, 129, 134

列侬墙 John Lennon Wall 222-223, 229

卢森堡的约翰一世 John of Luxemburg (Jan Lucemburský) 38, 41-43

约瑟夫二世 Joseph II 51, 85, 90, 99-101, 107, 122, 145, 169

约瑟夫·荣曼 Jungmann, Josef 110-111, 113, 125, 183

弗朗茨·卡夫卡 Kafka, Franz 19, 75, 105, 125, 132, 153, 155, 159, 175-176, 230,

索 引

232, 271

安营岛 Kampa 180, 229, 233

拉比阿维格多·卡拉 Kara, Rabbi Avigdor 51

查理镇 Karlín 11, 58, 98, 109, 110, 113, 115, 117, 121-123, 126, 139, 161-162, 171, 179-180, 184, 203-210, 230, 235-236, 242, 244, 246

爱德华·凯利 Kelley, Edward 75-76, 78

金斯基家族 Kinský family 97, 102-103, 105

埃贡·艾尔文·基希 Kisch, Egon Erwin 119-120, 175-176

瓦茨拉夫·克劳斯 Klaus, Václav 16, 168, 226

伊万·克利马 Klíma, Ivan 156, 160, 224

骑士（低阶贵族）knights (lesser nobility) 64-65, 90, 105

骡马坊 Kobylisy 144, 186

桤木坊 Košíře 99, 121

约翰·科舍拉 Kotěra, Jan 127, 176-177, 195

希达·马格里乌斯·科瓦里 Kovály, Heda Margolius 154-155

瓦茨拉夫·马太·克拉默里斯 Kramérius, Václav Matěj 101

马车镇 Krč 137, 161

耶罗米尔·克雷采 Krejcar, Jaromír 196-197, 200

约翰·库比什 Kubiš, Jan 144

玛尔塔·库碧索娃 Kubišová, Marta 160

米兰·昆德拉 Kundera, Milan 19, 105,

156, 160, 173

僧袍山 Kutná Hora 34, 56, 58, 64, 66, 115

爱国（土）主义 land patriotism 101-106, 174

因语言（地位）而起的冲突 language conflicts 16, 23-24, 27, 58, 66-67, 89-90, 99-103, 106-107, 110-113, 117-121, 131, 176, 183, 213-214, 224

激进派残部与教廷军联盟（喜鹊镇同盟）League of Strakonice 61

利奥波德一世 Leopold I 93, 97

利奥波德二世 Leopold II 101-102, 109

巴伐利亚的利奥波德大公（三河城主教）Leopold, Bishopof Passau 83

小城区 Lesser Town 7, 9, 14, 18, 32, 38, 41, 44, 46, 50, 57-58, 62-64, 68-69, 71, 73, 76, 78-79, 82-83, 85, 87, 91-99, 109, 117, 134, 166, 177, 180, 186, 222-223, 229-231, 240

小城市政厅 Lesser Town Hall 64, 71

夏日平原 Letná 18, 36, 154-156, 161, 167, 221, 230, 232

仁爱镇 Libeň 83, 109-110, 117, 121, 132, 137, 144, 185-186, 199, 203, 205

白山坊 Liboc 72, 230

图书馆 libraries 59, 85, 97-99, 111, 208, 231, 233

莉布丝坊 Libuš 211, 217, 230

莉布丝公主 Libuše 22-25, 27, 31, 38, 42, 106, 112

民村 Lidice 144

布拉格语言学派 Linguistic Circle 175
沃土镇 Litoměřice 36, 141
洛布科维奇家族 Lobkovice family 70, 83, 98, 102
拉比犹大·勒夫·本－比撒列 Löw ben Bezalel, Rabbi Judah 71
拉约什二世（又称雅盖隆王朝的路德维克一世）Ludwig (Ludvík Jagelonský) 64-65, 68
劳西茨 Lusatia 43, 62-63, 66, 89

卡雷尔·希内克·马哈 Mácha, Karel Hynek 125, 141, 166, 224
杂志与期刊 magazines and periodicals 99, 111, 120, 156, 174, 187, 189, 196, 201, 207, 219, 224, 247
莫迪凯·梅塞尔 Maisel, Mordechai 71-73
约瑟夫·马内斯 Mánes, Josef 48, 111-112, 119, 233
富有争议的《绿山手稿》及《王后镇手稿》manuscripts controversy 111-112, 133
鲁道夫·马格里乌斯 Margolius, Rudolf 154-155
玛利亚·特蕾莎 Maria Theresa 70, 90-92, 97, 99-100
市场 markets 11, 32, 41, 45-47, 103, 126, 209, 211-217, 230, 242-243, 247-248
约翰·马萨里克 Masaryk, Jan 17, 151
托马斯·加里格·马萨里克 Masaryk, Tomáš Garrigue 93, 111, 130-131, 133-134, 137, 145, 151, 174
马蒂亚斯二世 Matthias II 68, 71, 83, 85-86
（法兰西）阿拉斯人马蒂亚斯 Matthias of Arras 42
"乌鸦"马加什一世 Matthias Corvinus 62-63
马克西米利安二世 Maximilián II 70-71
（意大利）阿文提诺山的乔治·梅兰特 Melantrich of Aventino, Jiří 67
纪念碑与雕塑 monuments and statues 18, 44, 47, 52, 56, 62, 88, 94, 97, 112, 124-125, 134, 138-139, 145-146, 154-157, 159, 161, 172, 190-191, 202, 221, 228-231
商人 merchants 27, 32, 46, 70-71, 113
克莱门斯·冯·梅特涅（侯爵）Metternich, Prince Klemens von 108, 114
（摩拉维亚）鱼塘镇的约翰·米里齐 Milíč of Kroměříž, Jan 52
姆拉达院长嬷嬷 Mlada, Abbess 28
暴民 mobs 41, 51, 57-59, 70, 100, 113, 115, 120, 132, 134
约瑟夫·莫克 Mocker, Josef 31, 51, 126, 219
摩拉维亚 Moravia 17, 23, 27-28, 31, 38, 42, 60, 62-63, 66, 68, 86, 89, 111, 114, 132, 141, 144-146, 149, 173, 195, 200, 232
沃夫冈·阿马德乌斯·莫扎特 Mozart, Wolfgang Amadeus 17, 106, 170, 181
阿丰斯·穆夏 Mucha, Alfons 12, 112,

索 引

126, 128-129, 183, 233-234
《慕尼黑协定》Munich Agreement 17, 141, 148
博物馆 museums 98, 125-126, 139, 146, 159, 191, 193, 198, 228, 230-234
  国家博物馆 National 19, 102, 111, 121, 124-125, 134, 145, 162-163, 165, 228, 230-231
布拉格音乐学院 Musical Conservatory 102
约瑟夫·瓦茨拉夫·梅塞贝克 Myslbek, Josef Václav 22, 112, 124-125, 139, 157, 159, 174, 229

《捷克文化及政治代表之民族宣言》 National Oath 129
国有化 nationalization 146, 148, 153, 168
北大西洋公约组织（北约）NATO 16, 168
玛蒂娜·纳芙拉蒂洛娃 Navrátilová, Martina 160
波日娜·聂姆佐娃 Němcová, Božena 101, 112, 116, 129
约翰·聂鲁达 Neruda, Jan 118, 119, 270
新城区 New Town 10-11, 17, 41, 44-46, 57-59, 62-68, 83, 87, 93, 97, 99, 107, 114, 117, 122, 124, 162, 166, 184, 186, 192, 203, 228-229, 240
  新城议会 council 46, 57, 59, 63, 65, 67
  新市政厅 New Town Hall 17, 46, 57, 64-65

报纸（报社）newspapers 99, 101, 114-115, 120, 127, 130, 132, 156, 174, 176, 207, 212, 216, 223-224, 247
维耶特茨拉夫·纳兹瓦尔 Nezval, Vítězslav 136, 224
哈密·伍贡叶诺娃 Nguyenová, Hamy 212-217
贵族 nobility 18, 34, 38, 41, 52, 57-58, 60-65, 67, 69-70, 87-88, 90-92, 94, 101-103, 105, 108-109
正常化 normalization 157, 160-161, 179, 193, 214, 222
诺斯蒂茨-雷内克家族 Nostitz-Rieneck family 102-103, 106
奥托卡·诺沃提尼 Novotný, Otakar 192-193, 219, 228
新灯坊（新灯铁桥）Nusle 161-162, 184, 244

《十月敕令》October Diploma 116
占领期 occupations 17, 58, 62, 67, 83, 85, 88, 91, 105, 141-149, 152, 156-160, 177, 200
旧城区 Old Town 8, 14, 18, 25, 32-36, 40-42, 46, 48-52, 57-59, 61, 63-65, 67-68, 82-83, 87-88, 93-94, 98-99, 103, 109, 113, 115, 117-118, 122-123, 143, 145, 169, 176, 185-186, 192, 221, 227, 228, 231, 238, 240, 242, 244
  旧城议会 council 41-42, 46, 59, 63, 65, 67, 103
  老市政厅 Town Hall 25, 40-41, 48,

59, 61, 64, 113, 123, 143, 145
尤里乌斯山 Olomouc 31, 34, 39, 62, 110, 113
申办奥林匹克运动会 Olympic bid 161
歌剧院 opera 38, 90, 103, 106, 108, 132, 145, 170, 181-183, 229, 235-236
约翰·欧布勒塔尔 Opletal, Jan 143, 166
坚果镇 Ořechovka 137
《奥托百科全书》Otto's Encyclopedia 118, 121
奥斯曼帝国 Ottomans 65-66

宫殿 palaces 7, 15, 17-18, 35, 38-39, 43, 59, 64, 68-71, 72-73, 91-94, 102, 104-105, 109, 151, 162, 166, 207, 228-233
约翰·帕拉赫 Palach, Jan 157, 228
弗朗齐谢克·帕拉茨基 Palacký, František 23, 57, 103, 107, 111, 113-118, 125, 129, 145, 231
圣潘克拉斯坊（圣潘克拉斯监狱）Pankrác 137, 144, 153, 168, 242
公园与花园 parks and gardens 18, 69, 72-73, 77-78, 91, 97, 109, 124, 134, 156, 162, 209, 229-231, 235
彼得·巴勒 Parler, Peter 42, 51, 219
农民 peasants 34, 58, 90, 101, 112, 114, 117, 215
石头林山 Petřín Hill 7, 18, 25, 32, 46, 88-89, 121-122, 124-125, 179, 229
瘟疫 plague 47, 64, 68, 78-79, 90
谷下坊 Podolí 121-122, 124
岩下坊 Podskalí 45, 58, 122-123, 137, 231,

248
政党 political parties 16, 36, 118, 129, 131-133, 141, 148, 150-151, 153, 166-168, 200, 203-204
　　另见共产党 see also Communist Party
布拉格工业大学 Polytechnic 109, 118, 121
教皇 popes 27, 31, 36, 42-43, 56, 58, 62, 67, 97
人口 population 17-18, 31-32, 47, 64, 66, 70, 90, 99-100, 108, 113, 117-118, 131-133, 136-137, 141, 145, 149, 161, 173, 205, 209
邮政 post 67, 99 145
后共产主义过渡期 post-communist transition 16, 159, 168-170, 173, 195, 204
火药塔 Powder Tower 51, 53
卡雷尔·普拉格 Prager, Karel 163, 235
布拉格城堡 Prague Castle 7, 14, 15, 17-18, 25, 28-29, 31-32, 38-39, 42, 57-58, 62-65, 68-70, 75-78, 83, 85-86, 91-93, 100, 108, 115, 134, 141-142, 145, 162, 168, 178, 183, 186, 219-222, 230, 234, 240, 244
奥托卡一世 Přemysl Otakar I 34-36
奥托卡二世 Přemysl Otakar II 34-35, 38, 42-43
农夫普舍美斯 Přemysl the Plowman 22, 24-25, 27, 112
普舍美斯王朝 Přemyslid dynasty 24, 27-39, 43
私有化 privatization 168, 179

索 引

波西米亚和摩拉维亚保护国 Protectorate of Bohemia and Moravia 17, 144-146, 200

抗议示威 protest demonstrations 36, 56, 83, 115, 132, 141, 143, 151-152, 157, 166-167

公共建筑 public buildings
 邮政总局 Main Post Office 125
 莫扎特学院 Mozarteum 195, 229
 市民会馆 Municipal House 18, 51, 127-130, 167, 177, 189, 224, 228, 234, 236, 245
 新市议会厅 New City Hall 126
 （国家博物馆）圆顶万神殿 Pantheon 124, 145, 231
 鲁道夫学院 Rudolfinum 125, 141, 228, 234, 236
 御林宫馆 Strahov Stadium 140, 149, 221
 贸易博览会馆 Trade Fair Palace 18, 140, 145, 189, 196-197, 230, 233

出版社 publishing houses 66-67, 101, 111, 120-121, 127, 160, 175-176, 199, 207, 224-225, 228

酒吧 pubs and bars 11, 15, 129, 153, 168-169, 181-186, 203-204, 209-210, 213, 224, 237, 242-244

种族歧视与排外主义 racism and xenophobia 16, 168, 173, 204, 216-217, 219

广播与电视 radio and television 36, 165, 177, 183, 198, 204, 220, 246

难民 refugees 145, 173, 177, 214

宗教冲突 religious conflicts 18-19, 51-70 另见 *passim*, 82-83, 86-89

重命名 renaming 106, 115, 118, 124, 127, 133-134, 145, 149, 147

餐厅 restaurants 16, 120, 127, 129, 137, 153, 155-156, 159, 168-169, 171, 183, 185-186, 203, 209-210, 212, 241-243

归还（没收财产）restitution 16, 168

革命与起义 revolutions and risings
 布拉格叛乱（反抗乌拉斯洛二世）of 1483 63-64
 布拉格新教起义（反抗斐迪南一世）of 1547 67-69
 法国七月革命 of 1830 108
 "民族之春"欧洲革命 of 1848 97, 100, 107, 111-112, 114-116, 124, 134
 捷克斯洛伐克独立运动 of 1918 127-130
 布拉格起义（反法西斯）of May 1945 48, 143
 波西米亚新教同盟举事 Rising of Bohemian Estates 17, 86-88, 105, 129
 丝绒革命 Velvet Revolution 15-16, 36, 165-168, 179, 220, 223, 270
 "二月革命" Victorious February 17, 104, 105, 150, 151, 153, 156, 175, 200

弗朗齐谢克·拉迪斯拉夫·利格 Rieger, František Ladislav 115, 124, 129, 145, 231

摇滚乐 rock music 204, 220-224, 237-239

总主教约翰·罗基卡纳 Rokycana, Archbishop Jan 59-61, 88
吉普赛人 Roma 204-205, 209, 214-215
鲁道夫二世 Rudolf II 17, 46, 70-85, 86, 88, 105, 174, 232-233
玫瑰镇 Ruzyně 137, 160

帕维尔·沙法里克 Šafařík, Pavel 103, 111, 113-115, 120
天主教圣人 saints
  圣艾格尼丝 Anežka (Agnes) 34-36, 100
  圣西里尔 Cyril 27
  圣内波穆克 Jan Nepomucký 52, 94, 190
  圣卢德米拉 Ludmila 12, 27-28
  圣美多德 Methodius 27
  圣瓦茨拉夫 Václav (Wenceslas) 12, 28, 42-43
  圣沃耶帖赫（亚德伯）Vojtěch (Adalbert) 28, 31
公共卫生 sanitation 41, 79, 99, 109, 124
学校 schools 25, 68, 78, 89-90, 97, 100-101, 105, 110, 113, 118, 131, 166, 199, 211, 214-215
秘密警察 secret police 98, 108, 114, 144, 154, 157, 160, 179, 193
雅罗斯拉夫·塞弗尔特 Seifert, Jaroslav 156, 160, 175, 178-179
商店 shops 105, 110, 113, 120, 127, 140-141, 163, 168-170, 184-185, 188, 193-194, 197, 200, 209, 215, 217, 224, 228-229, 244, 246-248
摆样子公审 show trials 105, 153-155
西吉斯蒙德 Sigismund 57-61, 139, 182
西里西亚 Silesia 28, 43, 58, 62-63, 66, 89-90, 114
约瑟夫·史克沃莱茨基 Škvorecký, Josef 156, 160
鲁道夫·斯兰斯基 Slánský, Rudolf 105, 153-154
斯拉夫部落 Slavník clan 28
斯拉夫人；泛斯拉夫主义 Slavs, Slavism 24, 27, 43, 103, 110-112, 114-115, 118, 129, 134, 174, 183, 229, 233
斯洛伐克 Slovakia 16-17, 27, 103, 130, 133, 141, 144, 148-150, 156, 159, 168, 214
隔都大清洗 slum clearance 74, 122, 146, 228
贝德里赫·斯美塔那 Smetana, Bedřich 38, 106, 109, 112, 114, 119, 129, 132, 134, 149, 163, 170, 181-183, 231, 236
欢笑坊 Smíchov 46, 86, 98, 109-110, 113, 117, 120-121, 123, 126, 159, 162, 207, 224, 230, 234-235, 242
狩猎镇 Spořilov 137
广场 squares
  查理广场 Charles 45-46, 73, 75, 79, 97, 99, 119, 124, 143, 228
  城堡广场 Hradčanské 69-70, 91, 93, 230
  小城广场 Lesser Town 79, 95, 134, 229
  洛雷托广场 Loretánské 186, 230,

244

旧城广场 Old Town 18, 32, 35, 40-41, 46, 52, 56, 62, 68, 79, 87-88, 98-99, 104-105, 122-123, 125, 134, 151, 155, 182, 184, 228, 246

共和国广场 Republic 128, 133-134, 169, 228

瓦茨拉夫广场 Wenceslas 15, 45, 93, 106, 115, 123-124, 127, 140-141, 152, 157-159, 166-167, 177, 187-188, 203, 228-229

约瑟夫·斯大林 Stalin, Joseph 153-156, 163, 221

火车站 stations 110, 123, 145, 161, 177, 229

鬼哭坊 Strašnice 161

街道 streets

    烤面包街 Celetná 32, 35, 53, 93, 115, 123, 176, 228

    胡斯街 Husova 32, 93, 118, 159, 184, 186, 228, 243

    街灯（照明）lighting of 123-124, 141

    河床街 Na Poříčí 34, 45, 66, 82, 123, 134, 141, 177, 229, 231, 246

    护城河街 Na Příkopě 34, 93, 123, 126-127, 141, 169, 228-229, 242

    国民大道 Národní 34, 93, 107, 123, 127, 134, 145, 163, 166, 174-176, 178, 228, 235, 238, 245

    巴黎街 Pařížská 122, 145, 155, 163, 228, 239

    市政厅阶梯 Radniční schody (Town hall steps) 13

路牌 signs 99, 117-118

烈火街 Spálená 125, 159, 192, 197

沃迪奇卡街 Vodičkova 16, 118, 127, 229, 238

御林坊 Střešovice 163, 195, 230, 232

罢工 strikes 113, 115, 151, 157, 166-167

学生 students 48, 56, 115, 118, 143-144, 157, 166, 214, 216, 223

苏台德地区 Sudetenland 66, 131-133, 141, 149-150

犹太会堂 synagogues 18, 32, 35, 39, 51, 65, 74-75, 120, 127, 143, 146-147, 228, 232

激进派 Tábor, Táborites 58-61

卡雷尔·泰格 Teige, Karel 135-136, 177, 187, 193, 195-196, 198

剧院 theatres 78, 97, 106, 120, 132, 135, 149, 166-167, 170, 181, 207, 224, 228, 235-237

    城邦剧院 Estates 8, 17, 19, 103, 106, 132, 149, 170, 228

    解放剧院 Liberated 136, 141, 145, 200, 229

    民族剧院 National 73, 106-107, 119-121, 125, 132, 163, 166, 177, 183, 198, 228, 235-236

    新德意志剧院 New German 107-108, 120, 149, 162-163, 170, 235-236

贸易 trade 28, 46, 67, 90, 100-101, 113, 115, 154, 180, 207, 212, 214-215, 222

交通 transport 122-123, 137, 141, 161-162,

186, 205

航空 air 137, 205

地铁 metro 161-162, 203-205, 211

铁路 rail 110, 113, 121-123, 237

公路 road 122, 162, 205

蒸汽船 steamboat 122

有轨电车 trams 73, 121, 123-125, 203, 232

特洛伊宫 Troja 93-94, 137, 161, 230

约瑟夫·卡耶坦·提尔 Tyl, Josef Kajetán 106, 114, 149, 169

合一弟兄会 Union of Brethren 66, 68, 70, 82, 88, 90

布拉格查理大学 University, Prague 43-44, 53, 56-57, 59, 62, 67-68, 76, 82, 87, 89-90, 94, 97, 102, 118, 121, 134, 143-144, 148, 157, 166, 175, 177, 199-200, 212-214, 216, 223

稳健派（又称圣杯派）Utraquists 57, 59-70

另见 *passim*, 82, 88

瓦茨拉夫一世 Václav I 34-36, 122

瓦茨拉夫二世 Václav II 38-39, 41, 59

瓦茨拉夫三世 Václav III 39, 41, 59

瓦茨拉夫四世 Václav IV 43, 51-52, 56-59, 127

路德维克·瓦楚里克 Vaculík, Ludvík 156, 160, 224

维也纳 Vienna 17, 19, 66-67, 69-70, 83, 85, 89-90, 99, 102, 105-106, 108, 114, 117, 120, 127, 133, 143, 174, 176-177, 198, 219

越南社区 Vietnamese community 203, 209, 211-217, 230, 243

皇家葡萄园 Vinohrady 46, 73, 117-118, 121, 124, 126, 134-135, 143, 184, 194, 224, 230, 239, 242-243, 246

维特山 Vítkov 18, 58, 138-139, 155, 162, 182, 203

弗拉迪斯拉夫二世 Vladislav II 63-64, 66, 68

伏尔塔瓦河 Vltava 11, 14, 18, 25, 32, 45, 52, 93, 107, 109, 115, 122, 137, 145, 203, 207-208, 224, 229, 238

添枝坊 Vršovice 73, 135, 180, 184, 230

高堡 Vyšehrad 18, 22, 25-26, 31-33, 43, 58-59, 63-64, 91, 100, 112, 122-123, 141, 155, 162, 166, 191-192, 229

布拉格高地 Vysočany 121, 132, 143, 157

布拉格展览馆 Výstavištĕ 60, 122, 230-231

阿尔布雷希特·华伦斯坦 Wallenstein, Albrecht 90-91, 229

战争 wars

奥地利王位继承战争 Austrian Succession 91, 100

冷战 Cold War 19, 187

奥地利帝国对战意大利萨丁王国（第一次意大利独立战争）First Italian War of Independence 134

第一次世界大战 First World War

索 引

120, 125, 127, 130-131, 134, 139, 174-176, 189-190

胡斯战争 Hussite 17, 19, 57-64, 68, 118, 139, 182

拿破仑战争 Napoleonic 107

查理五世及天主教同盟对战德意志新教诸侯（施马卡登战争）Schmalkaldic 19, 67-68

奥地利帝国对战意法同盟（第二次意大利独立战争）Second Italian War of Independence 116

第二次世界大战 Second World War 17, 139, 143-148, 154, 156, 173, 198, 200

七年战争 Seven Years 91

三十年战争 Thirty Years 17, 19, 85, 90

奥斯曼战争（十三年战争）Turkish 65-66, 71, 78, 83

菲丽皮娜·维尔瑟 Welser, Philippine 73

弗朗茨·韦尔弗 Werfel, Franz 176

伊丽莎白·珍妮·韦斯顿 Weston, Elizabeth Jane 78

阿尔弗雷德·温迪施-格雷茨（侯爵）Windischgrätz, Alfred 113-115

尼古拉斯·温顿 Winton, Nicholas 177

国王坊 Zbraslav 59, 109

约翰·柴利夫斯基 Želivský, Jan 57, 59

米洛什·泽曼 Zeman, Miloš 173, 175, 180, 226

约翰·杰式卡 Žižka, Jan 58-59, 118, 129, 138-139, 155, 182

杰式卡镇 Žižkov 58, 116-118, 120, 124, 126, 132, 138-139, 154, 162, 164-165, 172, 182, 205, 230, 236-237, 247

苏菲岛 Žofin Island 115

布拉格动物园 Zoo, Prague 137, 230

图书在版编目（CIP）数据

布拉格:欧洲的十字路口 /(英) 德里克·塞耶著；
金天译. -- 上海：上海文艺出版社，2021
（读城系列）
ISBN 978-7-5321-7835-3
Ⅰ.①布… Ⅱ.①德…②金… Ⅲ.①城市史—布拉格 Ⅳ.①K952.4
中国版本图书馆CIP数据核字(2020)第230976号

Prague: Crossroads of Europe by Derek Sayer was first published by Reaktion Books, London, UK, 2018.
Copyright ©Derek Sayer 2018
Rights arranged through Big Apple Agency, Inc.

著作权合同登记图字：09-2018-759号

发 行 人：毕　胜
策 划 人：林雅琳
责任编辑：林雅琳
封面插画：黄书琪
封面设计师：黄吉如

书　　名：布拉格:欧洲的十字路口
作　　者：(英) 德里克·塞耶
译　　者：金　天
出　　版：上海世纪出版集团　上海文艺出版社
地　　址：上海市绍兴路7号　200020
发　　行：上海文艺出版社发行中心
　　　　　上海市绍兴路50号　200020　www.ewen.co
印　　刷：苏州市越洋印刷有限公司
开　　本：890×1240　1/32
印　　张：11.125
插　　页：5
字　　数：279,000
印　　次：2021年10月第1版　2021年10月第1次印刷
I S B N：978-7-5321-7835-3/G.0303
定　　价：108.00元
告 读 者：如发现本书有质量问题请与印刷厂质量科联系　T:0512-68180628